可持续金融：
从发展愿景到市场行动

SUSTAINABLE FINANCE:
FROM DEVELOPMENT VISION TO MARKET ACTION

裘菊　陈玺◎著

中国金融出版社

责任编辑：张菊香
责任校对：李俊英
责任印制：丁淮宾

图书在版编目（CIP）数据

可持续金融：从发展愿景到市场行动／裘菊，陈玺著． -- 北京：中国金融出版社，2024.10． --（中欧陆家嘴智库丛书）． -- ISBN 978 - 7 - 5220 - 2610 - 7

Ⅰ．F83

中国国家版本馆 CIP 数据核字第 202476WF79 号

可持续金融：从发展愿景到市场行动

KECHIXU JINRONG：CONG FAZHAN YUANJING DAO SHICHANG XINGDONG

出版
发行　中国金融出版社

社址　北京市丰台区益泽路 2 号
市场开发部　（010）66024766，63805472，63439533（传真）
网 上 书 店　www. cfph. cn
　　　　　　（010）66024766，63372837（传真）
读者服务部　（010）66070833，62568380
邮编　100071
经销　新华书店
印刷　涿州市般润文化传播有限公司
尺寸　185 毫米 × 260 毫米
印张　11.5
字数　207 千
版次　2024 年 10 月第 1 版
印次　2024 年 10 月第 1 次印刷
定价　46.00 元
ISBN 978 - 7 - 5220 - 2610 - 7
如出现印装错误本社负责调换　联系电话（010）63263947
编辑部邮箱：jiaocaiyibu@ 126. com

编委会

总　序

2024 年适逢中欧国际工商学院（以下简称中欧）校庆 30 周年。作为中国唯一一所由中外政府联合创建的商学院，中欧历经 30 年砥砺奋进、不懈创新，已经从西方经典管理理论的引进者、阐释者，逐渐成长为全球化时代中国管理知识的创造者、传播者，不仅建成了一所亚洲顶尖、全球一流的商学院，也构筑了中国和欧洲乃至世界经济文化交流的平台，被中国和欧盟的领导人分别赞誉为"众多优秀管理人士的摇篮"和"欧中成功合作的典范"。

30 年来，中欧秉承"教研并举、学术和实践并重"的导向，在学术研究上持续创新突破，开创了"学术研究 + 实境研究"双轮驱动模式，持续提升"2 + 4 + X"① 跨学科研究领域和重点前沿领域的学术实力，构建产学研融合发展新生态。中欧将"构建学术高峰"确立为八大战略之一，打造跨学科研究高地，广泛提升学术影响力。

为更好服务于上海国际金融中心建设国家战略，推动中欧成为建设上海国际金融中心的"人才库"和"思想库"，在上海市政府的大力支持下，中欧与上海陆家嘴（集团）有限公司于 2007 年 10 月共同发起创办中欧陆家嘴国际金融研究院（以下简称研究院）。研究院的创办与发展，恰是中欧高端智库建设的一个缩影。研究院定位为开放、国际化的学术交流平台，依托上海作为国际金融中心的有利条件，积极研讨新发展格局下金融开放与服务业发展的机遇和路径，致力于为金融机构、金融监管部门及广大金融投资者、消费者提供一流的研究、咨询和培训服务，成为建设上海国际金融中心和推动金融机构、企业实施"走出去"战

---

① 2021 年，中欧院长汪泓提出打造"2 + 4 + X"跨学科研究高地的目标，致力于成为解读全球环境下中国商业问题的权威。"2"指案例中心和陆家嘴国际金融研究院；"4"指四大跨学科研究领域：中国与世界，环境、社会和治理（ESG），人工智能（AI）与企业管理，以及卓越服务；"X"代表研究中心、研究院和其他重要研究领域。

略的智囊团。

研究院与时偕行的 17 年，正值上海金融深化开放和蓬勃发展的重要时期：上海的金融机构从单一转向多元，金融资源配置从国内走向国际，金融改革创新从单点突破迈向系统集成；在夯实国内金融中心地位基础上，上海已基本建成具有全球影响力的国际金融中心。

作为以服务国家金融发展战略为核心目标的智库机构，研究院始终牢记初心使命，持续躬耕前行，取得了"可圈可点"的阶段性成果：累计立项承接 160 多项上海金融重点委托课题，协助筹备数届"陆家嘴论坛"并举办 160 多期"中欧陆家嘴金融家沙龙"，提交决策咨询专报 200 多份，出版数十部学术报告和专著，在各大主流媒体刊发数百篇经济金融热点解读文章。

研究院始终紧扣时代脉搏，跟踪研究全球金融市场和上海金融发展前沿问题。近年来，伴随"一带一路"倡议的提出和上海国际金融中心建设迈向更高能级，研究院在传承的基础上赓续前行：2017 年设立"中东欧经济研究所"，2021 年研制发布"全球资管中心评价指数"，2022 年发起成立"中欧陆家嘴金融 50 人论坛"……眼前呈现的这套中欧陆家嘴智库丛书，亦是研究院 2024 年一次别有意义的创新"试验"。从策划选题到交出书稿，大家在各项日常研究工作不打折、不走样的前提下，自我驱动，在不到半年时间交出了不错的答卷。

一片冰心在玉壶。这套丛书，献给中欧 30 岁的美好年华，也献给上海国际金融中心建设的奋进时代。

前　　言

19 世纪的两次工业革命将人类带入了工业化时代，随之而来的生产力水平的提高、全球贸易和国际分工体系的发展，创造了前所未有的经济繁荣和丰富的物质生活。然而，伴随着日益严重的工业污染、环境退化和气候危机，人们逐渐意识到，工业化时代以化石能源为基础的经济增长模式，正加速将人类社会推向生存危机的边缘。1987 年，联合国世界环境与发展委员会在《我们共同的未来》报告中首次正式提出了可持续发展概念。2015 年，联合国通过了《2030 年可持续发展议程》，设立了 17 项可持续发展目标，致力于寻求经济、社会和环境之间相平衡的新经济增长模式。

在可持续发展理念形成，以及相关资金需求增长的背景下，可持续金融得以兴起和发展。简单来说，可持续金融是将环境（Environment）、社会（Social）和治理（Governance）三个维度的目标整合到传统金融活动与投资决策中。可持续金融的概念从 21 世纪初开始进入人们的视野，经历了短短 20 年时间的演变和发展，已经成为目前金融体系发展的主流前沿趋势。

然而，作为一个快速发展的新兴领域，可持续金融当下和未来都不可避免面临很多争议与挑战，其中最为突出的是理念愿景和现实行动之间的巨大鸿沟。一方面，可持续发展目标下的投资需求日益增长；另一方面，与可持续投资捉襟见肘的尴尬局面形成鲜明对比的是，2022 年全球对化石能源的补贴仍高达 7 万亿美元。近年来，世界经济在新冠疫情、地区冲突、能源危机、高通胀、贸易争端的多重打击下步履蹒跚，可持续金融发展也出现一定程度的迟缓甚至倒退，可持续投资增长速度放慢，ESG 抵制运动声浪高涨。在这一背景下，我们有必要回顾和重新审视可持续金融体系的发展进程和现状，进一步思考如何搭建连接可持续金融愿景目标和真实世界行动之间的桥梁，突破障碍和瓶颈，真正发挥可持续金融的作用，支持可持续发展目标的实现。

　　本书分为上下两篇，分别从发展新愿景和市场行动视角来总结与思考可持续发展的挑战及未来方向。上篇"可持续金融：经济发展新愿景"包含三章内容：第一章从经济增长和可持续发展的关系出发，回顾了可持续金融理论和实践的全球发展历程及发展现状；第二章详细介绍了作为全球可持续金融最佳实践代表的欧盟，其可持续金融体系的演进历程，以及涵盖分类标准、信息披露和可持续投资工具三大支柱在内的可持续金融制度框架；第三章聚焦于中国实践，介绍了可持续金融作为中国国家战略的重要地位、在我国的创新和发展，以及未来方向。

　　下篇"可持续金融：市场行动与挑战"将视角转向微观市场主体，着重关注市场主体进行可持续投资面临的激励和约束方面。下篇包括第四、第五、第六章三部分内容：第四章首先介绍了可持续发展目标的资金需求和资金来源，分析了私人部门可持续投资不足的原因，以及公共政策可以在其中发挥的作用；第五章是针对融资约束对企业可持续投资影响的专题研究，从融资约束和资本成本两个维度检验资本供给对企业绿色投资的激励问题；第六章聚焦于金融机构，探讨了影响金融机构可持续投资的内部和外部激励，并在最后举例探讨了一些政策供给端目前存在的问题。

　　作为世界上人口众多的国家，绿色可持续发展不仅是我国对人类社会肩负的重大责任，也是未来发展的重要机遇。考虑到我国当下发展阶段经济增长对化石能源的依赖性，我国实现可持续发展和经济增长目标之间的矛盾也更为突出。这一矛盾的解决离不开可持续金融的关键作用，即通过调动和引导资金流向绿色产业，支持低碳技术和清洁能源创新，加速中国绿色经济转型。本书希望通过对可持续金融不同视角的研究，加深我们对可持续金融作用机制的理解，进而思考我国可持续金融的未来发展之路，推动中国高质量、可持续发展。

目　　录

上篇

可持续金融：经济 发展新愿景

第一章　可持续金融的源起与全球进展

随着科技进步和生产力提升，人类社会和经济实现了飞速发展，但在这一过程中，全球资源耗竭、生态退化、气候变化以及社会公平等问题也日益凸显。这些问题不仅对环境造成了严重影响，还给经济和社会的稳定带来了巨大的挑战，成为制约人类可持续发展的重要因素之一。在过去的半个世纪里，各国政府、企业、投资者和公众逐渐意识到，如果长期忽视生态、环境和社会责任等因素，传统的商业模式和投资决策可能会导致不可持续的结果，进而威胁未来经济的发展和繁荣。在此背景下，可持续发展的理念应运而生。可持续发展强调经济增长必须与环境保护和社会公平相结合，以确保资源的可持续利用和未来世代的福祉。然而，要实现这一目标，不仅需要从根本上转变传统的发展模式，还需要引导大量资金流向支持对环境友好、社会责任强的经济活动。可持续金融正是这一理念的重要实践工具。其主要思路是将环境、社会和治理因素纳入金融决策和投资过程，以实现经济、社会和环境效益的有机统一。

本章共分为三节内容。第一节系统探讨了可持续发展与经济增长的概念及其相互关系。第二节重点梳理了以联合国为代表的国际多边机构在可持续金融发展和政策体系搭建过程中所起的重要作用，详细阐述了可持续金融这一概念的形成过程。第三节则聚焦于可持续金融在全球市场的实践情况，重点分析了可持续债券和贷款的全球发展规模与趋势，以及可持续金融的区域发展特点。

第一节　可持续发展与经济增长的相互依存

可持续发展与经济增长之间的关系复杂且相互交织，两者既可能相互促进，也可能产生矛盾和冲突。一方面，经济增长为可持续发展提供了必要的资源和技术支持，而可持续发展的实践和政策则可以促进经济的长期增长。另一方面，经济增长通常伴随着资源的高强度开发和利用，这在短期内可以带来显著的经济效益，但这种模式往往忽视了对环境和社会的保护，导致出现资源枯竭、生态破坏和环境污染等问题。为了进一步厘清可持续发展与经济增长之间的关系，本节首先详细梳理了可持续发展概念的历史根源和演变过程，包括早期人们对环境保护的思考、重要的历史里程碑以及可持续发展如何随着全球环境挑战和社会问题的增加而不断演化与扩展。在此基础上，我们还利用综合气候经济模型从气候变化的角度深入分析了可持续发展对经济增长的影响。

一、可持续发展的诞生及演变

人们对"可持续发展"（Sustainable Development）[①] 的思考可以追溯至 19 世纪初围绕地球有限的自然资源能否持续支持不断增长的人口展开的讨论。其中，最为著名的代表是托马斯·马尔萨斯的"人口理论"。1798 年，马尔萨斯就提出，人类人口有以几何级数增长的倾向，而资源增长只能以算术级数增长，因此，他预言人口增长可能会超出自然资源支持其需求的能力。这种观点在当时引发了广泛关注，并为后来的可持续发展讨论奠定了基础。[②] 20 世纪 60—80 年代，公众开始广泛讨论无节制的经济增长对环境和社会造成的严重损害。其中，为了检验全球经济发展模式是否"可持续"，罗马俱乐部（The Club of Rome）于 1972 年发布了《增长的极限》（*The Limits to Growth*）[③]。该报告认为，由于石油等自然资源供给的有限性，人口增长、工业生产和污染这三个关键变量的指数增长将不可避免地面临资源和环境的极限。[④] 就在同一年，联合国在瑞典斯德哥尔摩举办了人类环境会议（UN Conference on the Human Environment，又称斯德哥尔摩会议），这是首次专门致力于环境问题的国际会议，标志着环境保护正式成为国际议题。会议期间，27 位专家组成的小组阐明了环境与发展的联系，提出"环境与经济优先事项之间虽存在冲突，但本质上是同一枚硬币的两面"的观点。此外，会议还通

---

① "Sustainable"一词源自拉丁语"sustinere"，在现代英语中意为维持、维护、持续下去。可持续被视为一种思考未来的范式，即在追求提高生活质量的过程中对环境、社会和经济平衡考量。Idowu, Samuel O., et al., eds. Encyclopedia of Corporate Social Responsibility. Vol. 21. Berlin: Springer, 2013.

② Malthus, Thomas Robert, 1798. "An Essay on the Principle of Population," History of Economic Thought Books, McMaster University Archive for the History of Economic Thought, number malthus1798.

③ 罗马俱乐部是意大利学者和工业家 Aurelio Peccei、苏格兰科学家 Alexander King 于 1968 年发起成立的。罗马俱乐部于 1972 年发表了《增长的极限》，报告主笔是丹尼斯·米都斯。该报告是有关环境问题最畅销的出版物，卖出了 3000 万本，被翻译成 30 多种语言。它预言经济增长不可能无限持续下去，因为石油等自然资源的供给是有限的。Meadows, D. H. (1972). The Limits to Growth: a Report of the Club of Rome's Project on the Predicament of Mankind. New York: Universe Books.

④ Meadows, D. H. (1972). The Limits to Growth: A Report of the Club of Rome's Project on the Predicament of Mankind. New York: Universe Books.

过了《联合国人类环境会议宣言》［*Declaration of the United Nations Conference on the Human Environment*，也称《斯德哥尔摩宣言》（*Stockholm Declaration*）］，其中包括诸如第 13 条原则等前瞻性原则，倡导在发展规划中整合和协调环境保护。[1]

虽然斯德哥尔摩会议被普遍认为是可持续发展理念的起源，但作为一个概念，"可持续发展"实际上是在 1987 年《布伦特兰报告》和 1992 年联合国环境与发展会议之后才逐渐获得了广泛认同。

1983 年，联合国大会创建了世界环境与发展委员会（World Commission on Environment and Development，WCED），后被称为布伦特兰委员会（Brundtland Commission）[2]。该委员会于 1987 年在联合国大会上发布了题为《我们共同的未来》（*Our Common Future*，又称为《布伦特兰报告》）的报告。这份报告以斯德哥尔摩会议取得的成果为基础，首次明确定义了"可持续发展"，即"既能满足当代人的需求，又不损害后代人满足其需求的能力"。该定义实际包含两层关键概念：一是"需求"的概念，特别是世界贫困人口的基本需求应优先考虑；二是技术状况和社会组织对环境满足当代与未来需求能力所施加的限制。[3] 自此，"可持续发展"的概念正式被引入政治主流。

1992 年夏天，联合国环境与发展会议在巴西里约热内卢召开（又称里约地球峰会），这是一次前所未有的历史性事件，吸引了 114 位国家元首、178 个国家的 1 万名代表以及 1400 多个非政府组织的众多参与者。此次会议主要目标是为解决环境和发展问题的国际行动制定一套广泛的议程与全新的蓝图，从而为 21 世纪的国际合作和发展政策制定提供指引。会议还指出，要想实现人类的可持续发展，关键在于满足人类需求的同时，还要全面和平衡地应对经济、社会与环境问题。此次会议取得的主要成果包括通过了《21 世纪议程》、《里约宣言》及其 27 项普遍原则，批准了《联合国气候变化框架公约》（UNFCCC）、《生物多样性公约》，并成立了"可持续发展委员会"。[4] 以上成果都非常明确地与可持续发展有关，因此，在此次联合国环境与发展会议结束时，可以说可持续发展的概念真正登上了国际舞台。

尽管可持续发展是整个里约地球峰会的统一原则，但其意义和影响仍然存在争议。从联合国视角来看，可持续发展的实施需要依赖一套明确的原则和行动计

---

[1] Paul B D. A History of the Concept of Sustainable Development：Literature Review ［J］. The Annals of the University of Oradea, Economic Sciences Series, 2008, 17（2）：576-580.

[2] 布伦特兰委员会以世界环境与发展委员会主席格罗·哈莱姆·布伦特兰命名，布伦特兰当时是挪威首相，后来是世界卫生组织总干事。

[3] Brundtland G H, Khalid M. Our Common Future ［M］. Oxford University Press, Oxford, GB, 1987.

[4] 更多信息请参考联合国官网：https：//www.un.org/zh/conferences/environment/rio1992。

划来指导。一些批评者却认为，只有在社会、政治和经济系统能够灵活调整并与环境整合的情况下，才能实现真正的可持续发展。除此之外，在1997年联合国京都气候变化大会（UN Climate Change Conferences）[①] 上签署的《京都议定书》同样因为缔约方之间的分歧较大，在当时未能顺利推进。至今，《京都议定书》仍然是"绿色"与"新自由主义者"之间争议最多的国际协议之一。[②]

虽然面临诸多挑战，联合国仍然致力于将可持续发展的内涵提升到新的高度。2000年9月，联合国千年首脑会议在联合国总部纽约召开，该会议是截至当时有史以来规模最大的会议，汇集了最多的国家元首和政府首脑。会上，189个会员通过了《千年宣言》，并设立了8项千年发展目标，包括消灭极端贫穷和饥饿、促进两性平等并赋予妇女权利、确保环境的可持续能力等。[③] 这些目标更实际地展示了可持续发展的经济、社会和环境支柱之间的平衡原则。

2002年在约翰内斯堡召开的世界可持续发展首脑会议是联合国、政府、企业和非政府组织合作应对全球环境、健康与贫困挑战的里程碑。此次会议在探索经济发展与环境质量关系方面取得了显著进展。首先，会议重申了对可持续发展的承诺，强调加快满足清洁饮水、公共卫生、适当的住房、能源、保健、粮食安全和保护生物多样性等方面的基本需求，并确保将赋予妇女权利、妇女解放和两性平等融入《21世纪议程》、《千年宣言》和《首脑会议执行计划》中。其次，会议补充了《21世纪议程》和千年发展目标的一些空白，如到2020年以不对人类健康和环境造成重大不利影响的方式使用与生产化学品，到2010年显著减少当前生物多样性丧失的速度等。约翰内斯堡会议确认了自1992年里约地球峰会以来可持续发展作为社会经济支柱的重要性。[④]

综上来看，1972年到2002年，在联合国创建的多边平台上，关于可持续发展的政治辩论重点发生了变化。起初在斯德哥尔摩会议上，可持续发展主要强调环境保护以促进人类发展。随后，这一关注点扩展到对环境、社会和经济发展的共同关注，不断提升了可持续发展理念的高度。

2012年，在第一次里约地球峰会20年后，联合国召开了可持续发展大会

---

① 加入《联合国气候变化框架公约》的缔约方每年都会举行会议，衡量进展情况，并就气候变化的多边应对措施进行谈判。第一届缔约方大会于1995年在德国柏林举行，第二十八届缔约方大会于2023年底在阿拉伯联合酋长国迪拜举行。截至2023年10月，该公约共有198个缔约方。更多信息请参考联合国官网：https：//www. un. org/zh/climatechange/un - climate - conferences。

② Paul B D. A History of the Concept of Sustainable Development：Literature Review［J］. The Annals of the University of Oradea, Economic Sciences Series, 2008, 17（2）：576-580.

③ 更多信息请参考联合国官网：https：//www. un. org/zh/conferences/environment/newyork2000。

④ 联合国，可持续发展问题世界首脑会议的报告，2002年，纽约：https：//documents. un. org/doc/undoc/gen/n02/636/92/pdf/n0263692. pdf? token =8tvccyqWanGFAWUAMo&fe = true。

（又称里约＋20）。在可持续发展背景下，会议聚焦于两个主题：一是绿色经济，二是制度框架。会议成果文件《我们想要的未来》长达 49 页，重申了对可持续发展的承诺，其中"可持续发展"一词出现了 238 次。[①] 按照联合国的时间表，2015 年是 2000 年启动的千年发展目标的最后完成期限。会议成员意识到，2015 年之后全球仍需要一个新的发展议程。因此，里约＋20 的另一重要成果包括同意设立一个开放工作组来制定一套新的可持续发展目标（SDGs），以目标为导向，帮助政府、企业和社会朝着共同的方向行动。经过一年多的谈判，开放工作组提交了 17 个发展目标成果文件草稿。2015 年 8 月上旬，联合国 193 个会员国以协商一致方式商定新议程成果文件——《改变我们的世界：2030 年可持续发展议程》。最终，在 2015 年 9 月举行的联合国可持续发展首脑会议上通过了上述 17 个目标及《2030 年可持续发展议程》（2030 *Agenda for Sustainable Development*）。这意味着在接下来的 15 年，国际社会和各国政府将以可持续发展目标和议程为行动跳板来促进全球共享的繁荣与福祉。[②] 同年 12 月，联合国气候变化大会在巴黎召开，会议上通过了著名的《巴黎协定》 （*Paris Agreement*）。该协定在一年内生效（2016 年 11 月 4 日正式生效），旨在大幅减少全球温室气体排放，将 21 世纪全球气温升幅限制在 2 摄氏度以内，同时寻求将气温升幅进一步限制在 1.5 摄氏度以内的措施。《巴黎协定》提供了一个持久的框架，为未来几十年的全球努力指明了方向，标志着向净零排放世界转变的开始。《巴黎协定》的实施对于实现可持续发展目标至关重要，因此，这两者共同构成了全球可持续发展合作的总体框架，是全球应对环境、社会和经济发展问题的重要里程碑。[③]

二、可持续性对经济增长的影响

如上所述，可持续发展强调"在不损害后代需求的前提下，满足当代人需求的能力"，这就意味着我们在促进经济增长的同时需要有效管理自然资源，减少环境污染，并确保社会公正和经济效率。尽管可持续发展目标可能在短期内限制经济增长速度，但从长远来看，它们有助于保持经济活动的可持续性和稳定性。

基于 2018 年诺贝尔经济学奖得主威廉·诺德豪斯（William Nordhaus）[④] 的综

[①] Mensah, J., & Ricart Casadevall, S. （2019）. Sustainable Development: Meaning, History, Principles, Pillars, and Implications for Human Action: Literature Review. Cogent Social Sciences, 5 （1）.

[②] 更多信息请参考联合国官网：https：//www.un.org/sustainabledevelopment/zh/summit/。

[③] 更多信息请参考联合国官网：https：//www.un.org/zh/climatechange/paris‐agreement。

[④] https：//williamnordhaus.com/publications.

合气候经济模型①，本节将重点从气候变化的角度来定量分析可持续性对经济增长的影响。该模型将气候因素纳入经济增长模型，使我们能够更深入地理解减少温室气体排放等可持续性行动，以及国际多边机构所倡导的国际合作政策对经济增长的长期影响。

（一）综合气候经济模型

全球气候系统与经济系统之间存在着紧密且复杂的联系。一方面，经济活动，特别是工业生产、交通运输和能源使用是造成温室气体排放激增的主要原因之一。另一方面，全球气候变化会对农业、渔业、林业等经济领域产生直接冲击，进而影响市场稳定、社会福祉和经济增长。为应对气候变化的挑战，各国政府正积极推进必要的减排和适应气候变化的措施，这些措施不仅需要政府投入大规模的资金，还可能引发能源和商品价格大幅度的波动，从而改变全球经济格局。显然，气候和经济的交互作用已经形成了一个极为复杂的系统。

为了更深入地理解并预测两者的相互作用以及未来发展趋势，近年来经济学家们利用综合评估模型（Integrated Assessment Models，IAM）② 将气候科学、经济学、政策研究等领域结合起来，用于评估经济活动对气候的影响、气候变化对经济增长的作用，以及各种气候政策的经济效用。

在这些综合模型中，最为知名的是威廉·诺德豪斯研发的动态综合气候经济模型（Dynamic Integrated model of Climate and the Economy，DICE）和区域综合气候经济模型（Regional Integrated Model of Climate and the Economy，RICE）。DICE/RICE 系列模型是最早研究气候变化与经济相互作用的综合评估模型之一。基于新古典拉姆齐增长模型（Neoclassical Ramsey Growth Model），DICE/RICE 将气候变化纳入该理论框架中，并集成了损害函数、减排函数以及将国内生产总值（GDP）增长与二氧化碳对全球平均温度影响相关联的方程。模型的基本思路是，社会通过投资资本品减少了当期的消费，从而增加了未来的消费。因此，通过投资减排活动，虽然经济体减少了"今天"的消费，却防止了气候变化所带来的损害，增加了未来消费的可能性，从而实现了经济体增长的可持续性。

1989 年，诺德豪斯开始开发 DICE，并于 1992 年在《科学》期刊上发表了主

---

① 2018 年 10 月 8 日，瑞典皇家科学院宣布将 2018 年度诺贝尔经济学奖授予美国经济学家威廉·诺德豪斯，以表彰他将气候变化纳入宏观经济分析研究，对可持续经济增长研究领域作出的突出贡献。诺德豪斯也是第一位获得诺贝尔奖的环境经济学家。

② 综合评估模型可分为政策评估模型和政策优化模型两大类。政策评估模型通常为递归或均衡模型，生成重要变量的路径，不进行经济结果的优化；而政策优化模型通常有预设的目标函数或福利函数，提供优化政策的策略。更多信息请参考：Barrage L，Nordhaus W. Policies，Projections，and the Social Cost of Carbon：Results from the DICE – 2023 Model ［J］. Proceedings of the National Academy of Sciences，2024，121（13）：e2312030121.

要观点。① 他指出，在不采取任何应对气候变化行动的情况下，全球将变暖 3 摄氏度。如果采取模型中的"最优策略"，可以使全球变暖速度略降，并且该"最优策略"中行动收益的贴现值（1990 亿美元）略高于行动成本。1994 年 10 月，诺德豪斯出版了《管理全球共同体：气候变化经济学》（*Managing the Global Commons: The Economics of Climate Change*）② 一书。该书除了对 DICE 再次进行了详细描述以及对模型生成的几种情景进行分析外，还进行了大量关于模型参数不确定性的敏感性分析以及对未来不同时间点获得的信息在决策过程中的价值分析。③

1996 年，诺德豪斯和杨自立在《美国经济评论》（*American Economic Review*）上发表了题为《气候变化备选战略的区域动态一般均衡模型》（*A Regional Dynamic General – Equilibrium Model of Alternative Climate – Change Strategies*）的研究文章，详细介绍了 RICE。与此前单一参与者的研究假设不同，RICE 通过将问题分解到各个国家，分析了不同国家和决策者在应对气候变化政策上的互动。研究发现，在执行国家间合作政策的情况下，全球温室气体排放减少的水平要远高于不合作的情况。④

因此，RICE 通常用于分析国际合作政策的影响。这些合作政策一般分为三大类：一是"不作为"（市场解决方案），二是忽略分配效应的有效解决方案（国家合作解决方案），三是各国仅为本国选择最佳政策的解决方案（民族主义解决方案）。⑤ 例如，在 1997 年 12 月联合国《京都议定书》（*Kyoto Protocol*）签订之后，诺德豪斯与波伊尔⑥针对该协议倡导的国际合作政策进行了实证分析。RICE 结果显示，《京都议定书》的全球净成本为 7160 亿美元（现值），美国将承担其中的近 2/3，而其成本收益率仅为 1/7。此外，《京都议定书》关键的第三条款规定，附件一所列缔约方应个别地或共同地确保在 2008—2012 年的温室气体排放量相对于 1990 年水平平均减少 5%。针对该规定，在假设允许附件一国家之间自由交易碳排放许可的前提下，RICE 认为这些国家在 2005—2008 年的经济表现

① Nordhaus, William D. 1992. An Optimal Transition Path for Controlling Greenhouse Gases, Science, 258, November 20: 1315 – 1319.

② Nordhaus, William D. 1994. Managing the Global Commons: The Economics of ClimateChange, Cambridge, MA, MIT Press, USA.

③ Nordhaus W D. Managing the Commons: The Economics of Climate Change [J]. 1994. https://web.mst.edu/rrbryant/econ340/ManagingthecommonsReview.pdf.

④ Nordhaus W D, Yang Z. A Regional Dynamic General – Equilibrium Model of Alternative Climate – Change Strategies [J]. The American Economic Review, 1996: 741 – 765.

⑤ Center for International Earth Science Information Network (CIESIN). 1995. Thematic Guide to Integrated Assessment Modeling of Climate Change [online]. Palisades, NY: CIESIN.

⑥ Nordhaus W D, Bayer J G. Requiem for Kyoto: An Economic Analysis of the Kyoto Protocol [J]. The Energy Journal, 1999, 20 (1_ suppl): 93 – 130.

将受到一定的冲击。

（二）DICE—2023 模型最新成果

自首次提出以来，DICE 和 RICE 已经历了多次修订。最新的 DICE—2023 版本不仅在风险处理、碳排放和气候模块、非工业部门温室气体处理以及贴现率等方面进行了修订，还引入了模拟碳循环动态的 DICE 有限振幅脉冲响应模型（DICE Finite Amplitude Impulse-Response Model, DFAIR）模块。

DICE—2023 包含了四种假设情景，分别是基线情景、成本效益最优情景、温度限制情景（小于 2 摄氏度）以及巴黎协定延续情景。在所有情景下，假设 2020 年的排放控制率[①]均为 5%。DICE—2023 预测，2050 年这四种情景下的排放控制率将分别为 10%、39%、55% 和 27%；到 2100 年，排放控制率将分别达到 22%、84%、99% 和 57%。这些结果表明，尽管 2020 年的排放控制率相同，但由于政策严苛程度不同，最终的政策效果存在显著差异。[②]

总体来看，基于 DICE 和 RICE 的分析，减少温室气体排放的可持续行动以及国际多边机构倡导的国际合作政策对经济增长的影响主要有以下几点。首先，短期内，减少碳排放需要投入大量资源，这可能会降低当前的经济增长。但长远来看，通过避免气候变化带来的严重损害，这些政策将提高未来经济产出和社会福利的潜能。其次，考虑到气候变化是一个全球性问题，国际合作是最有效的解决方式。RICE 表明，通过国际合作，各国可以分享技术和资源，减少全球减排的成本，更具有成本效益。最后，由于不同地区在全球气候政策中的地位和利益不同，发达国家由于具备更强的经济基础，须承担更多的减排成本，而发展中国家则需要更多的国际合作，以获得更多的技术援助和支持。

第二节　可持续金融体系的兴起和发展

随着可持续发展理念的兴起，可持续金融也应时而生。然而，如前文所述，要实现联合国可持续发展目标（SDGs）、《巴黎协定》承诺以及其他环境目标，需要大量且远超公共部门承受范围的投资。根据联合国的预测，要实现 2030 年可持续发展目标，全球每年需要投入 5 万亿~7 万亿美元资金，其中发展中国家每年需要投入 3.3 万亿~4.5 万亿美元，而公共财政仅能覆盖约 1.4 万亿美元，资金缺口高达 2.5 万亿美元。尤其在新冠疫情暴发后，各国政府债务水平均处于高

---

① 避免排放的二氧化碳和可减排非二氧化碳两类气体占温室气体排放总量的比重。

② Barrage L, Nordhaus W. Policies, Projections, and the Social Cost of Carbon: Results from the DICE-2023 Model [J]. Proceedings of the National Academy of Sciences, 2024, 121 (13): e2312030121.

位，导致上述年度资金缺口扩大到4.2万亿美元。① 因此，改革现有金融体系，调动和重新引导更大规模的私人资本支持履行气候、环境和可持续性承诺，是实现所有气候和可持续发展目标成败的关键。

通过将环境、社会和治理因素纳入金融决策过程中，可持续金融能够在实现财务回报的同时，促进环境保护和社会进步，推动经济的长期可持续增长。目前，可持续金融的国际影响力持续扩大，已成为金融领域的前沿发展趋势。各国政府、国际组织和主要金融机构均致力于出台与制定促进可持续金融发展的政策及法规，鼓励并引导金融市场更加注重可持续性，为全球可持续发展贡献更多力量。基于此背景，本节将重点介绍可持续金融的发展背景、核心概念与政策框架，以便更全面地理解经济增长、可持续发展以及可持续金融的相互依存关系。

一、国际多边机构在可持续金融发展过程中的角色

与可持续发展理念起源轨迹类似，可持续金融的出现大致也可以追溯至20世纪70年代。以联合国、世界银行、二十国集团（G20）、欧盟等为代表的国际组织和超国家机构是推动可持续金融政策体系框架发展的主要力量。如前文提及，1972年6月在瑞典斯德哥尔摩举办的联合国人类环境会议标志着全球环境政策的重要转折点，成为推动可持续金融的关键里程碑之一。在此次会议上，联合国通过的《斯德哥尔摩宣言》鼓励世界各国参与环境保护和治理，并首次提出了"应筹集资金来维护和改善环境"的概念。为此，联合国特别成立了首个专门负责环境问题的机构——联合国环境规划署（UNEP），其职责是科学指导环境政策的制定，协调联合国的环境计划，并支持发展中国家实施有助于可持续发展的政策和措施。该机构在此后全球可持续金融的发展过程中发挥了极其重要的作用。

自20世纪90年代初以来，联合国环境规划署通过与金融服务业中的前瞻性组织合作，致力于确保金融部门在保护环境的同时，能够维持其业务的健康运营和盈利。1992年5月，在里约地球峰会前夕，包括德意志银行、汇丰银行、国民西敏寺银行、加拿大皇家银行和西太平洋银行在内的13家银行在纽约联合发布了《银行业关于环境与可持续发展的声明》（UNEP *Statement by Banks on the Environment and Sustainable Development*），标志着银行业倡议成立，这同时也标志着"联合国环境规划署金融倡议"（UNEP FI）的正式启动。1995年，联合国环境规划署进一步联合一批全球领先的保险与再保险机构推出了《保险业关于环境承诺的声明》（UNEP *Statement of Environmental Commitment by the Insurance Industry*）。在

---

① 更多信息请参考联合国官网：https://news.un.org/zh/story/2023/07/1119857。

这一自愿承诺中，签署机构承诺实现经济发展、人民福祉和良好环境之间的平衡。此后，在联合国环境规划署的主持运作下，"联合国环境规划署金融倡议"吸引了广泛的金融机构参与，包括商业银行、投资银行、风险投资、资产管理机构以及多边开发银行和机构，共同推动将环境因素融入金融部门运营和服务的方方面面。①

联合国环境规划署金融倡议已陆续制定或联合制定了多个旨在将可持续发展纳入金融市场实践的原则框架。其中，影响力较大的包括2006年的《负责任投资原则》（PRI）②、2012年的《可持续保险原则》（PSI）③以及2019年的《负责任银行原则》（PRB）④。随着上述三个原则的陆续出台，联合国的可持续性蓝图已覆盖金融业的所有部门。为进一步加快金融机构在全球经济脱碳行动上的步伐，顺利实现《巴黎协定》设立的目标，联合国环境规划署分别于2019年和2021年启动了"净零资产所有者联盟"⑤和"净零银行联盟"、"净零保险联盟"。这些联盟由投资者、银行、保险和再保险机构主导，在联合国的协调下通过合作开发金融工具和指导方针，共同推动金融业的可持续转型（见图1-1）。

除了联合国，多个国际机构和组织通过提供资金、制定标准、开展研究以及提供技术等多种方式，共同推动了全球可持续金融的发展，促进全球向可持续经济转型。2003年6月，世界银行下属的国际金融公司（IFC）与9家商业银行共同制定并发布了可持续金融领域著名的"赤道原则"（Equator Principles，EPs）。赤道原则为金融机构在全球矿业、石油、天然气和林业等行业的项目融资提供了一个环境和社会风险管理框架与标准，旨在识别、评估和管理项目融资中的环境与社会风险，并为进行负责任的风险决策提供最低尽职调查标准。截至2023年6月，赤道原则被全球39个国家的139个金融机构采用，成为全球管理项目融资

---

① 更多信息请参考联合国环境规划署官网：https：//www.unepfi.org/about/about－us/history/。

② 2006年4月，联合国环境规划署推出了《负责任投资原则》。截至2021年3月，来自50多个国家的超过4000家金融机构签署了该协议。更多信息请参考联合国环境规划署官网：https：//www.unepfi.org/about/about－us/history/。

③ 联合国环境规划署与一批保险机构于2012年联合推出的《可持续保险原则》是保险业第一个应对环境、社会和治理风险与机遇的全球框架。全球超过200家组织采纳了其四项指导原则，其中包括代表全球超过25%保费总量和管理资产达14万亿美元的保险公司。更多信息请参考联合国环境规划署官网：https：//www.unepfi.org/about/about－us/history/。

④ 2019年，在联合国环境规划署金融倡议的召集下，132家银行组成的联盟推出了银行业首个全球可持续性框架——《负责任银行原则》。这六项指导原则帮助签署银行确保其战略和实践与《可持续发展目标》和《巴黎协定》中社会对未来的愿景保持一致，并为可持续金融带来了目标、愿景和雄心。签署方承诺在战略、投资组合和交易层面将这些原则嵌入所有业务领域。更多信息请参考联合国环境规划署官网：https：//www.unepfi.org/about/about－us/history/。

⑤ 该联盟是由联合国环境规划署与其姊妹机构"负责任投资原则"共同启动。更多信息请参考联合国环境规划署官网：https：//www.unepfi.org/about/about－us/history/。

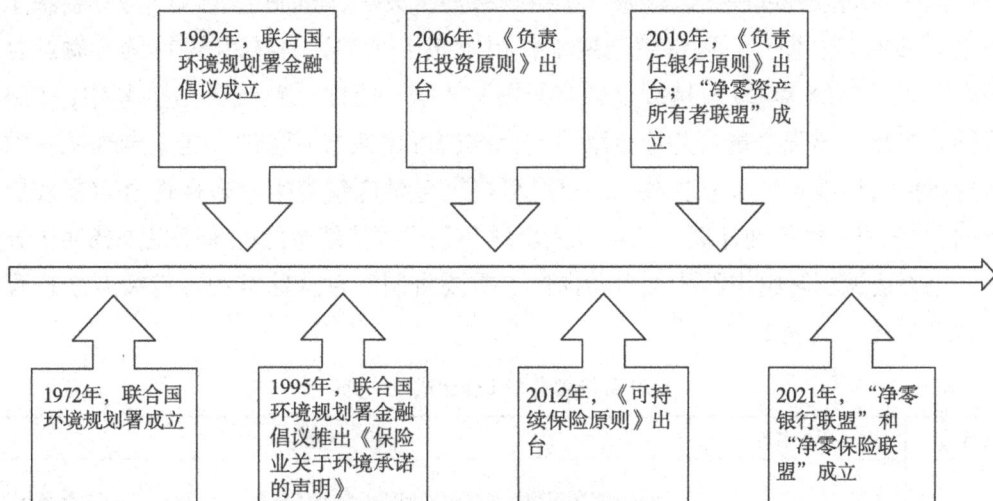

图 1-1　联合国环境规划署金融倡议主导的可持续金融重要事件

（资料来源：联合国环境规划署）

环境和社会风险的行业标准。①

此外，为推动新兴市场可持续金融的发展，国际金融公司于 2012 年协助成立了可持续银行和金融网络（SBFN）。通过该网络，成员机构能够分享构建可持续金融体系的相关经验，支持各自的可持续金融倡议的设计和实施。截至 2024 年 4 月，可持续银行和金融网络覆盖 70 个国家的 91 个成员机构，其代表的银行资产至少为 68 万亿美元，占新兴市场银行资产总额的 92%。②

作为全球最重要的国际经济合作论坛，G20 在推动绿色金融和可持续金融发展方面同样发挥着至关重要的作用。2016 年 G20 杭州峰会期间，中国倡导成立了 G20 "绿色金融研究小组"（GFSG），并发布了《G20 绿色金融综合报告》。自此，绿色金融议题连续多年被纳入领导人峰会成果文件中。2018 年，为了涵盖更广泛的可持续因素，G20 绿色金融议题扩展为可持续金融，随之 "绿色金融研究小组" 改名为 "可持续金融研究小组"。③

为进一步凸显该小组工作的重要性，在 2021 年 G20 财长与央行行长会议上，

---

① 国际金融公司，创造更美好的未来，国际金融公司 2023 年度报告，2023 年 6 月。更多信息请参考：https://www.ifc.org/content/dam/ifc/doc/2023/ifc-annual-report-2023-building-a-better-future-cn.pdf。

② Sustainable Banking and Finance Network，Global Progress Brief，April 2024. 更多信息请参考：https://www.sbfnetwork.org/wp-content/uploads/2024/04/SBFN-Global-Progress-Brief_April-2024.pdf。

③ 姜波，G20 可持续金融综述，海南省绿色金融研究院，2023 年 5 月。更多信息请参考：https://mp.weixin.qq.com/s?__biz=MzI3NzQ1OTA3Ng==&mid=2247515686&idx=1&sn=33a1d3116a1b4c8c3a2cad9312146f68。

成员国一致同意将可持续金融研究小组升级为常设工作机制，成为可持续金融工作组（SFWG）。同年，可持续金融工作组发布了《2021 年 G20 可持续金融综合报告》以及首份《G20 可持续金融路线图》（以下简称《路线图》）。其中，《路线图》提出了增强全球可持续金融界定标准的可比性与一致性、建立全球统一的可持续披露标准和转型金融框架，以及可持续金融应覆盖生物多样性等重要发展方向和 19 项具体行动计划。这不仅为全球和各国可持续金融的未来发展指明了方向，也为协调国际组织的相关活动提供了重要机制，在全球推动可持续金融进程中意义非凡（见表 1 - 1）。①

表 1 - 1   G20 可持续金融工作组成果一览

年份	报告名称	报告内容
2016	《G20 绿色金融综合报告》	研究小组须识别绿色金融发展所面临的体制和市场障碍，并在总结各国经验的基础上，提出可提升金融体系动员私人部门绿色投资能力的可选措施。研究小组工作主要涉及五个领域，包括银行业、债券市场、机构投资者这三个专门领域，以及风险分析和指标体系这两个跨领域问题。考虑到各国国情不同，研究小组总结了多国经验和市场实践，与市场参与者积极沟通，并开展双边与多边国际合作
2017	《2017 年 G20 绿色金融综合报告》	研究小组重点分析了两大领域，一是环境风险分析在金融业的应用，二是运用公共环境数据开展金融风险分析和支持决策。此外，研究小组还梳理了 2016 年《G20 绿色金融综合报告》所提出的七项可选措施在 G20 成员内部和国际上的进展情况
2018	《可持续金融综合报告》	研究小组致力于探索如何通过扩大可持续领域的私人投资，以实现环境改善和社会、经济等方面的协同效应。研究小组重点在以下几个方面提出和评估推动可持续金融发展的可选措施，包括为资本市场创造可持续资产、发展可持续股权和风险投资（PE/VC），以及探索数字科技在可持续金融中的运用，同时考虑各国的实际情况、发展重点和需求
2021	《2021 年 G20 可持续金融综合报告》	报告确定了 G20 可持续金融的优先事项，并在三个具体领域开展重点工作：一是改进投资与可持续发展目标一致性方法的可比性和互操作性；二是通过改善可持续性报告和披露来克服信息挑战；三是增强国际金融机构在支持《巴黎协定》和 2030 年可持续发展目标中的作用。对此，研究小组审查了现有做法，并提出了一套建议

---

① 马骏．《G20 可持续金融路线图》如何影响全球可持续金融的走势 [J/OL]．国际金融，2022（2）．http：//www. greenfinance. org. cn/displaynews. php? id = 3667。

续表

年份	报告名称	报告内容
2021	《G20 可持续金融路线图》	报告提出了可持续金融发展路线五个重点领域及其包含的 19 项具体行动，包括提升全球可持续金融界定标准的可比性与一致性（5 项行动），建立全球统一的可持续披露标准（5 项行动），气候和其他可持续性风险的评估和管理（3 项行动），国际金融机构、公共财政与激励措施的作用（3 项行动），数字技术与金融支持气候转型等跨领域议题（3 项行动）
2022	《2022 年 G20 可持续金融报告》	报告提出了多项建议，例如建立转型金融框架、提高金融机构净零排放承诺可信度、发展可持续金融工具以提高可得性和降低融资成本等
2022	《G20 转型金融框架》	报告为各成员发展转型金融提供了一套高级别原则（共 22 条原则），且允许各成员在制定具体政策和规范时有一定的弹性。这套原则由五个支柱构成，包括对转型活动和转型投资的界定标准、对转型活动和转型投资的信息披露、转型金融工具、激励政策、公正转型
2023	《2023 年 G20 可持续金融报告》	工作组继续跟踪《G20 可持续金融路线图》落实进展，并就推进其所列任务确定三个重点工作领域：一是建立为应对气候变化及时调动充足金融资源的机制；二是为实现非气候可持续发展目标提供金融支持；三是加强能力建设，打造可持续金融生态系统。针对上述重点领域，报告梳理了背景及挑战，并提供了相关的政策建议

资料来源：笔者根据 G20 官网资料整理。更多信息请参考：https：//g20sfwg.org/document - repository/。

欧盟可持续金融的理念发展历史悠久，其起源同样可追溯至 20 世纪七八十年代。作为对首届联合国人类环境会议的回应，当时仅有 6 个成员国的欧共体（欧盟前身）于 1972 年 10 月召开了巴黎首脑会议，会上明确提出了在区域开发、环境保护和能源政策等方面开辟新的活动领域，并为环境问题制定多轮行动纲领。其中，在 1987 年的《第四轮欧共体环境行动纲领》中，欧共体首次使用"可持续"这一表述，并将其纳入《单一欧洲法案》，赋予与"可持续"相关的环境政策和标准法律基础。此后，随着环境和可持续发展政策的深化，欧盟逐渐认识到，低碳转型所需的资金远超公共预算所能提供的，亟须调动大规模私人资本来填补这一资金缺口，以实现可持续增长。

为应对转型带来的挑战并提高金融服务可持续增长的效率，2016 年欧盟委员会成立了可持续金融高级别专家组（High - Level Expert Group，HLEG），开启了对欧盟可持续金融发展战略的深入研究。基于该专家组关于可持续发展融资的建议，欧盟委员会于 2018 年 3 月推出了旨在改革欧盟金融体系的《可持续发展融资行动计划》。自此，欧盟可持续金融领域进入了发展的快车道。目前，欧盟已基本建成了一套由三大支柱组成的可持续金融框架，为全球可持续金融发展树立了先行示范。本书第二章将详细梳理和分析欧盟的可持续金融框架，包括其核心组成以及改革发展进程。

综合来看，虽然可持续金融的概念早有讨论，但其获得真正全球范围的发展动力是在 2015 年联合国通过《2030 年可持续发展议程》以及 2016 年的《巴黎协定》生效之后。特别是《巴黎协定》提出的"使资金流动符合温室气体低排放和气候适应型发展的路径"的要求，使得资金目标与减排目标和适应气候变化目标并重①，标志着全球在气候融资方面取得了重大进展。

二、可持续金融概念的演变和形成

由于可持续性是一个复杂且不断发展的议题，学术界和业界迄今尚未对可持续金融形成统一的定义。不过，随着金融在解决环境问题和推动可持续发展中的作用与影响日益显著，国际社会对可持续金融的理解和涵盖范围也在不断深化。近年来，联合国、欧盟委员会、G20 和国际资本市场协会（ICMA）等诸多国际多边机构已先后提出各自的前沿研究观点。这些机构旨在厘清可持续金融的相关定义，为所有参与者和利益相关者提供可参考的、统一且透明的专业术语，从而帮助行业和政策制定者更好地理解并推动这一领域的发展。

针对可持续金融的覆盖范围，联合国进行了大致的划分。它认为，可持续金融涵盖了广泛的环境、社会、经济和治理四方面的内容（见图 1-2）。这些内容按范围从广到窄，依次为社会环境金融、绿色金融、气候金融和低碳金融。其中，气候金融通常与《联合国气候变化框架公约》相关，重点在于减少排放、适应气候变化的不利影响以及缓解气候变化的影响。相比之下，绿色金融的定义更为广泛，不仅限于解决环境问题和气候变化或适应问题，还包括其他更多的环境目标和风险。

具体来看，联合国定义的环境问题涉及自然环境和生态体系的质量与功能，包括生物多样性损失、温室气体排放、废物管理、土地使用变化等；社会问题主要涵盖了人民权利与福祉、劳工标准、健康和社会福利等方面；经济问题关注的是被投资实体对本地、国家和全球经济的影响；治理问题则涉及被投资主体的管理，如董事会结构的多样性和独立性、高管薪酬、股东权利、信息披露和商业道德等。值得注意的是，这些问题之间具有一定的相互重叠和关联。例如，环境和气候问题可能影响社会发展，治理问题可能包括公司在多大程度上将环境风险纳入考量等。尽管如此，联合国提出的这种分类说明为可持续金融方式提供了一个简化的识别体系，使我们能够区分适用于这四类问题的不同金融方法，从而更有

---

① 三大目标见《巴黎协定》第二条内容。更多信息请参考联合国官网：https：//www.un.org/zh/documents/treaty/FCCC-CP-2015-L.9-Rev.1。

效地引导资金流向支持全球可持续发展的各个方面。①

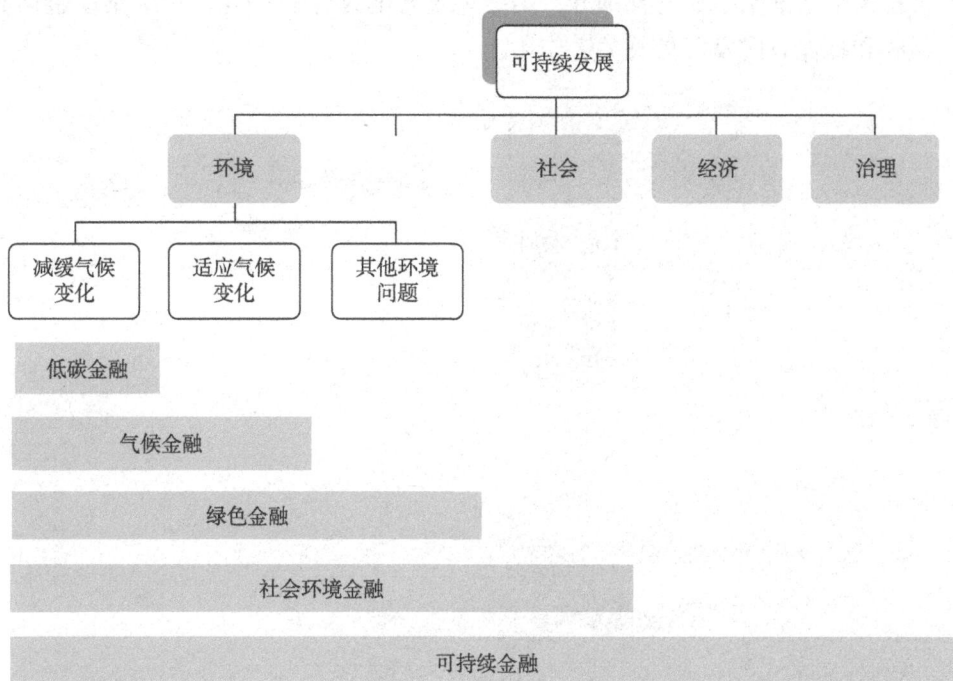

图 1 - 2　联合国可持续金融概念框架
(资料来源：联合国环境规划署)

　　欧盟委员会同样对可持续金融进行了较为全面的分类和定义，它提出可持续金融是金融部门在作出投资决策时充分考虑环境、社会和治理因素的过程，从而支持更多长期投资于可持续的经济活动和项目。针对环境领域，欧盟同样认为金融部门的投资决策不仅要考虑气候变化的减缓和适应，还要考虑更广泛的环境问题，如生物多样性保护、污染防治和循环经济。在社会领域，欧盟的关注点包括不平等、包容性、劳工关系、人力投资、社区发展以及人权问题。治理方面重点关注的是公共和私人机构的管理结构、员工关系和高管薪酬等因素，并确保投资实体在投资决策过程中充分考虑社会和环境问题的重要基础。

　　虽然欧盟的可持续金融框架与联合国提出的有一定相似之处，但也具有独特的特点。针对环境问题，欧盟采用的金融方式不仅仅资助目前已经环保的经济活动（绿色金融），还积极支持随时间推移向环保性能水平转型的经济活动（转型金融）。这意味着欧盟金融部门的支持不仅限于"纯绿"或"近绿"的经济活动，还致力于推动高碳排放行业实现有效转型的"转型"经济活动，如煤电、钢

① UNEP, Definition and Concepts, Inquiry Working Paper 16/13, September 2016.

铁、水泥、化工、造纸、航空和建筑等行业（见图1-3）。① 转型金融因此成为欧盟可持续金融框架中的重要部分，是绿色金融的延伸和补充，对于推动整体经济向低碳和环保方向发展具有关键作用。

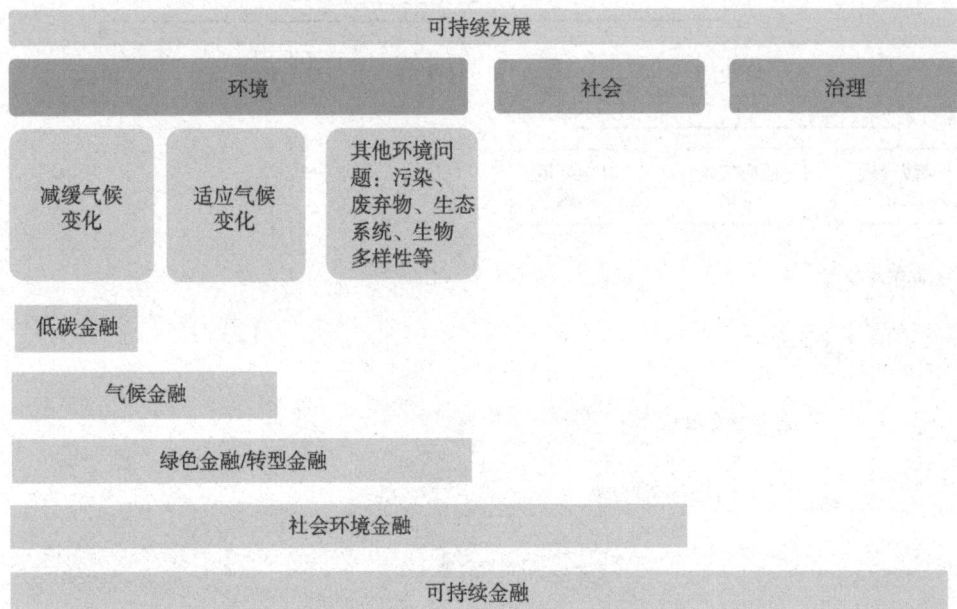

图1-3 欧盟可持续金融概念框架
（资料来源：笔者根据欧盟委员会官网资料整理）

G20将可持续金融定义为可以被广泛地理解为旨在通过直接和间接支持联合国可持续发展目标框架，为实现强劲、可持续、平衡、普惠的增长所进行的融资以及相关的机构和市场布局。此外，G20认为，一个完善的可持续金融发展框架还应通过有效应对金融市场风险和市场失灵（如外部性问题）来提升金融市场的稳定性与效率。② 这样的定义强调了可持续金融不仅限于环境保护的金融活动，还涉及通过金融手段实现社会和经济的全面可持续发展。通过适当的金融机构和市场安排来支持可持续发展目标，可帮助解决长期以来金融市场面临的结构性问题，例如不平等和资源配置的低效，从而实现更广泛的社会经济目标。

国际资本市场协会对可持续金融的释义主要基于欧盟委员会和G20的定义，并进一步将其细化为气候金融、绿色金融、社会责任金融等。国际资本市场协会特别强调可持续金融应考虑被融资机构长期发展的可持续性，以及整个金融体系的作用

---

① 更多信息请参考欧盟委员会官网：https：//finance. ec. europa. eu/sustainable - finance/overview - sustainable - finance_ en#what。

② G20 Sustainable Finance Study Group, Sustainable Finance Synthesis Report，July 2018.

和运行稳定性等更广泛的因素，并突出了可持续金融是一个涵盖范围最广的概念，包括气候金融、绿色金融、社会责任金融、影响力金融和 ESG 投资等多个分支。图 1-4 展示了这些主要概念之间的关联，图中的双箭头框表明各概念之间的动态关联，例如绿色金融、社会责任金融与影响力金融之间存在紧密联系。①

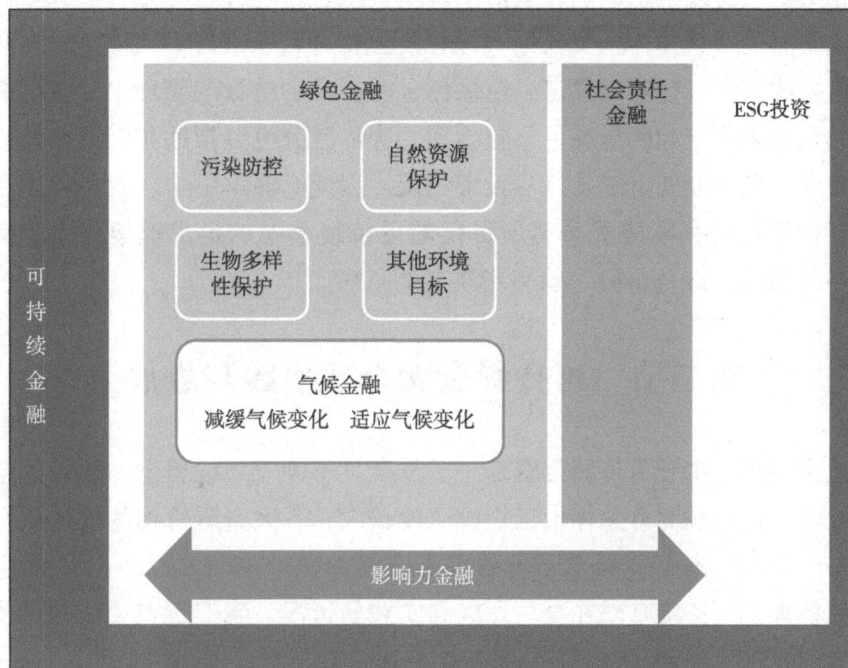

图 1-4 国际资本市场协会可持续金融概念框架
（资料来源：国际资本市场协会）

综合上述几个主要国际多边机构对可持续金融的定义，我们可以看出，可持续金融的内涵已从最初主要关注环境问题，扩展至包括社会、经济、治理等在内的多个领域，成为一个覆盖范围最广的概念。相应地，可持续金融不仅包含了低碳金融、气候金融、绿色金融，还延伸至社会责任金融和转型金融等领域。其中，气候金融关注的是支持经济活动适应气候变化的模式过渡，推行减缓气候变化的措施，尤其是减少温室气体排放，并采取适应措施以提高基础设施及整个社会和经济资产的气候适应能力。而绿色金融不仅关注气候相关项目，还覆盖更广泛的环境项目，如自然资源保护、生物多样性保护及污染防控等。作为绿色金融

---

① 影响力金融是指基于市场行业公认的指标和基准，为社会和环境产生直接与积极影响的商业或经济活动融资，并同时考虑达到与市场一致的或更优的财务回报。更多信息请参考：国际资本市场协会，可持续金融概要释义，2020 年 5 月。

的延伸和补充，转型金融旨在支持高碳行业和企业实施低碳转型的经济活动，从而促进实现《巴黎协定》所提出的气候目标。

从国内层面来看，上文介绍的概念中我们最为熟知的是"绿色金融"。然而，我国市场的绿色金融通常分为广义和狭义。其中，广义的绿色金融泛指与支持绿色发展相关的可持续金融活动，囊括了转型金融、蓝色金融等多种形式。而狭义的绿色金融则更加具体，主要依据《绿色产业指导目录（2023年版）》等政策文件对绿色金融活动进行明确界定。在绿色金融活动的统计与管理中，我国通常采纳狭义的定义来界定和测量绿色金融活动。这种区分可以帮助我们精确监控和评估针对特定绿色产业的金融支持与投资情况。因此，在本书中，我们将主要采用联合国环境规划署和欧盟委员会所提供的可持续金融的定义框架。除非特别说明，本书所指的"绿色金融"将特指狭义的范畴。

第三节　可持续金融全球实践与进展

如上文所述，由于可持续金融是一个复杂且不断发展的概念，覆盖的金融工具类别较多，系统性测算总体市场规模难度较大，各大金融机构的统计口径和侧重点不一。对此，本小节参考了伦敦证券交易所路孚特（Refinitiv）①的金融数据，大致梳理了可持续金融在全球发展和实践的近况。我们重点关注的可持续金融工具涵盖了可持续债券（Sustainable Bonds）和可持续贷款（Sustainable Loans）。其中，主流可持续债券工具又包括绿色债券（Green Bonds）、社会责任债券（Social Bonds）、可持续发展债券（Sustainability Bonds）和可持续企业发行的债券（Bonds Issuance by Sustainable Companies）。除了上述主流可持续金融工具之外，我们还针对可持续公司在股权资本市场的活动及并购交易进行了统计分析，以作为跟踪全球可持续金融区域发展成果的补充。

一、可持续债券和可持续贷款的全球规模和发展阶段

在2015年联合国通过《2030年可持续发展议程》以及2016年通过《巴黎协定》明确了可持续发展目标后，可持续债券市场迎来了第一轮全球发展热潮。根据发行规模，可持续债券市场大致可分为三个发展阶段，第一阶段为初始阶段（2016—2019年），第二阶段为快速增长阶段（2020—2021年），第三阶段为回调

---

① 路孚特是伦敦证券交易所集团（LSEG）旗下的公司，也是全球最大的金融市场数据和基础设施提供商之一。该机构定期发布全球可持续金融产品和可持续公司交易与活动的最新动态。更多信息请参考：https://www.refinitiv.com/en/products/deals-intelligence/sustainable-finance#。

与复苏阶段（2022 年至今）。

路孚特统计数据显示，2020 年之前，全球可持续债券每年发行总额波动不大、规模偏小，基本保持在 3000 亿美元以下（见图 1-5）。其中，社会债券、可持续发展债券和可持续企业发行的债券规模显著小于绿色债券。2016 年，全球绿色债券发行总额为 640.55 亿美元，是同期发行的社会债券、可持续发展债券和可持续企业发行债券总量的 2.8 倍。2019 年，可持续债券发行总规模达到 2754.95 亿美元，其中绿色债券规模达到 1972.54 亿美元，占 71.6%，剩下的三类债券仅占 28.4%（见图 1-6）。

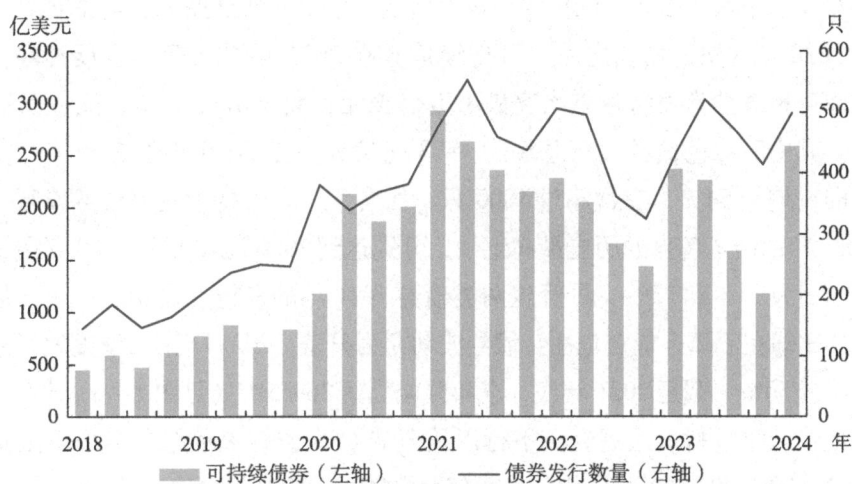

图 1-5　2018 年第一季度至 2024 年第一季度全球可持续债券季度发行规模及数量

（资料来源：路孚特）

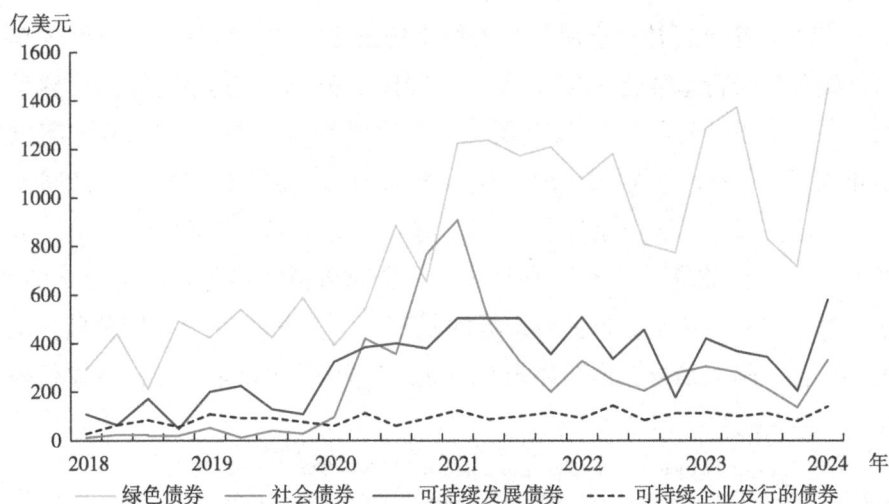

图 1-6　2018 年第一季度至 2024 年第一季度全球可持续债券季度发行规模（按债券类型）

（资料来源：路孚特）

进入 2020 年，全球可持续债券市场发行规模显著增长。根据路孚特《2020全年可持续金融回顾报告》，全球可持续债券 2020 年发行总额达 5443 亿美元，是2019 年的 2 倍，创下历史新高。其中，绿色债券和社会债券是推动可持续债券发行规模快速上涨的主要动力。绿色债券在 2020 年的发行总额为 2226 亿美元，同比增长 26%，同样创历史年度最高纪录。此外，在主权国家、国际多边组织和金融机构为抗击新冠疫情以及推动经济复苏而进行大规模融资的推动下，社会债券的发行量也达到了创纪录的 1642 亿美元，几乎是 2019 年的 10 倍。尽管可持续发展债券的增长势头仍不及绿色债券和社会债券，但 2020 年发行规模达到了 1276 亿美元，是2019 年全年水平的 3 倍多，同样为全球经济从疫情中的恢复提供了重要支持。[①]

继 2020 年的快速增长之后，可持续债券在 2021 年再次迎来发展高峰。2021年，全球可持续债券发行额首次突破 1 万亿美元，同比增长 45%，又一次刷新历史新高。其中，绿色债券发行总额为 4888 亿美元，是 2020 年的 2 倍多；发行债券数量同比增长 54%，首次超过 1000 只。社会债券和可持续发展债券发行总额同样在 2021 年刷新了各自的历史最高纪录，分别达到 1929 亿美元和 1860 亿美元，同比增速分别为 17% 和 23%。尽管这两类债券 2021 年的发行总量相当可观，但季度发行量环比却在下降。特别是社会债券波动尤为显著，2021 年第二季度发行总额环比降幅接近 50%，截至 2021 年底，全年降幅已达 369.5%（见图 1-6）。[②]

受地缘政治危机、宏观经济下行以及全球 ESG 监管规范趋严等多重因素的影响，2022 年全球可持续债券发行总额仅为 7443 亿美元，同比下降 26%，这是自有记录以来的首次年度下降。绿色债券、社会债券和可持续发展债券发行量同比分别下滑了 20.2%、45.6% 和 19.9%。[③]

2023 年初，全球可持续金融债券发行市场出现逐步回暖的迹象。2023 年上半年，可持续债券发行总额达 4585 亿美元，同比增长 6%。其中，绿色债券反弹最为迅猛，1—6 月发行总额为 2671 亿美元，同比增速达 18%，是自 2015 年以来最好的半年表现；而社会债券同比增速仅为 3%，可持续发展债券发行额同比下降了 6%。[④] 截至 2023 年底，全球可持续债券发行总规模达 7408 亿美元，基本与2022 年持平；发行数量同比增长了近 10%。全球可持续债券市场得以从 2022 年危机中恢复，主要得益于绿色债券市场的复苏。尽管 2023 年全球绿色债券季度发行规模环比呈下降的趋势，但总体来看，这是自 2021 年以来绿色债券发行势头最

---

① Refinitiv Deals Intelligence, Sustainable Finance Review Full Year 2020, January 2021.
② Refinitiv Deals Intelligence, Sustainable Finance Review Full Year 2021, January 2022.
③ Refinitiv Deals Intelligence, Sustainable Finance Review Full Year 2022, January 2023.
④ Refinitiv Deals Intelligence, Sustainable Finance Review First Half 2023, July 2023.

为强劲的一年。据路孚特统计，2023 年绿色债券发行规模和数量分别为 4214 亿美元和 983 只，同比增速均为 10%（见图 1－7）。相比较而言，社会债券、可持续发展债券的表现却不尽如人意。两类债券在 2023 年全年的发行总规模分别为 919 亿美元和 1347 亿美元，同比分别下降 13% 和 8%。其中，可持续发展债券市场已经下探至近两年的最低点（见图 1－8）。[①]

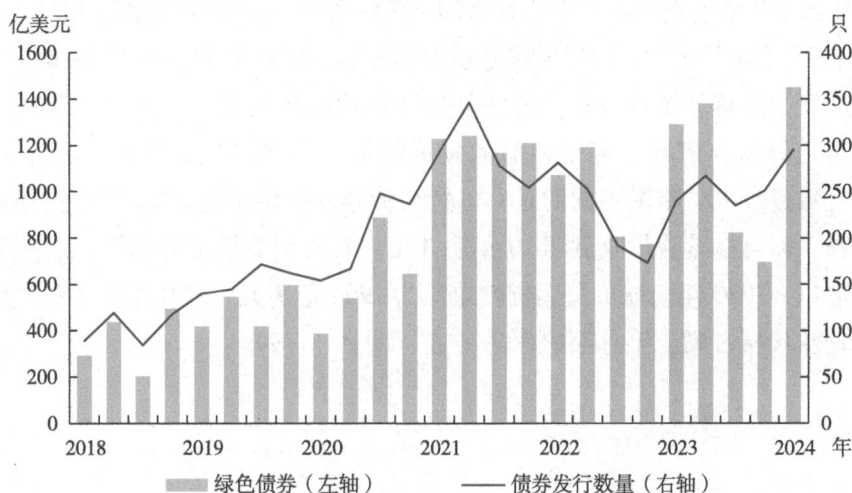

图 1－7　2018 年第一季度至 2024 年第一季度全球绿色债券季度发行规模及数量

（资料来源：路孚特）

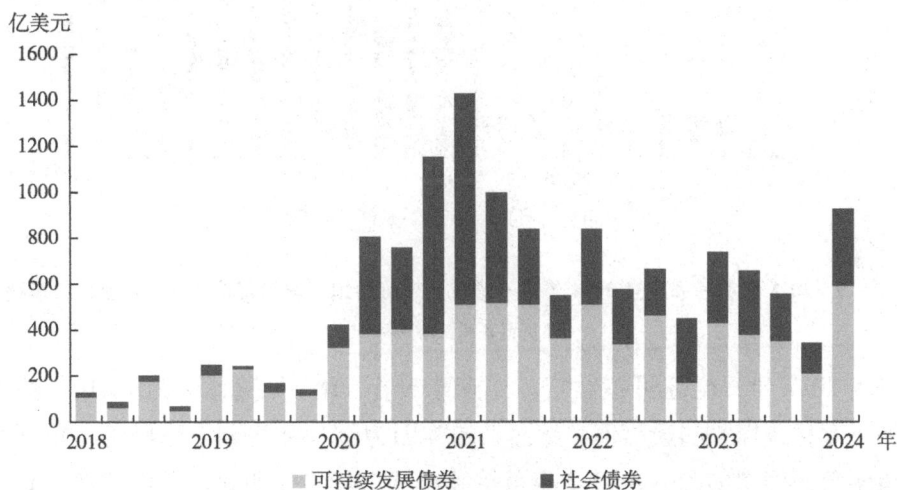

图 1－8　2018 年第一季度至 2024 年第一季度全球社会债券和可持续发展债券季度发行规模

（资料来源：路孚特）

① Refinitiv Deals Intelligence, Sustainable Finance Review Full Year 2023, January 2024.

经过一年的市场调整，可持续债券市场在 2024 年第一季度迎来了自 2021 年以来的最强开局期。《2024 年第一季度可持续金融回顾报告》[①] 显示，2024 年第一季度全球可持续债券发行总额达 2590 亿美元，同比增长了 9%，债券发行数量超过 500 只，同比增速高达 14%。除了可持续企业发行债券年度规模仍然维持在 200 亿美元以下，绿色债券、社会债券和可持续发展债券均对可持续债券市场的良好表现作出了积极的贡献。三类债券 2024 年第一季度发行规模分别为 1457 亿美元、338 亿美元和 584 亿美元，同比增速分别为 12%、11% 和 37%（见图 1-6）。

再从可持续贷款领域来看，全球可持续贷款市场在第一个阶段（2016—2019 年）与可持续债券市场呈现了相似的发展趋势，主要表现为贷款年发行总额较低、发行数量较少。略微不同的是，可持续债券发行总额在 2020 年初便迎来了爆发式增长，而可持续贷款直到 2020 年底才出现较为明显的上升趋势。根据路孚特的统计数据，2020 年全球可持续贷款总额为 1994 亿美元，同比增长 3%，其中第四季度贷款规模占到全年总额的 50% 左右（见图 1-9）。

亿美元

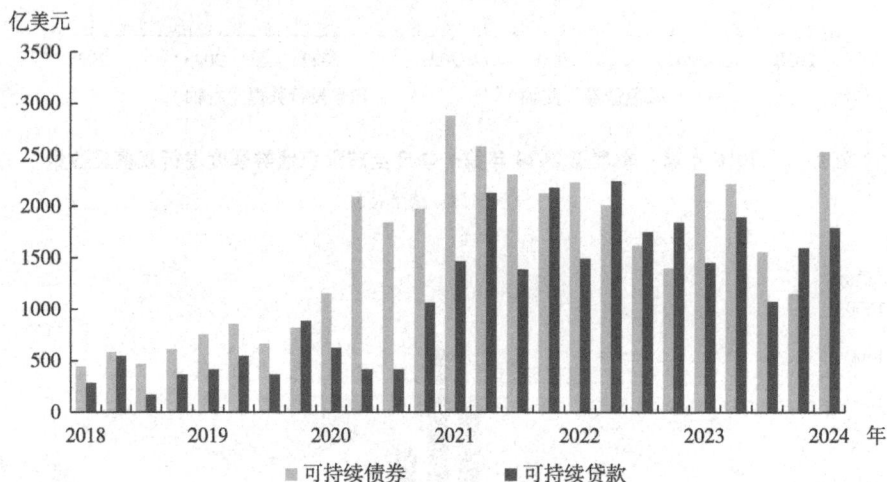

图 1-9　2018 年第一季度至 2024 年第一季度全球可持续债券和可持续贷款季度发行规模
（资料来源：路孚特）

进入 2021 年，全球可持续贷款迅速攀升至 7166 亿美元，为 2020 年的 3 倍多，创下有记录以来的最高值。然而，同样因为俄乌冲突和全球经济下行压力增大等诸多负面因素的影响，2022 年可持续贷款市场出现明显的下滑趋势，贷款发行总额为 6934 亿美元，同比下降了 7%。与可持续金融债券市场不同的是，可持续贷款在 2023 年延续了此前的下降趋势，1—12 月贷款发行总额仅为 5761 亿美

---

① Refinitiv Deals Intelligence, Sustainable Finance Review First Quarter 2024, April 2024.

元，同比下降了 24%，为自 2020 年以来增长最缓慢的一年（见图 1 - 10）①。

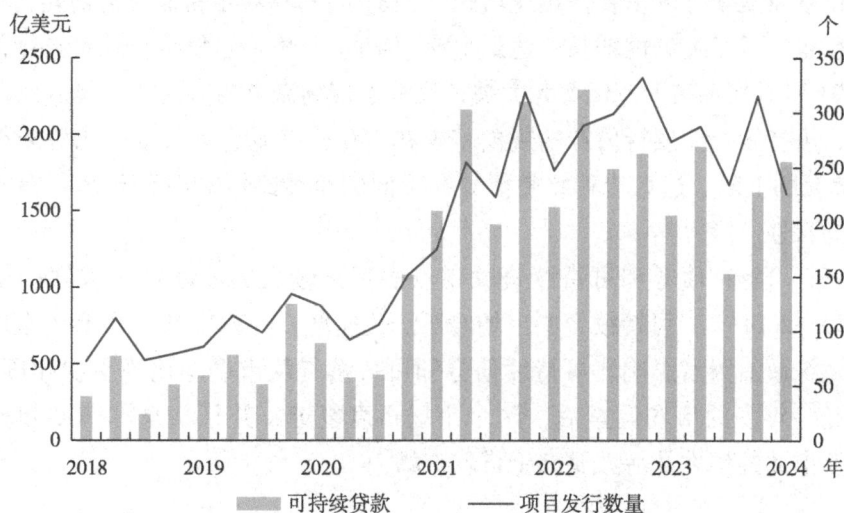

图 1 - 10　2018 年第一季度至 2024 年第一季度全球可持续贷款季度发行规模及数量
（资料来源：路孚特）

不过，2024 年初可持续贷款市场显现出与可持续债券市场相同的发展趋势。根据路孚特数据，1—3 月可持续贷款项目数量虽然同比减少 17%，为近 3 年的最低值，但贷款总额却为 1827 亿美元，同比增速高达 24%，创下有记录以来可持续贷款规模增长势头最为强劲的第一季度（见图 1 - 10）。②

通过对全球可持续债券市场和可持续贷款市场的回顾，我们可观察到以下几个发展特点。

第一，在过去 8 年间，两个市场均呈现为三阶段的发展模式。在第一阶段（2016—2019 年），可持续债券和可持续贷款市场保持着较低的年度发行总额与数量，市场规模相对稳定。第二阶段（2020—2021 年）见证了可持续债券和可持续贷款市场的显著扩张，尤其是在新冠疫情的推动下，2021 年全球发行规模均增至历史高点，绿色债券和社会债券的发行量尤其突出。在第三阶段（2022 年至今），受全球经济下行、地缘政治恶化等多重因素影响，2022 年全球可持续债券和可持续贷款市场出现显著下滑，直至 2023 年才相继回暖，并在 2024 年初表现出较强复苏势头，表明全球可持续金融市场正在从之前的调整中逐步恢复。

第二，全球可持续债券类型多样化，呈现各具特色的发展趋势。首先，绿色债券始终为市场的主要推动力，尽管有所波动，但无论是发行规模还是发行数量

---

① Refinitiv Deals Intelligence, Sustainable Finance Review Full Year 2023, January 2024.

② Refinitiv Deals Intelligence, Sustainable Finance Review First Quarter 2024, April 2024.

均远超其他三类债券。其次，随着全球应对社会和经济挑战行动的升级，社会债券和可持续发展债券的重要性迅速增强。特别是在2020年新冠疫情期间，社会债券的发行量实现了突破性增长，达到了前一年的10倍。这使得全球可持续债券规模在2021年首次突破1万亿美元大关，反映了市场需求的多元化。最后，自2016年以来，可持续企业发行债券的规模基本在100亿美元上下波动，始终未能突破200亿美元的上限。这意味着此类债券在不同的全球经济和政策环境下具有敏感度不高的特性。

第三，可持续债券和可持续贷款市场表现出较大的波动性及较强的恢复能力。2020—2021年，可持续金融市场经历了快速增长。2022年，尽管受全球宏观经济和地缘政治因素影响，可持续债券和可持续贷款市场均出现首次年度下降，但在历经一年多的市场调整后，两个市场再度复苏，并且从复苏速度和程度来看，债券市场的韧性及活力要高于贷款市场。

二、可持续金融区域发展特点

在梳理并分析全球可持续债券和可持续贷款的规模及其发展阶段后，我们将进一步从可持续债券和可持续贷款的视角来探究可持续金融在不同区域的发展特点与趋势。除此之外，本小节还特别关注了不同地区可持续公司在股权资本市场的活动及并购交易，以此作为跟踪可持续金融区域发展成果的补充。

（一）可持续债券

欧洲一直是全球可持续债券的主要发行区域，其发行的可持续债券占全球市场的份额长期保持在50%左右，稳居第一。美洲在2020年和2021年发行债券的占比分别为25.7%和21.9%，位列第二，同期亚太地区的占比仅为16.2%和18.3%，排名第三位。然而，2022年和2023年，亚太地区发行的可持续债券总额连续两年超越美洲，占比分别为27.9%和29.2%，成为全球第二大可持续债券发行区域（见图1-11）。

过去两年，亚太地区可持续债券市场的崛起主要得益于中国绿色金融市场的快速发展。特别是在2023年可持续债券发行规模全球前十大发行人中，有7家中国公司上榜，它们依次是上海浦东发展银行、交通银行、中国银行、中国工商银行、兴业银行、中国光大银行和国家开发银行。其中，上海浦东发展银行发行的绿色债券规模最大，为43.6亿美元，排名第一；兴业银行在4月和6月分别发行了两笔规模为39.3亿美元和32.4亿美元的绿色债券，分别排在第五位和第六位。上述7家中国发行人在2023年合计发行了293.5亿美元的绿色债券，占前十大发

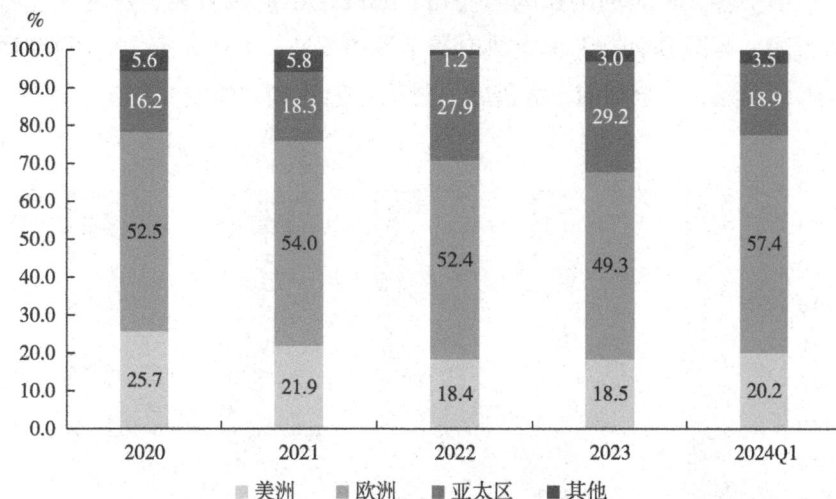

图 1 - 11 2020 年至 2024 年第一季度全球主要地区可持续债券发行规模占比

（资料来源：路孚特）

行人发行总额的 86.8%（见表 1 - 2）。①

表 1 - 2 **2023 年可持续债券发行规模全球前十大发行人**

发行人	国别	收益主要用途	行业	发行规模/亿美元	发行日期
上海浦东发展银行	中国	绿色债券	金融	43.6	2023 年 3 月 22 日
交通银行	中国	绿色债券	金融	43.5	2023 年 4 月 21 日
中国银行	中国	绿色债券	金融	43.4	2023 年 5 月 9 日
中国工商银行	中国	绿色债券	金融	41.6	2023 年 11 月 17 日
兴业银行	中国	绿色债券	金融	39.3	2023 年 4 月 20 日
兴业银行	中国	绿色债券	金融	32.4	2023 年 6 月 1 日
中国光大银行	中国	绿色债券	金融	28.1	2023 年 6 月 16 日
安桥公司	美国	降低债务	能源	23.0	2023 年 3 月 6 日
国家开发银行	中国	绿色债券	金融	21.6	2023 年 2 月 28 日
埃尼公司	意大利	一般企业用途	能源	21.5	2023 年 2 月 9 日

资料来源：路孚特。

（二）可持续贷款

与在可持续债券市场占绝对主导地位的情况相比，欧洲可持续贷款发行规模在近四年波动较大，美洲与其形成了"分庭抗礼"的总体局面（见图 1 - 12）。具体来看，2020 年可持续贷款借款人有 64.4% 来自欧洲，其主要代表有法国制药企业

---

① Refinitiv Deals Intelligence, Sustainable Finance Review Full Year 2023, January 2024.

赛诺菲、法国空客、意大利国家电力公司、挪威伦丁能源公司、丹麦马士基集团、德国传拓集团、英国 Doggerbk 海上风电场 1 号和 2 号。上述 8 家企业可持续贷款规模共计 451 亿美元，占全球前十大借款人贷款总额的 82.9%（见图 1 – 13）。[①]

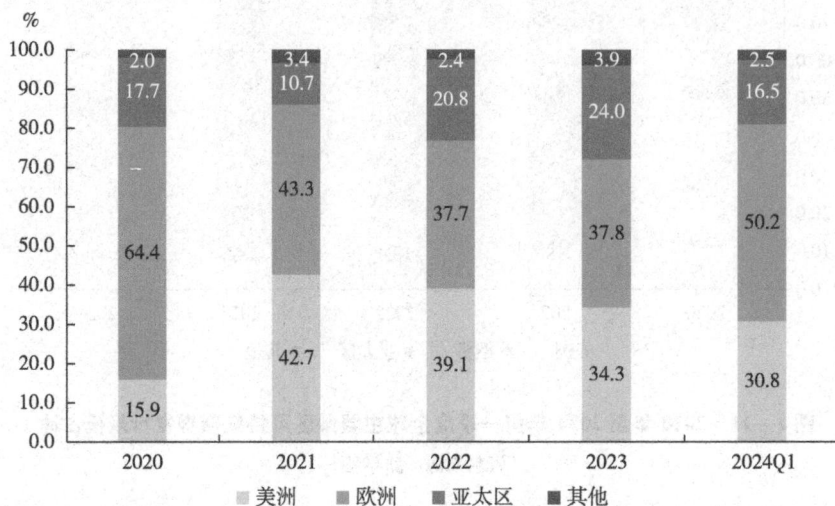

图 1 – 12 2020 年至 2024 年第一季度全球主要地区可持续贷款发行规模占比

（资料来源：路孚特）

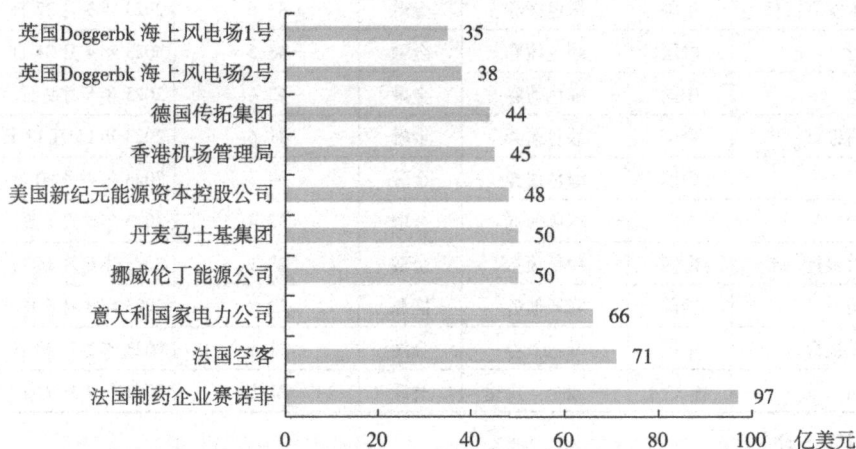

图 1 – 13 2020 年全球前十大可持续贷款借款人

（资料来源：路孚特）

到了 2023 年，欧洲可持续贷款规模在全球市场的占比已下降至 37.8%，而

---

① Refinitiv Deals Intelligence, Sustainable Finance Review Full Year 2020, January 2021.

同期来自美洲的企业却表现十分活跃，将美洲的比重推升至 34.3%，主要代表均来自美国，依次为福特汽车公司、新纪元能源资本控股公司、谷歌母公司、贝莱德、英特尔和特斯拉等。上述 6 家美国企业获得的可持续贷款共计 537 亿美元，占全球前十大借款人贷款总额的 71.1%（见图 1 – 14）。[①]

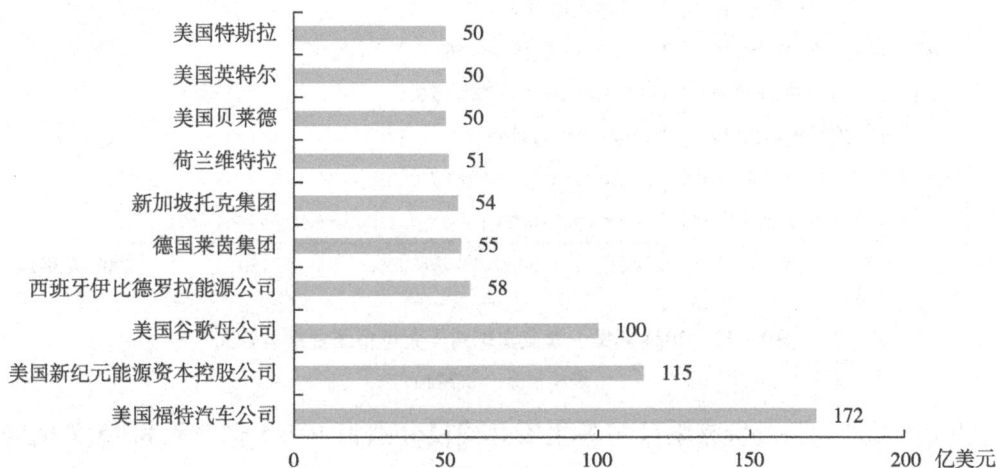

图 1 – 14　2023 年全球前十大可持续贷款借款人

（资料来源：路孚特）

进入 2024 年，欧洲可持续贷款规模在第一季度再度激增。根据路孚特 2024 年第一期统计数据，来自欧洲的借款人的贷款规模为 917 亿美元，同比增幅高达 218.4%，占全球可持续贷款总额的比重为 50.2%。欧洲地区此轮增长主要受德国西门子能源集团和法国路易斯威登集团的相关贷款所带动，两家企业可持续贷款规模分别为 163 亿美元和 109 亿美元（见图 1 – 15）。与之对比，美洲 2024 年第一季度可持续贷款总额为 563 亿美元，同比增长仅为 10%，远低于欧洲地区的增速。[②]

（三）可持续公司股权资本市场活动及并购交易

近些年，可持续公司股权资本市场（ECM）活动从以美洲为主导逐渐演变为中、美双主导的局面。2020 年和 2021 年，美洲股权资本市场融资分别占据了全球股权资本市场活动的 62% 和 56%，保持绝对的领先地位。

然而，受韩国和中国股权资本市场交易的推动，2022 年亚太地区可持续融资规模超过了美洲，占全球融资总额的 65%。其中，韩国 LG 能源解决方案有限公

---

① Refinitiv Deals Intelligence, Sustainable Finance Review Full Year 2023, January 2024.
② Refinitiv Deals Intelligence, Sustainable Finance Review First Quarter 2024, April 2024.

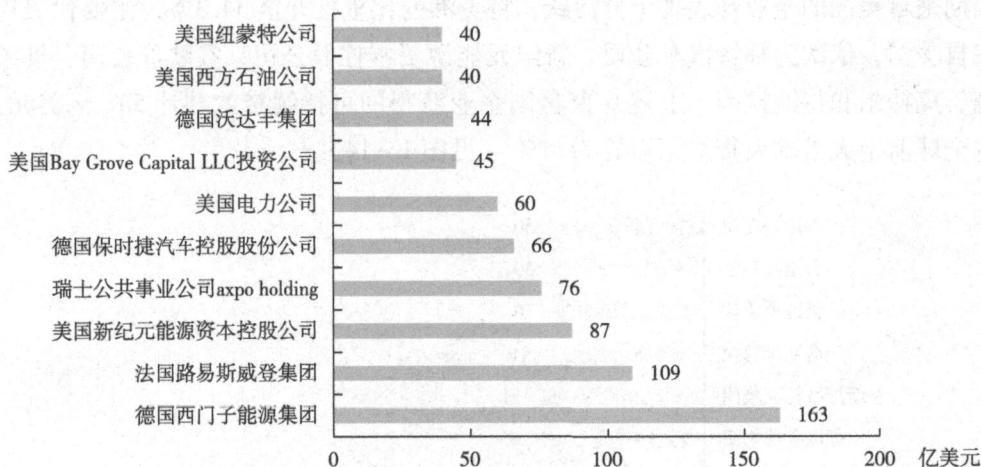

美国纽蒙特公司 40
美国西方石油公司 40
德国沃达丰集团 44
美国Bay Grove Capital LLC投资公司 45
美国电力公司 60
德国保时捷汽车控股股份公司 66
瑞士公共事业公司axpo holding 76
美国新纪元能源资本控股公司 87
法国路易斯威登集团 109
德国西门子能源集团 163

图1-15　2024年第一季度全球前十大可持续贷款借款人

（资料来源：路孚特）

司和中国晶科能源股份有限公司募集资金规模分别为107.5亿美元和15.7亿美元，分别居2022年股权资本市场可持续公司前十大交易的第一位和第三位（见表1-3）。①

表1-3　　　　　　　　2022年股权资本市场可持续公司全球前十大交易

发行人	上市交易所所在国家	行业	发行规模/亿美元	发行日期
韩国LG能源解决方案有限公司	韩国	能源	107.5	2022年1月14日
美国新纪元能源资本控股公司	美国	能源	19.5	2022年9月14日
中国晶科能源股份有限公司	中国	高科技	15.7	2022年1月13日
中国南方电网综合能源股份有限公司	中国	能源	11.1	2022年11月10日
中节能太阳能科技有限公司	中国	能源	8.9	2022年7月18日
浙江零跑科技	中国	制造业	8.0	2022年9月28日
以色列太阳能发电技术公司SolarEdge Technologies	以色列	能源	5.9	2022年3月17日
法国Voltalia SA能源供应商	法国	能源	5.1	2022年11月30日
西班牙伊比德罗拉能源公司	西班牙	能源	4.7	2022年11月30日
美国Shoals Technologies太阳能技术解决方案公司	美国	高科技	4.5	2022年12月1日

资料来源：路孚特。

2023年，可持续公司股权资本市场活动基本集中在美国和中国，两国占全球

---

① Refinitiv Deals Intelligence, Sustainable Finance Review Full Year 2023, January 2024.

可持续股权资本市场活动的比重超过了57%。在全球前十大交易中，美国3家公司共计融资44.2亿美元，中国4家公司融资总额为24.7亿美元，分别占前十大交易总额的43.0%和24%（见表1-4）。在2024年第一季度，中美可持续公司股权资本市场活动继续保持较高的活跃度，在全球前十大交易中，两国企业融资总规模为12.8亿美元，占全球前十大交易总额的60.4%。[①]

表1-4　　　　2023年股权资本市场可持续公司全球前十大交易

发行人	上市交易所所在国家	行业	发行规模/亿美元	发行日期
美国电动汽车制造商路西德集团	美国	制造业	11.9	2023年5月31日
罗马尼亚国有电力公司 SPEEH Hidroelectrica	罗马尼亚	能源	16.4	2023年7月5日
罗马尼亚国有电力公司 SPEEH Hidroelectrica	罗马尼亚	能源	4.1	2023年7月5日
美国睿维安电动汽车制造商	美国	制造业	17.3	2023年10月4日
美国睿维安电动汽车制造商	美国	制造业	15.0	2023年3月8日
德国西门子能源集团	德国	能源	13.3	2023年3月15日
天合光能	中国	高科技	8.9	2023年2月9日
天合光能	中国	高科技	4.2	2023年2月9日
蔚来汽车	中国	制造业	5.8	2023年9月19日
蔚来汽车	中国	制造业	5.8	2023年9月19日

资料来源：路孚特。

受新冠疫情、持续的宏观经济下行和地缘政治环境恶化的影响，全球可持续公司并购交易市场在2020年至2024年第一季度表现不佳。虽然并购交易在数量上保持了一定的增长，但并购规模波动较大，且整体呈现下滑的趋势。

值得一提的是，从交易活跃度来看，中国无疑是全球并购市场上的佼佼者。2020—2023年，中国可持续公司并购交易数量已连续四年位居全球第一，2024年第一季度也暂时保持领先地位，且中国的并购交易数量远超除美国以外的其他国家（见图1-16）。

2020年，中国涉及可持续公司的并购交易数量为98宗，占全球交易总数的19.7%。到了2021年，该比值已突破25%，远高于美国（12.8%）、印度（6.5%）和英国（5.3%）。2023年，中国并购交易数量创历史新高（389宗），超过排名第二名美国（222宗）与第三名印度（107宗）并购交易数量的总和（见图1-16）。

① Refinitiv Deals Intelligence, Sustainable Finance Review Full Year 2023, January 2024.

2020年

国家	数量
英国	28
印度	34
意大利	36
美国	44
中国	98

2021年

国家	数量
西班牙	63
英国	68
印度	83
美国	164
中国	326

2022年

国家	数量
英国	79
印度	85
西班牙	89
美国	238
中国	242

2023年

国家	数量
英国	92
西班牙	95
印度	107
美国	222
中国	389

2024年第一季度

国家	数量
德国	22
意大利	23
英国	28
美国	46
中国	59

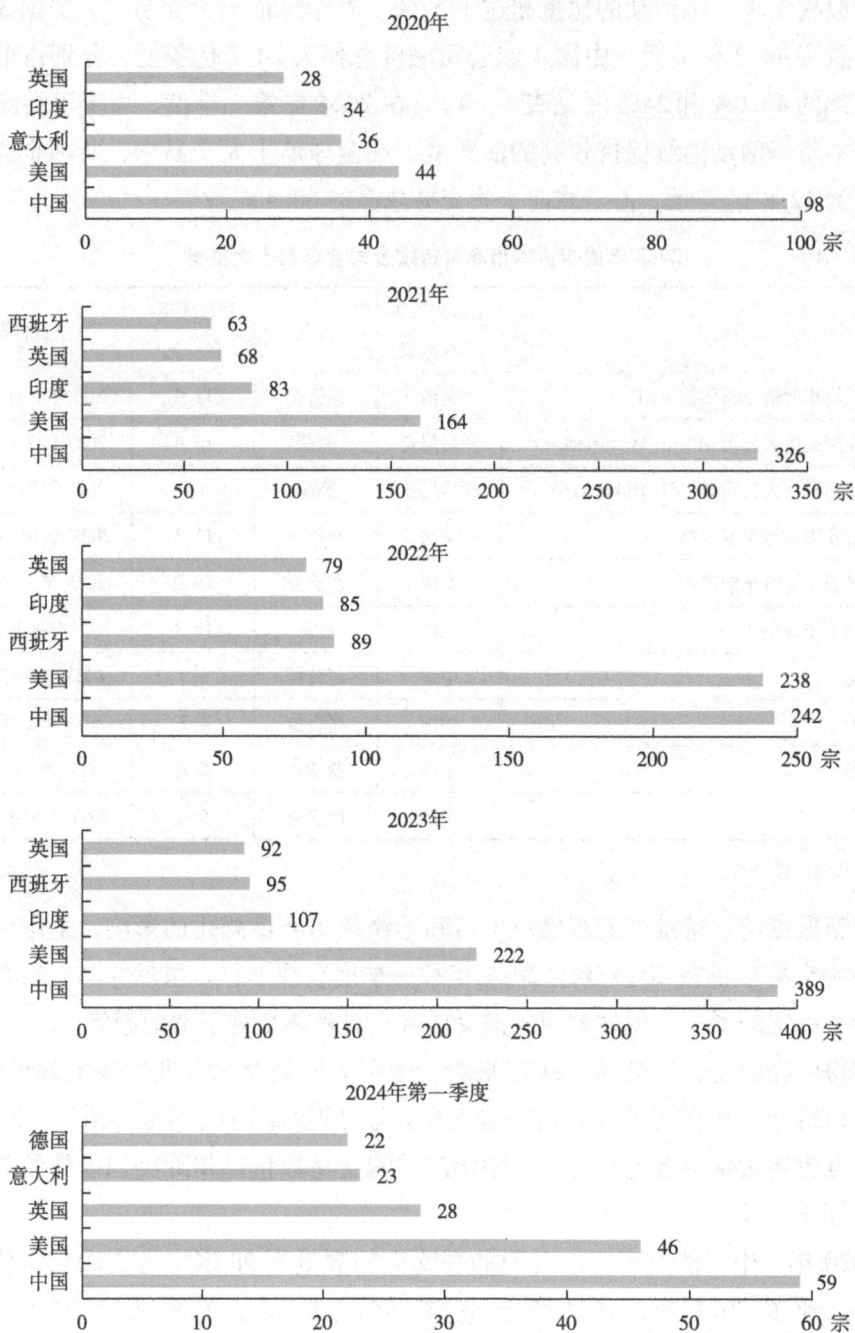

图1-16 2020年至2024年第一季度可持续公司并购活动全球前五大国（按交易数量）

（资料来源：路孚特）

　　基于对全球可持续金融市场的回顾，我们看到，近年来可持续金融市场区域发展呈现出多样化的趋势。尽管欧洲整体上占据着全球可持续金融市场的主导地位，但美国和中国在几个细分领域的重要性在逐渐增强。例如，自 2020 年以来，美国可持续贷款市场表现活跃，其市场份额逐年增加，规模与欧洲相当。另外，中国在可持续债券市场、股权资本市场以及并购交易方面表现也非常突出。受中国绿色金融市场的推动，亚太地区可持续债券市场在 2022 年和 2023 年的市场占比已连续两年超过美洲，成为全球可持续债券市场的重要推动力。中国股权资本市场活动长期保持着较高的活力，可持续公司的融资能力直追美国，并且中国企业在可持续领域的并购交易数量已连续多年位居全球第一，彰显了中国在全球可持续金融市场中日益增强的重要性和影响力。[①]

小结

本章以可持续发展与经济增长的相互依存性为切入点，探讨了人们对"可持续"概念的思考及"可持续发展"理念的诞生和演变。随着可持续发展从主要强调环境保护逐渐延伸到对环境、社会和经济发展的共同关注，我们也意识到，为确保资源的可持续利用和未来世代的福祉，不仅要转变传统的发展模式，还需要引导大量资金流向环境友好、社会责任强的经济活动。而可持续金融正是实现这一理念的重要工具。在推动可持续金融全球发展的过程中，以联合国为代表的国际多边机构发挥了至关重要的作用。这些机构不仅在政策制定和标准设立方面引领方向，还通过各种平台和项目提供技术支持与资金援助，推动全球金融体系向可持续发展转型。此外，本章还关注了可持续金融在全球市场的实践情况。我们不仅对主流可持续金融工具的全球规模和发展阶段进行了梳理与分析，还统计了可持续公司在股权资本市场的活动及并购交易数据，以此作为跟踪全球可持续金融区域发展成果的补充。通过对这些内容的分析，读者可以了解可持续金融政策体系的发展现状、全球可持续金融市场的实践进展及主要趋势，这为后续章节中的具体案例和实践提供了背景知识与理论支撑。

---

① 更多关于中国可持续金融市场的分析请参考本书第三章。

第二章 全球可持续金融最佳实践

——欧盟可持续金融体系

欧盟是全球可持续发展进程中的重要参与者和先行者。自 20 世纪 70 年代以来,欧盟逐渐形成了以可持续发展政策体系为引导,以绿色科研创新与碳排放交易体系为推动力,以欧盟公共财政和可持续金融框架为资金支持的绿色转型模式。然而,要实现《巴黎协定》和《欧盟绿色新政》设定的可持续发展目标,还需要大量资金,仅靠欧盟的公共资金是远远不够的。根据 2020 年欧盟发布的研究报告估算[①],要实现 2030 年气候和能源目标,欧盟预计需要每年额外投资 1800 亿欧元;若要实现 2050 年气候目标,欧盟则需要每年投入 2600 亿欧元的资金。这就意味着,欧盟须借助一套稳定且高效的可持续金融框架(Sustainable Finance Framework),引导更多资金,尤其是私人资本,以填补可持续发展目标与所需资金之间的缺口。因此,将可持续风险、机遇和目标整合进欧盟金融监管框架,并对现有金融体系进行改革,推动投资向可持续方向发展,是欧盟实现可持续发展目标的关键所在。目前,欧盟已基本搭建起一套由三大支柱组成的可持续金融框架体系,并在可持续金融顶层政策设计、分类标准、信息披露框架以及可持续投资工具等诸多方面处于全球领先地位。

在此背景下,本章将深入探讨欧盟可持续金融框架的改革发展历程及核心结构。首先,第一节将回顾欧盟可持续金融框架的进展历程,展示其自启动以来的重大里程碑和政策演变。第二节聚焦于第一支柱——欧盟分类法,讨论其如何为金融市场参与者提供明确的可持续活动定义。第三节将探讨第二支柱——可持续

---

① 该估算是基于欧盟委员会的能源效率指令提案[SWD(2016)405]中使用的影响评估 PRIMES 模型预测所得。预测目标为 2021—2030 年欧盟的年平均投资缺口。更多信息请参考:European Parliamentary Research Service, Sustainable finance – EU taxonomy A framework to facilitate sustainable investment,July 2020. https://www.europarl.europa.eu/RegData/etudes/BRIE/2019/635597/EPRS_ BRI(2019)635597_ EN.pdf。

信息披露框架体系及其重要组成，分析该体系在提高市场透明度和促进信息公平获取方面的作用。第四节则着眼于第三支柱——可持续投资工具，分析这些工具如何助力金融资本向环境友好型投资转移。

第一节　欧盟可持续金融体系的变革历程与演进

《可持续发展融资行动计划》（*Action Plan on Financing Sustainable Growth*）是欧盟向可持续经济努力转型迈出的重要一步。自 2018 年《可持续发展融资行动计划》启动以来，欧盟已逐步建立了一套以欧盟分类法（EU Taxonomy）、信息披露框架（Disclosure Frameworks）以及可持续投资工具（Investment Tools）为基石的可持续金融框架。

一、欧盟可持续金融框架的启动

如第一章所述，为应对绿色转型的挑战并提升金融服务的可持续增长效率，欧盟委员会根据欧盟高级别专家组（High - Level Expert Group，HLEG）关于可持续发展融资的建议，于 2018 年 3 月推出了一项改革欧盟金融体系的战略——《可持续发展融资行动计划》。该计划将欧盟未来采取的可持续金融行动分为三大类共 10 个具体行动要点（见图 2 - 1），并详细阐述了这些措施的实施方案与时间表。[①]

2018 年 5 月，欧盟委员会通过了首个一揽子计划，涵盖了三项关键措施，分别是建立一套统一的、用于确定经济活动可持续性的欧盟分类体系，制定适用于不同金融市场参与者的信息披露要求，以及引入与投资基准相关的新措施。为此，欧盟还特别成立了技术专家组（Technical Expert Group，TEG），以协助这些措施的顺利制定和实施。[②]

2019 年 6 月，欧盟委员会技术专家组连续发布了《欧盟分类法》技术报告、《欧盟绿色债券标准》以及《自愿性低碳基准》三份重要报告。这些报告是欧盟《可持续发展融资行动计划》的核心组成部分，将成为欧洲金融领域新监管框架

---

① 更多信息请参考：https：//finance. ec. europa. eu/publications/renewed - sustainable - finance - strategy - and - implementation - action - plan - financing - sustainable - growth_ en#action - plan。

② European Commission, Enhancing the usability of the EU Taxonomy and the overall EU sustainable finance framework, Commission Staff Working Document, COM（2023）317, Strasbourg, June 2023. 更多信息请参考：https：//eur - lex. europa. eu/legal - content/EN/TXT/? uri = CELEX%3A52023SC0209。

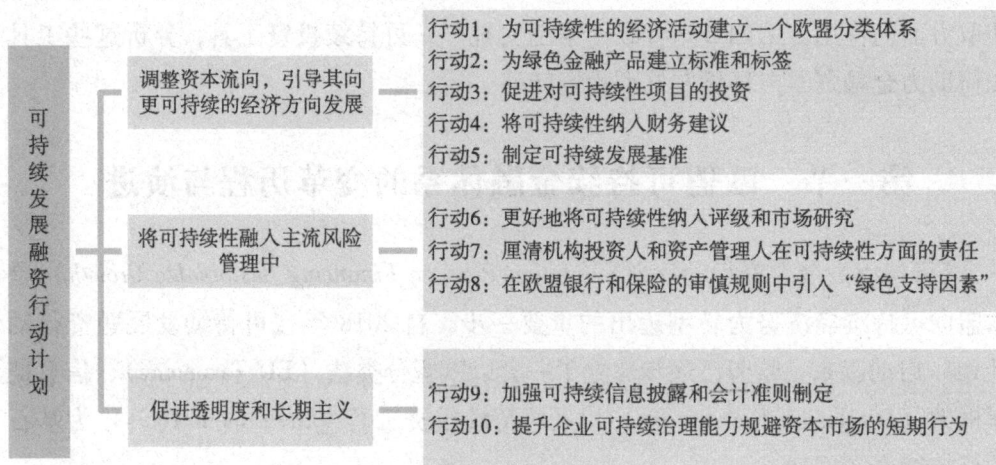

图 2 - 1 欧盟《可持续发展融资行动计划》10 项行动要点

(资料来源：欧盟委员会)

的制定基准，为欧盟应对气候变化、实现可持续发展目标奠定了重要基础。[①]

2019 年 12 月，新一届欧盟委员会上任伊始便发布了新的增长战略计划——《欧盟绿色新政》(*European Green Deal*)。该计划对欧洲在应对气候变化方面进行了中长期战略布局，承诺将实现更高的减排目标，包括将 2030 年减排目标从相对 1990 年水平减排 40% 提高到至少减排 55%，并在 2050 年使欧洲成为首个实现碳中和大陆。在《欧盟绿色新政》出台后不久，由于 2020 年初新冠疫情在全球的暴发，欧盟委员会宣布了对可持续金融框架进行进一步更新，主要目的是提供必要的政策工具，确保金融系统在企业从新冠疫情影响中恢复的背景下，能够真正支持向可持续方向转型 (见表 2 - 1)。[②]

表 2 - 1   欧盟可持续金融重要政策/行动一览

日期	相关政策或行动
2016 年 12 月	成立高级别专家组
2018 年 3 月	发布《可持续发展融资行动计划》，旨在将可持续风险、机遇和目标整合到欧盟金融监管框架之中，以促进投资向着可持续方向发展

---

① 气候债券倡议组织，关于《绿色债券支持项目目录》和《绿色产业指导目录》与欧盟《可持续金融分类方案》的比较讨论（一），2019 年 9 月。

② 更多信息请参考：https：//finance. ec. europa. eu/publications/renewed - sustainable - finance - strategy - and - implementation - action - plan - financing - sustainable - growth_ en#action - plan。

续表

日期	相关政策或行动
2018 年 5 月	成立技术专家组，以协助开发可确定经济活动在环境方面可持续性的欧盟分类系统、欧盟绿色债券标准、欧盟气候基准及信息披露规范、企业气候相关信息披露指南等内容
2018 年 12 月	加入了由中央银行和监管机构组成的绿色金融系统网络（NGFS）
2019 年 6 月	连续发布了《欧盟分类法》、《欧盟绿色债券标准》和《自愿性低碳基准》三份报告
2019 年 12 月	发布《欧盟绿色新政》及路线图
2020 年 7 月	《欧盟分类法条例》正式生效
2020 年 12 月	《欧盟基准条例》（BMR）实施
2021 年 3 月	《可持续金融披露条例》（SFDR）正式生效
2021 年 7 月	推出"减碳 55"（"Fit for 55"）一揽子立法计划
2022 年 1 月	《欧盟分类法气候授权法案》（以下简称《气候授权法案》）实施；《欧盟分类法披露授权法案》（以下简称《披露授权法案》）生效
2023 年 1 月	《气候授权补充法案》实施；《企业可持续发展报告指令》（CSRD）生效
2023 年 6 月	《欧盟分类法环境授权法案》（以下简称《环境授权法案》）通过，2024 年 1 月正式实施
2023 年 12 月	《欧盟绿色债券标准条例》（EUGBS）生效

资料来源：笔者根据公开信息整理。

《可持续发展融资行动计划》涵盖了一系列重要的立法倡议。截至 2023 年底，欧盟 10 项行动相关政策的立法任务已进展过半，如欧盟环境分类体系、欧盟绿色债券标准、欧盟可持续金融披露、企业可持续发展报告等方面的立法程序已完成，ESG 评级、零售及保险投资产品、企业可持续发展尽职调查等领域的立法仍在进行中，而欧盟社会分类体系和欧盟生态标签的立法程序则处于被搁置状态（见表 2-2）。[①]

表 2-2　欧盟《可持续发展融资行动计划》10 项行动要点相关政策立法进展情况

行动要点		状态	2019 年	2020 年	2021 年	2022 年	2023 年
行动 1：为可持续性的经济活动建立一个欧盟分类体系	环境分类体系	完成		通过（《欧盟分类法条例》）	通过（《气候授权法案》）	通过（《气候授权补充法案》）	通过（《气候授权法案修正案》）
	社会分类体系	被搁置					
行动 2：为绿色金融产品建立标准和标签	欧盟绿色债券标准	完成					通过
	欧盟生态标签	被搁置					

① Vincent Vandeloise, A Guide to the Next Sustainable Finance Agenda, Finance Watch 2024, January 2024.

续表

行动要点		状态	2019 年	2020 年	2021 年	2022 年	2023 年
行动 3：促进对可持续性项目的投资	凝聚力政策及法规	完成			2021—2027 年欧盟多年期财政框架计划		
	社会气候基金	完成					通过
行动 4：将可持续性纳入财务建议	欧盟金融工具市场指令	完成			通过		
	保险分销指令	完成			通过	发布指引文件	
行动 5：制定可持续发展基准	欧盟气候基准	完成	补充改进	通过			
行动 6：更好地将可持续性纳入评级和市场研究	信用评级机构条例	完成	补充改进				
	ESG 评级条例	进行中					发布提案
行动 7：厘清机构投资人和资产管理人在可持续性方面的责任	可持续金融披露条例	完成			通过	补充改进	
	零售及保险投资产品法规	进行中					发布提案
	另类投资基金经理指令	完成			通过		
	可转让证券集体投资计划	完成			通过		
行动 8：在欧盟银行和保险的审慎规则中引入"绿色支持因素"	资本要求法规/资本要求指令	完成			发布提案		达成协议
	欧盟偿付能力标准Ⅱ	进行中			发布提案		达成协议
行动 9：加强可持续信息披露和会计准则制定	企业可持续发展报告指令	完成				通过	
	欧盟上市法	进行中				发布提案	
	"欧洲单一接入点"	完成			发布提案		通过
行动 10：提升企业可持续治理能力规避资本市场的短期行为	企业可持续发展尽职调查指令	进行中				发布提案	

注：表中相关信息截至 2023 年底。

资料来源：金融观察（Finance Watch）。

不过，需要注意的是，尽管欧盟不断对可持续发展融资行动计划进行改进和完善，但随着市场实践的深入，欧盟可持续金融框架的潜在问题也逐渐显现，其中包括框架中可持续性概念的不一致、不同法律文件之间协调性不佳、部分法规难以实施等问题。据欧盟《披露授权法案》的第一份年度报告，部分企业在证明和报告其经济活动与《欧盟分类法条例》一致性方面遭遇了较多的困难。造成上述困难的主要原因是企业目前仍然缺乏资源将欧盟提出的新合规要求整合到其现有报告系统当中。除此之外，利益相关者还面临着与可持续框架中的关键概念和披露报告义务相关的挑战，例如，由于《可持续金融披露条例》《欧盟基准条例》等法律框架开发速度较快，这些不同法律文件之间的协调性不佳，增加了企业的合规复杂性。

为了应对上述挑战，欧盟委员会采取了一系列措施。

一方面，欧盟委员会就《欧盟分类法条例》、《可持续金融披露条例》以及《欧盟基准条例》三套法律下的可持续性概念的实施和相互作用进行了解释与澄清，例如，符合欧盟分类法的投资将自动获得《可持续金融披露条例》下的"可持续投资"标签。

另一方面，欧盟解决了可持续金融框架中两处重要的 ESG 数据缺口问题。一是欧盟委员会说明了在哪些情况下，金融市场参与者可以通过估算来进行与《欧盟分类法条例》和《可持续金融披露条例》相关的披露；二是欧盟承诺为未涵盖在《可持续金融披露条例》的证券行业制定可持续信息披露标准。① 这些措施旨在确保可持续金融框架下规则保持清晰、一致且易于执行，消除不必要的行政负担和成本，使该框架体系在市场实践中更具可用性。

二、欧盟可持续金融框架的核心

如上文提及，欧盟可持续金融框架主要围绕三大核心支柱逐步推进，即欧盟分类法、金融机构和企业的信息披露框架，以及旨在发展可持续解决方案的可持续投资工具。目前来看，这三大支柱的立法和实施进展已取得显著成果，为欧盟的可持续投资提供了较为完善的监管环境（见图 2-2）。②

---

① European Commission, Enhancing the usability of the EU Taxonomy and the overall EU sustainable finance framework, Commission Staff Working Document, COM（2023）317, Strasbourg, June 2023. 更多信息请参考：https：//eur-lex. europa. eu/legal-content/EN/TXT/？uri=CELEX%3A52023SC0209。

② European Commission, Enhancing the usability of the EU Taxonomy and the overall EU sustainable finance framework, Commission Staff Working Document, COM（2023）317, Strasbourg, June 2023. 更多信息请参考：https：//eur-lex. europa. eu/legal-content/EN/TXT/？uri=CELEX%3A52023SC0209。

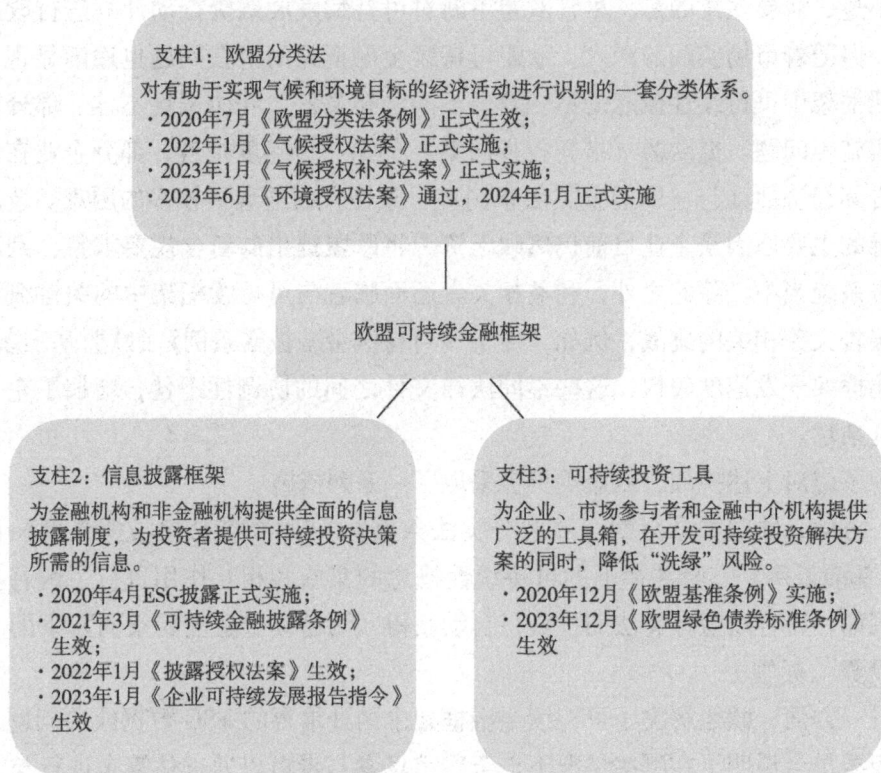

支柱1：欧盟分类法
对有助于实现气候和环境目标的经济活动进行识别的一套分类体系。
· 2020年7月《欧盟分类法条例》正式生效；
· 2022年1月《气候授权法案》正式实施；
· 2023年1月《气候授权补充法案》正式实施；
· 2023年6月《环境授权法案》通过，2024年1月正式实施

欧盟可持续金融框架

支柱2：信息披露框架
为金融机构和非金融机构提供全面的信息披露制度，为投资者提供可持续投资决策所需的信息。
· 2020年4月ESG披露正式实施；
· 2021年3月《可持续金融披露条例》生效；
· 2022年1月《披露授权法案》生效；
· 2023年1月《企业可持续发展报告指令》生效

支柱3：可持续投资工具
为企业、市场参与者和金融中介机构提供广泛的工具箱，在开发可持续投资解决方案的同时，降低"洗绿"风险。
· 2020年12月《欧盟基准条例》实施；
· 2023年12月《欧盟绿色债券标准条例》生效

图 2-2　欧盟可持续金融框架三大支柱
（资料来源：欧盟委员会）

具体而言，第一支柱"欧盟分类法"经历了多个重要阶段的立法阶段，从2020年7月《欧盟分类法条例》的生效，到2022年和2023年的《气候授权法案》和《气候授权补充法案》的实施，再到2023年6月《环境授权法案》的通过以及2024年1月的正式生效。

第二支柱"信息披露框架"则从2020年4月ESG披露的实施开始，至2021年3月《可持续金融披露条例》的生效，以及2022年和2023年相继生效的《披露授权法案》和《企业可持续报告指令》。

第三支柱"可持续投资工具"涵盖了从2020年12月实施的《欧盟基准条例》，以及2023年12月生效的《欧盟绿色债券标准条例》。这些措施共同构成了可持续金融领域的一个全面的政策框架，不仅支持了欧盟在全球可持续发展领域的领导地位，还增强了欧盟金融市场的透明度和可持续性，为实现环境和气候目标提供了必要的金融工具与政策支持。

第二节　欧盟分类法——打造可信的环境与

可持续投资标尺

由于市场上针对气候、环境和可持续性的投资项目纷繁复杂，为了使投资者和其他金融市场参与者对其投资的环境可持续性程度具有一定的共识，能够相对准确地辨识出一项经济活动是否具备环境可持续性，防止项目"洗绿"（Green-washing）问题的出现，欧盟通过立法建立了一套稳固、科学的分类体系，即《欧盟分类法条例》［（EU）2020/852］。

一、欧盟分类法及其授权法案

早在《欧盟分类法条例》正式发布的两年前，欧盟就开始酝酿建立一套针对可持续经济活动的分类体系。2018 年 3 月，欧盟委员会在《可持续发展融资行动计划》中首次提出这一分类体系，以帮助重新定位低碳经济活动，缩小自《巴黎协定》生效以来日益明显的气候行动和实体经济投资之间的差距。2018 年 5 月，欧盟委员会发布《关于制定建立可持续融资框架的欧盟法规（提案）》，对于投资者义务以及分类法的整体框架作出规范，并成立欧盟委员会技术专家组协助分类系统的开发。经过一年左右的准备，工作组于 2019 年 6 月发布了《欧盟分类法条例》的技术报告，对 67 项经济活动拟定了技术筛选标准，并提出了分类法的初步使用指南。同年 12 月，欧盟立法部门发布《关于建立促进可持续投资框架及金融服务业可持续信息披露法规（修订版）》，确立了分类法的法律基础，并详细提出了分类法框架、环境目标与金融市场参与者、公司乃至欧盟成员国的法律义务。根据分类法规制定的框架，欧盟技术专家组对分类方案做了相应的修订，提出相关意见，并于 2020 年 3 月向欧盟委员会提交了《欧盟分类法条例》的最终报告与政策建议。[①]

2020 年 6 月 18 日，《欧盟分类法条例》经由欧洲议会和欧盟理事会批准通过，并于 2020 年 7 月正式生效。基于欧盟设定的六大环境目标，欧盟制定了一套判定某项经济活动是否符合《欧盟分类法条例》中定义的可持续经济活动的规则。这六大环境目标包括减缓气候变化、适应气候变化、水和海洋资源可持续利用与保护、向循环经济转变、污染防治、生物多样性和生态系统保护与恢复。

---

① 新华财经，从欧盟可持续金融政策看金融机构披露实践，国际金融观察，2022 年 7 月。更多信息请参考：https：//www.cnfin.com/yb-lb/detail/20220729/3673016_1.html。

　　根据该规则，如果某项经济活动满足以下四个条件，则该经济活动符合《欧盟分类法条例》中定义的可持续经济活动：一是对欧盟六大环境目标中的至少一项作出重大贡献，二是对其余五项目标没有造成重大损害（DNSH），三是遵守最低保障措施，四是符合分类法授权法案中规定的技术筛选标准。其中，最低保障措施主要指经济活动需要符合国际最低人权和劳工权利相关标准，例如《经合组织跨国企业准则》（OECD *Guidelines for Multinational Enterprises*）、《联合国工商业与人权指导原则》（UN *Guiding Principles on Business and Human Rights*）、《国际劳工组织关于工作中的基本原则和权利的宣言》（*Declaration of the International Labour Organisation on Fundamental Principles and Rights at Work*）以及《国际人权法案》（*International Bill of Human Rights*）。[①] 另外，值得注意的是，通过出台分类法授权法案，欧盟分别为六大环境目标制定了明确的技术筛选标准（见图2-3），因此，第四个条件实际上是对第一个和第二个判断条件的细化与强化。[②]

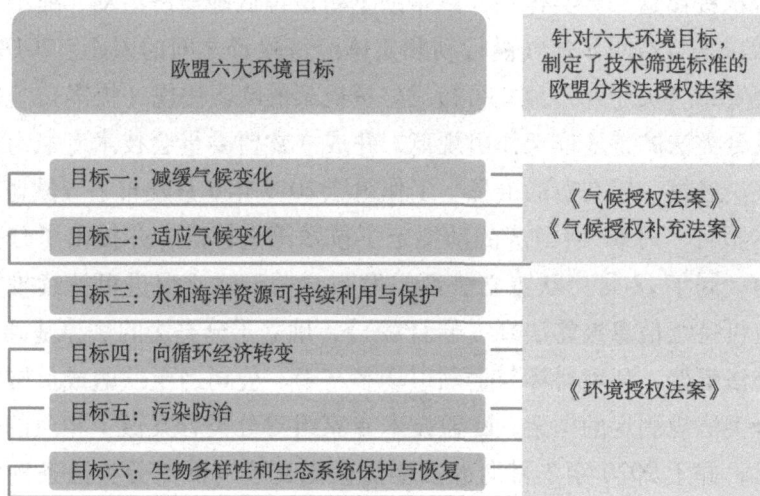

图2-3　欧盟六大环境目标及对应的技术筛选标准

（资料来源：欧盟委员会、兴业碳金融研究院）

　　具体而言，为确保欧盟区域内资金能更顺利地投向可持续性的经济活动，2021年6月，欧盟公布了分类法的第一个授权法案——《欧盟分类法气候授权法案》（EU *Taxonomy Climate Delegated Act*），以下简称《气候授权法案》［（EU）2021/2193］。该法案响应了欧盟六大环境目标中的前两项目标，即减缓气候变化

---

① 更多信息请参考：https：//www.europeangeneration.eu/single-post/the-eu-taxonomy-regulation-part-1。

② 更多信息请参考：https：//ec.europa.eu/sustainable-finance-taxonomy/home。

和适应气候变化，并针对每项环境目标，列出了与之相符的经济活动清单目录（95 项经济活动），阐明每项活动满足的技术筛选标准（TSC）。《气候授权法案》涵盖的范围广泛，包括了铝、铁、氯的制造活动，特定类型的能源生产，以及某些交通运输方式和金融保险活动。2021 年 12 月 29 日，《气候授权法案》以欧盟委员会第（EU）2021/2139 号授权条例生效，并于 2022 年 1 月 1 日开始实施。

《气候授权法案》实施不久，欧盟紧接着于 2022 年 7 月发布了《气候授权补充法案》［Complementary Climate Delegated Act，（EU）2022/1214］。该法案在原法案的基础上，将特定的核能和天然气活动纳入可持续经济活动目录中，将其归类为"过渡"活动。换句话说，这类"过渡"活动尚不能被技术和经济上可行的低碳替代品取代，但确实有助于缓解气候变化，并可能在向气候和经济转型中发挥重要作用。① 截至 2022 年底，欧盟《气候授权法案》和《气候授权补充法案》共计涵盖了 9 个行业 101 项可持续经济活动的目录以及相关的技术筛选标准②，分别是林业、环境保护和修复活动、制造业、能源、供水/排污/废物管理和整治、交通、建筑和房地产活动、信息和通信技术以及专业/科学和技术活动。③

2023 年 6 月，欧盟再次发布了《气候授权法案修正案》（The amendments to the Climate Delegated Act），进一步对目录进行了扩充，包括此前尚未纳入的部分低碳运输和电气设备制造相关活动④、新增部分转型活动。另外，修正案还对原法案中的部分技术标准进行了更新。⑤ 至此，针对欧盟前两大环境目标的授权法案共计涵盖了 13 个经济部门的 107 项经济活动，显著增强了欧盟分类法功能能级。未来，新的经济部门和经济活动将继续被分批纳入欧盟的分类体系中，现有的部门及其经济活动也将随着新需求的出现而被进一步细化和更新。⑥

除了《气候授权法案修正案》，欧盟在同一时间还发布了欧盟分类法的第二个授权法案——《欧盟分类法环境授权法案》［EU Taxonomy Environmental Delegated Act，以下简称《环境授权法案》］。该法案明确了针对欧盟其他四大环

① 更多信息请参考：https：//finance. ec. europa. eu/regulation – and – supervision/financial – services – legislation/implementing – and – delegated – acts/taxonomy – regulation_ en#climate。

② 更多信息请参考：https：//ec. europa. eu/sustainable – finance – taxonomy/wizard。

③ 更多信息请参考：https：//www. europeangeneration. eu/single – post/the – eu – taxonomy – regulation – part –1。

④ 更多信息请参考：pwc，EU Taxonomy：The European Commission has published the final Delegated Acts under its sustainable finance package，Jun 2023. https：//viewpoint. pwc. com/dt/gx/en/pwc/esg/external/esg – external/eu – taxonomy/eu – taxonomy – the – european – commission – has – published. html#pwc – topic. dita_ 21c39d8e – 8d39 – 4f8e – 8bc4 – b70f3b459983。

⑤ 方琦、钱立华，欧盟可持续金融战略进展与启示，兴业碳金融研究院，2023 年 10 月。

⑥ European Commission，Enhancing the usability of the EU Taxonomy and the overall EU sustainable finance framework，Commission Staff Working Document，COM（2023）317，Strasbourg，June 2023. 更多信息请参考：https：//eur – lex. europa. eu/legal – content/EN/TXT/？ uri = CELEX% 3A52023SC0209。

境目标的活动清单和技术筛选标准，共计覆盖 8 个部门的 35 项经济活动，其中，目标三包括了 4 个部门的 6 项经济活动，目标四包括了 5 个部门的 21 项经济活动，目标五包括了 2 个部门的 6 项经济活动，目标六包括了 2 个部门的 2 项经济活动。① 我们看到，随着《欧盟分类法条例》及其授权法案的不断完善，其应用范围和深度也在持续扩大，为投资者提供了更为清晰和详尽的投资指南。

二、欧盟分类法的特点

欧盟分类法为可持续金融活动提供了一个高度可操作的全面框架。框架中的标准在考虑与国际统计框架和《欧盟产业分类体系》（NACE）保持一致的情况下，还根据科技和市场的发展而不断更新，以适应新的环境挑战。此外，该分类法与欧盟其他政策和绿色标准紧密协作，增强了政策间的协同效应，进一步推动了可持续投资的标准化和透明度。具体我们可将欧盟分类法特点总结为以下三个方面。

第一，《欧盟分类法条例》为欧盟可持续活动提供了一个全面的分类清单，具有高度可操作性。该法规详细界定了上百项经济活动的筛选标准，这些标准不仅与《欧盟产业分类体系》相吻合，还与国际统计框架协调一致，涵盖了广泛的经济领域和活动。

第二，虽然《欧盟分类法条例》已确立了欧盟可持续经济活动的总体标准框架及其具体的活动清单和技术筛选标准，但是，这些清单和标准并非固定不变，而是会随着科学认知和市场实践的发展持续更新与调整，以反映新的环境挑战和经济活动。在 2020—2023 年，欧盟已通过气候和环境相关的授权法案对《欧盟分类法条例》中的可持续经济活动目录和技术筛选标准进行了 4 次更新/修订。

第三，《欧盟分类法条例》与欧盟其他政策之间具有较好的协同作用。例如，欧盟出台的绿色债券界定标准文件《欧盟绿色债券标准》明确了满足该标准而筹集到的资金应分配给符合《欧盟分类法条例》中的可持续经济活动。简而言之，如果发行的绿色债券符合《欧盟绿色债券标准》/《欧盟分类法条例》，那么该债券可以获得"欧盟绿色债券"（European Green Bonds，EuGB）的标签。②

---

① pwc, EU Taxonomy: The European Commission has published the final Delegated Acts under its sustainable finance package, Jun 2023. https://viewpoint.pwc.com/dt/gx/en/pwc/esg/external/esg – external/eu – taxonomy/eu – taxonomy – the – european – commission – has – published.html#pwc – topic.dita_ 21c39d8e – 8d39 – 4f8e – 8bc4 – b70f3b459983。

② 更多信息请参考本章第四节。

第三节 信息披露框架——促进金融透明度与可持续投资

作为欧盟可持续金融框架另一个重要组成部分，可持续信息披露框架不仅为金融机构和非金融机构提供了全面的信息披露标准，同时也为投资者提供了可持续投资决策所需的关键信息。目前，欧盟已经建立起一套影响整个金融部门的全面信息披露框架，关键支柱包括《可持续金融披露条例》（*Sustainable Finance Disclosure Regulation*，SFDR）、《企业可持续发展报告指令》（*Corporate Sustainability Reporting Directive*，CSRD）、《欧盟分类法披露授权法案》（*EU Taxonomy Disclosures Delegated Act*，以下简称《披露授权法案》）以及其他支持可持续信息披露的欧盟法规（见图2-4）。

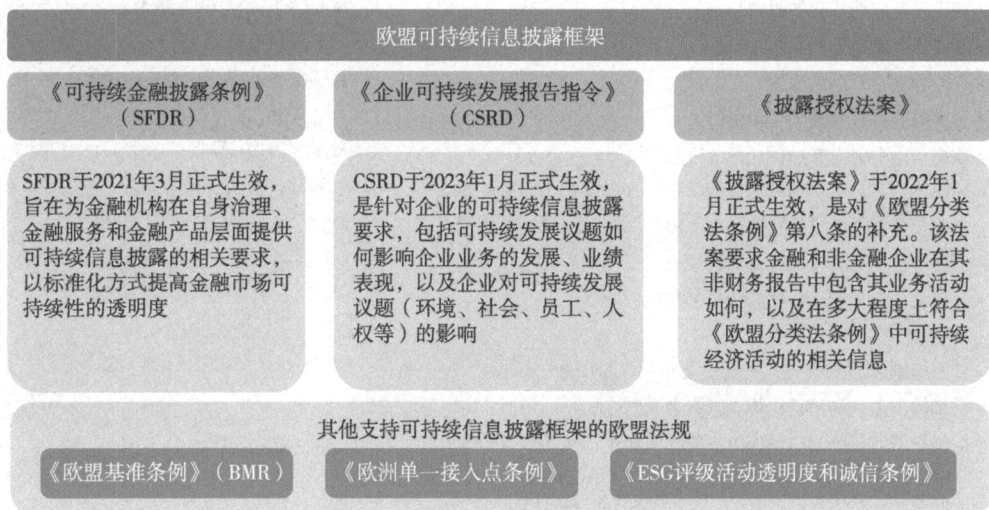

欧盟可持续信息披露框架		
《可持续金融披露条例》（SFDR）	《企业可持续发展报告指令》（CSRD）	《披露授权法案》
SFDR于2021年3月正式生效，旨在为金融机构在自身治理、金融服务和金融产品层面提供可持续信息披露的相关要求，以标准化方式提高金融市场可持续性的透明度	CSRD于2023年1月正式生效，是针对企业的可持续信息披露要求，包括可持续发展议题如何影响企业业务的发展、业绩表现，以及企业对可持续发展议题（环境、社会、员工、人权等）的影响	《披露授权法案》于2022年1月正式生效，是对《欧盟分类法条例》第八条的补充。该法案要求金融和非金融企业在其非财务报告中包含其业务活动如何，以及在多大程度上符合《欧盟分类法条例》中可持续经济活动的相关信息
其他支持可持续信息披露框架的欧盟法规		
《欧盟基准条例》（BMR）	《欧洲单一接入点条例》	《ESG评级活动透明度和诚信条例》

图2-4 欧盟可持续信息披露框架

（资料来源：笔者根据公开信息整理）

一、《可持续金融披露条例》

《可持续金融披露条例》（SFDR）于2021年3月正式生效，是欧盟委员会针对联合国可持续发展目标承诺的重要监管规则之一。SFDR旨在标准化金融机构在自身治理、金融服务和金融产品层面的可持续信息披露相关要求，以提高金融市场可持续性的透明度。具体而言，SFDR要求机构投资者、资产管理公司和金融顾问公司必须在机构层面披露其如何整合可持续发展风险和不利影响。此外，他们还需要对其金融产品的可持续发展风险和不利影响进行分类与报告，从而实现从机构主体到金融产品可持续信息披露的全方位覆盖（见图2-5）。

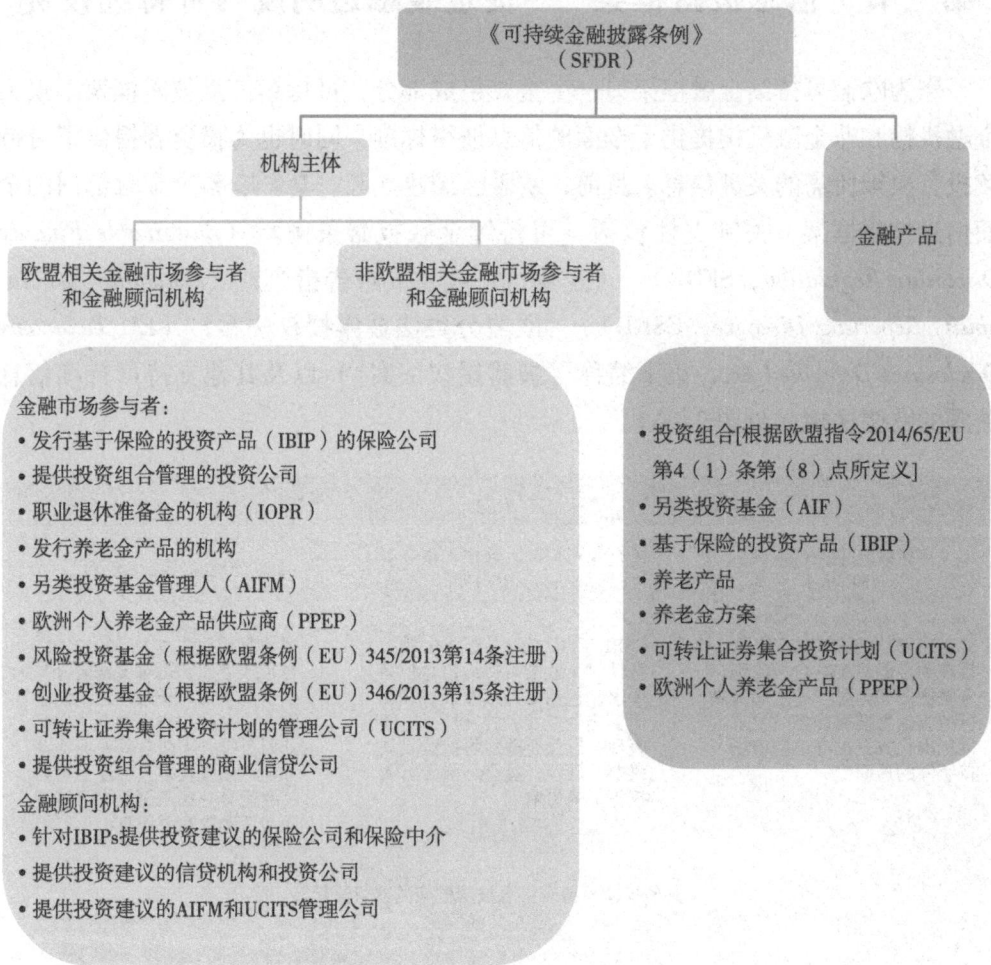

图 2-5　欧盟《可持续金融披露条例》对机构主体和金融产品的全方位覆盖

（资料来源：笔者根据欧盟《可持续金融披露条例》整理）

从机构主体来看，SFDR 要求金融市场参与者（FMPs）和金融顾问机构向最终投资者披露其金融产品、业务活动和流程的可持续性风险与影响。金融市场参与者不仅包括金融机构的法人主体，还包括产品提供方以及投资顾问机构。值得注意的是，SFDR 虽然是欧盟区域内的法律，但是需要遵循其披露要求的主体却不仅仅局限于在欧盟内。根据欧盟条例（EU）2019/2088，欧盟管辖内的金融市场参与者和财务咨询公司、总部在欧盟境外但在欧盟设有子公司或办事处并开展业务的金融市场参与者和财务咨询公司，以及在欧盟市场进行融资或发行金融产品的非欧盟金融市场参与者和财务咨询公司均需要提供可持续信息披露报告。[①]

从金融产品来看，SFDR 要求以下七种产品有可持续信息披露的义务，分别是根据欧盟指令 2014/65/EU 第 4（1）条第（8）点所定义的投资组合、另类投资基金（AIF）、基于保险的投资产品（IBIP）、养老产品、养老金方案、可转让证券集合投资计划（UCITS）以及欧洲个人养老金产品（PPEP）。这些金融产品，若按照 SFDR 标准又可分为三大类，分别为符合 SFDR "条款 9"（Article 9）产品、符合 SFDR "条款 8"（Article 8）产品和符合 SFDR "条款 6"（Article 6）产品。其中，SFDR "条款 9" 产品通常指以可持续投资为目标的产品；SFDR "条款 8" 产品是推动环境或社会因素发展的产品；SFDR "条款 6" 产品则是不以任何可持续因素为主要投资目标的普通产品（见表 2-3）。[②]

表 2-3　　　　　　　　　　欧盟可持续金融产品分类

产品类型	描述	具体要求
符合 SFDR "条款 9" 产品（"深绿"）	具有可持续投资战略的产品，其活动与《欧盟分类法条例》相一致	通常只能投资于 "可持续投资"
	具有可持续投资战略的产品，其活动与《欧盟分类法条例》不一致	以环境为目标的基金，且必须额外披露其与《欧盟分类法条例》的一致性
符合 SFDR "条款 8" 产品（"浅绿"）	促进环境或社会因素发展的产品，但不是可持续性	必须指明它们是否将一部分资金投资于可持续投资
	促进环境或社会因素发展的产品，具有可持续性，但与《欧盟分类法条例》不一致	持有的资产通常应有助于实现所促进的环境或社会因素发展
	促进环境或社会因素发展的产品，具有可持续性，且与《欧盟分类法条例》一致	促进环境特征的基金，且必须额外披露其与《欧盟分类法条例》的一致性
符合 SFDR "条款 6" 产品（其他）	不以任何可持续因素为主要投资目标的普通产品	

资料来源：晨星（Morningstar）。

欧盟 SFDR 规定，受监管的机构主体和金融产品均需要在合同前披露材料（Pre-contractual Documents）和定期报告（Periodic Reports）中对可持续相关信息进行披露。其中，合同前披露材料一般是针对金融产品的披露要求，该文件通常应提前告知投资者金融产品是通过何种方式将可持续性风险整合入投资决策中，以及可持续性风险可能对其推荐的金融产品回报产生的影响进行评估的结果。[③] 如果产品管理机构认为不存在与金融产品相关的可持续性风险，应解释说

---

① 更多信息请参考：https：//eur-lex. europa. eu/legal-content/EN/TXT/？uri = CELEX：32019R2088。

② Morningstar, EU Sustainable Finance Disclosure Regulation Explained, 2023.

③ 更多信息请参考：https：//eur-lex. europa. eu/legal-content/EN/TXT/？uri = CELEX：32019R2088。

明原因；如果评估结果认为存在可持续性风险，则应从定性和定量的角度披露这些可持续性风险对金融产品业绩的影响程度。定期报告则是直接向投资者展示报告期间内投资决策带来的可持续性风险和"不利的可持续性影响声明"（PAIs）。对于旨在促进环境或社会属性的金融产品，金融市场参与者需披露被投资公司是如何符合这些属性的，并在使用某个指数作为参考基准的情况下，阐明该指数是如何满足这些属性的。[①]

为进一步细化 SFDR 的披露要求，欧盟委员会于 2022 年 4 月 6 日发布了 SFDR 授权条例（EU）2022/1288，为金融市场参与者提供了具体的技术标准。随后，于 2022 年 10 月 31 日，欧盟委员会发布了 SFDR 授权条例（EU）2023/363，此法规对（EU）2022/1288 授权条例中关于金融产品在环境可持续经济活动投资的合同前披露材料及定期报告中的信息内容和表述方式的技术标准进行了修改与纠正。上述两部授权条例分别从 2023 年 1 月和 2 月开始适用。

欧盟的阶段性研究报告显示，SFDR 及其授权条例提高了金融市场参与者提供的关于金融产品在欧盟内可持续性风险、特征和影响信息的质量与可比性。例如，2023 年第一季度，以促进环境为特征的基金/以可持续投资为目标的基金的净资产达到 4.8 万亿欧元，高于 2020 年上半年的 3.8 万亿欧元。欧盟数据还显示，这些基金吸引大规模的资金流入是具有一定持续性的，在 2019 年至 2022 年，以促进环境为特征/以可持续投资为目标的股票基金吸引的资金累计规模几乎是非 ESG 基金的 4 倍。[②]

自 2021 年 3 月 SFDR 生效以来，欧盟逐步提升了金融产品资产层面的可持续信息披露标准化程度，使得利益相关方能更客观地判断 SFDR "条款 9" 产品所设定的可持续目标是否按照承诺达成。因此，在监管趋严的背景下，SFDR 的生效导致欧盟可持续基金结构出现较大幅度的结构性变化。例如，据晨星发布的报告，2022 年第四季度，共有 307 只基金从 "条款 9" 降级到 "条款 8"，涉及资产规模为 1750 亿欧元，占 "条款 9" 基金总规模的 40%，从 "条款 8" 和 "条款6" 升级至 "条款 9" 的基金仅有 23 只。截至 2022 年底，"条款 6"、"条款 8" 和 "条款 9" 基金管理规模占欧盟基金产品总规模的比重分别为 44.5%、52.2% 和 3.3%。[③]

---

① 金成、刘均伟等，欧盟 ESG 监管及其影响机制，中金点睛，2023 年 3 月。更多信息请参考：https：//www.udfspace.com/article/5322530758477698。

② European Commission, Enhancing the usability of the EU Taxonomy and the overall EU sustainable finance framework, Commission Staff Working Document, COM（2023）317, Strasbourg, June 2023. 更多信息请参考：https：//eur – lex.europa.eu/legal – content/EN/TXT/? uri = CELEX%3A52023SC0209。

③ Morningstar, SFDR Article 8 and Article 9 Funds：Q4 2022 in Review, January 2023.

到了 2023 年第四季度，面对持续的宏观经济压力以及市场对 ESG 和可持续产品需求的减弱，投资者从"条款 8"和"条款 9"基金中分别撤出 267 亿欧元和 47 亿欧元。与此同时，"条款 6"基金却在 2023 年第四季度吸收了 930 亿欧元的资金。尽管"条款 8"和"条款 9"基金均面临较大的资金流出压力，但截至 2023 年 12 月底，"条款 8"基金的市场份额仍保持在 55.5%，"条款 9"基金的份额保持在 3.5%，两者较 2022 年同期比重均有所增加，而"条款 6"基金产品规模占比较 2022 年同期却下降了 3.5 个百分点至 41%（见图 2-6）。

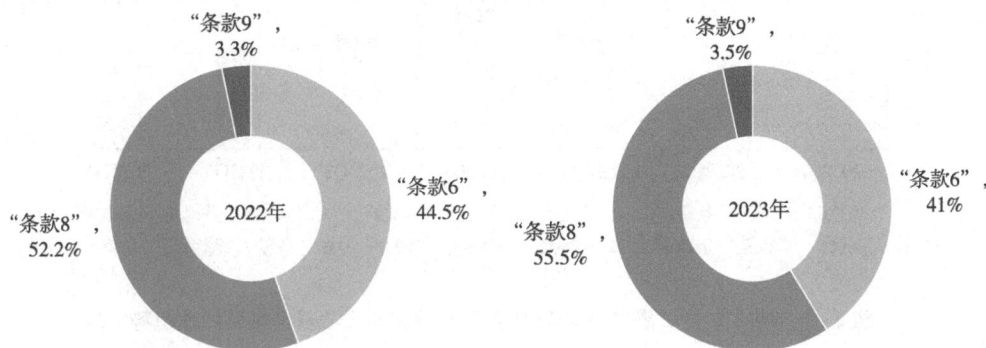

图 2-6　2022 年和 2023 年欧盟《可持续金融披露条例》三类基金市场份额

（资料来源：晨星）

从基金结构调整趋势来看，2023 年第四季度与 2022 年同期相反，共有 218 只基金从"条款 6"升级至"条款 8"，3 只基金从"条款 6"升级至"条款 9"，8 只基金从"条款 8"升级至"条款 9"，仅有 4 只基金从"条款 9"降级至"条款 8"。[1] 总的来看，与 2022 年相比，2023 年三类基金结构的调整频率整体有所减缓，类别调整主要集中在"条款 6"基金向"条款 8"的升级（见图 2-7）。

二、欧盟《企业可持续发展报告指令》

考虑到企业行为可通过其产品与服务、就业机会、工作环境、人权、健康、创新、培训等方面对欧盟及全球的生活和生产产生重大影响，因此，民众期望企业能够认识到它们对社会和环境的积极与消极影响，并且能够对负面因素加以预防、管理及弱化。欧盟将这一职责定义为"企业社会责任"（Corporate Social Responsibility，CSR）或"负责任的商业行为"（Responsible Business Conduct，RBC）。[2]

---

[1]　Morningstar, SFDR Article 8 and Article 9 Funds：Q4 2023 in Review, January 2024.

[2]　European Parliamentary Research Service, Non-financial Reporting Directive, BRIEFING Implementation Appraisal, January 2021. 更多信息请参考：https：//www.europarl.europa.eu/RegData/etudes/BRIE/2021/654213/EPRS_BRI（2021）654213_EN.pdf。

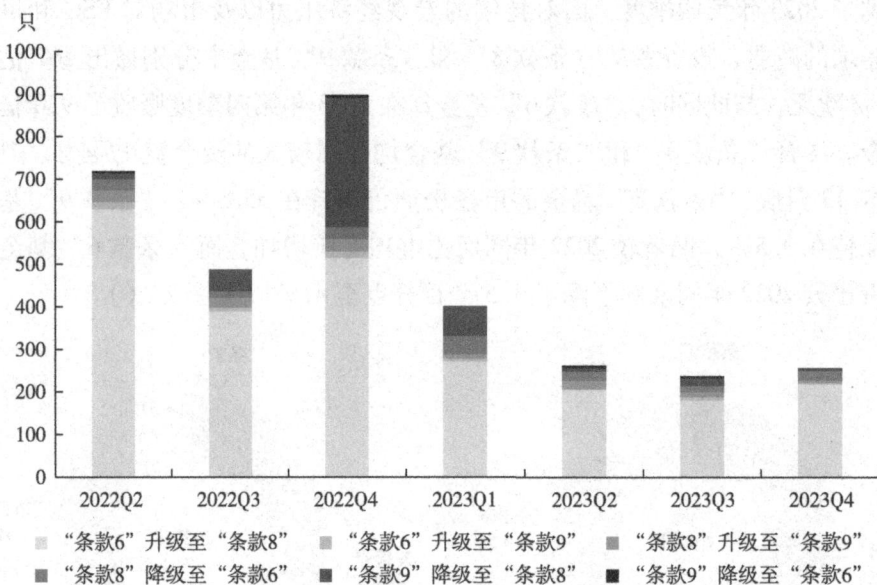

图 2 – 7　2022 年第二季度至 2023 年第四季度欧盟三类基金类别调整趋势

（资料来源：晨星）

长期以来，欧盟十分重视对企业可持续信息披露相关立法工作和政策规划的推进。为了能够更容易地衡量、监控和管理企业的绩效及其对社会与环境的影响，进一步加强对企业非财务信息，即环境、社会、员工、人权等信息的获取，欧盟于 2014 年 10 月通过了《非财务报告指令》（*Non – financial Reporting Directiv*，NFRD，指令 2014/95/EU）。该法规要求大型公共利益主体（Public Interest Entity）必须从 2018 年起编制非财务报告，并与年度财务报告一并报送和披露，以方便利益相关方充分了解大型企业的经营活动对社会和环境的影响。NFRD 的出台标志着欧盟在推进"企业社会责任"的议程中迈出了重要一步，为后续欧盟对企业可持续报告的立法奠定了基础。

2019 年，欧盟在其最新的增长战略计划《欧盟绿色新政》（*European Green Deal*）中宣布将审查 NFRD 作为加强可持续投资基础战略的一部分。紧接着，欧盟委员会在 2020 年 2 月至 6 月发起了旨在收集利益相关方关于修订 NFRD 观点的公众咨询。在咨询过程中，欧盟发现 NFRD 在实施过程中存在诸多不足之处。第一，从内部来看，NFRD 缺乏规范性、一致性。例如，NFRD 尚未提供明确的企业可持续指标的计算和编制标准，导致企业可持续信息披露报告规范性不高，横向比较难度较大；又如，NFRD 未要求对非财务报告进行鉴证，导致报告的可靠性不高，"漂绿"现象较为普遍。第二，从外部来看，随着全球可持续发展进程日益加深，各利益相关方对企业非财务信息/可持续信息提出了更高质量、更全面、更科学的要求，这意味着 NFRD 可能已无法满足当前欧盟对企业可持续经济活动的监管需求，亟须进行更新和修订。①

有鉴于此，欧盟委员会于 2021 年 4 月通过了一项关于制定《企业可持续发展报告指令》（CSRD）的提案建议，旨在修订并加强现有 NFRD 报告的规定。建议核心内容包括：（1）将法规适用范围扩展至所有大型公司，以及所有受监管的上市公司（上市微型公司除外）；（2）要求对可持续信息披露报告的内容进行鉴证；（3）引入更详细的报告要求，并要求企业根据欧盟提供的可持续信息披露报告的强制标准进行报告；（4）要求企业对其报告的信息进行"数字化标记"，使其能够通过机器读取，为欧盟资本市场联盟行动计划中的"欧洲单一接入点"（European Single Access Point，ESAP)② 建设提供支持。③ 在 2022 年 2 月 24 日欧盟成员国一致同意欧盟理事会对 CSRD 提案的立场，6 月 22 日欧盟理事会和欧洲议会就 CSRD 达成临时协议，以及 6 月 30 日欧盟成员国代表认可上述临时协议后，CSRD 最终于 2022 年 11 月 28 日获得欧盟理事会批准［指令（EU）2022/2464］，并于 2023 年 1 月生效，正式取代了欧盟 2014 年发布的 NFRD（见图 2 - 8）。④

图 2 - 8　欧盟从《非财务报告指令》过渡到《企业可持续发展报告指令》的历程
（资料来源：欧盟委员会）

总的来看，相较于此前的 NFRD，欧盟的 CSRD 要求企业对可持续发展相关议题进行更加全面、详细、严格和科学的披露，具体表现在以下六个方面。

---

① European Parliamentary Research Service, Non - financial Reporting Directive, BRIEFING Implementation Appraisal, January 2021. 更多信息请参考：https：//www. europarl. europa. eu/RegData/etudes/BRIE/2021/654213/ EPRS_ BRI（2021）654213_ EN. pdf。

② 2023 年 11 月 27 日，欧洲理事会通过法规，建立一个单一的公司和金融产品信息访问点，放宽投资者获取欧盟公司信息的途径，即"欧洲单一接入点"。更多信息请参考：http：//eustandards. net/？ p = 7861。

③ 更多信息请参考：https：//finance. ec. europa. eu/publications/sustainable - finance - package_ en#csrd。

④ 更多信息请参考：https：//finance. ec. europa. eu/capital - markets - union - and - financial - markets/company - reporting - and - auditing/company - reporting/corporate - sustainability - reporting_ en#legislation。

第一，欧盟在 CSRD 中创新性地引入了"双重重要性评估"（Double Material-ity Assessment，DMA）的评估概念，要求企业必须通过"由内向外"的视角评估其对环境和社会等可持续议题的影响，同时还须通过"由外向内"的视角来考虑这些议题如何影响企业本身的发展，从而识别出哪些可持续性因素对企业及其利益相关方最为重要，并解决其运营中最关键的可持续性问题。

第二，逐步扩大了需要强制披露所覆盖的主体范围和信息内容。根据 CSRD 的规定，自 2023 年 1 月起，可持续性信息披露义务覆盖了欧盟境内近 50000 家企业。这些企业不仅包括设立在欧盟境内的大型企业和上市公司[①]，还包括设立在欧盟境内的第三国企业。其中，欧盟对大型企业的定义为满足以下三个条件中任意两项的企业：一是员工人数超过 250 名，二是净营业额超过 4000 万欧元，三是净资产超过 2000 万欧元；对于第三国企业，若该企业在欧盟境内净营业额连续两个财年超过 1.5 亿欧元，并且在欧盟内至少有一家子公司（欧盟内大型或中、小型企业）或分支机构，如果分支机构在上一财年中的净营业额超过 4000 万欧元，子公司也应遵循 CSRD 披露要求。在强制性披露信息方面，CSRD 要求报告不仅包括企业在气候变化、污染、资源利用、员工权利和公司治理等方面的定性定量信息，还将企业供应链上的利益相关方的信息纳入披露范围。

第三，循序推进 CSRD。为了能够兼顾企业对新规的适应能力以及最大限度进行可持续信息的披露，CSRD 将在 2024 年至 2028 年分阶段推进。自 2024 年 1 月 1 日起，CSRD 将适用于已受 NFRD 约束的、员工人数超 500 名的大型企业，相关企业应在 2025 年公开发布可持续信息披露报告；自 2025 年 1 月 1 日起，CSRD 将适用于未受 NFRD 约束的大型企业[②]，相关企业应在 2026 年公开发布可持续信息披露报告；自 2026 年 1 月 1 日起，CSRD 将适用于符合标准的中小型企业，相关企业应在 2027 年公开发布可持续信息披露报告；最晚不迟于 2028 年，CSRD 将适用于符合标准的第三国企业，第三国企业的子公司或分支机构将负责为该欧盟外的企业发布符合 CSRD 要求的可持续信息披露报告。[③]

第四，披露报告标准统一化。为了解决在 NFRD 框架下披露报告格式、标准不一，可比性差等问题，受 CSRD 约束的企业必须采用统一的披露标准——《欧

---

① 中小型上市公司可以有 3 年的过渡期。

② 此处的大型企业与上文定义一致，即满足以下三个条件中任意两项的企业：一是员工人数超过 250 名，二是净营业额超过 4000 万欧元，三是净资产超过 2000 万欧元。

③ 金成、刘均伟等，欧盟 ESG 监管及其影响机制，中金点睛，2023 年 3 月。更多信息请参考：https://www.udfspace.com/article/5322530758477698。

洲可持续发展报告标准》（*European Sustainability Reporting Standards*，ESRS）。ESRS 目前由欧盟独立机构欧洲财务报告咨询小组（EFRAG）负责制定，该标准立足于欧盟企业的特征，参考了国际可持续性标准委员会（ISSB）、全球报告倡议（GRI）的披露标准以及其他主流机构的可持续信息披露标准，如可持续发展会计准则委员会（SASB）、气候相关财务信息披露工作组（TCFD）等，以确保欧盟与全球标准之间保持较高的互操作性，减少企业不必要的重复报告。[①]根据欧洲财务报告咨询小组的工作进展，欧盟首批 ESRS 的 12 项准则终稿已于 2023 年7 月发布（见表 2 - 4）。[②] 不过，考虑到相关企业能有更充足的时间应用首批ESRS，并为后续标准的推进做好准备，欧盟委员会于 2023 年 10 月提议将行业特定的 ESRS 和适用于非欧盟企业的第三国企业的 ESRS 的发布截止日期推迟两年，即从 2024 年中推迟至 2026 年中，该提议已于 2024 年 2 月由欧盟理事会和欧洲议会达成了临时协议。[③]

表 2 - 4　　　　　　　　　《欧洲可持续发展报告标准》首批 12 项准则

跨领域				
1. ESRS 1 一般要求（General requirements）			2. ESRS 2 一般信息披露（General disclosures）	
环境（E）				
3. ESRS E1 气候变化 （Climate change）	4. ESRS E2 污染 （Pollution）	5. ESRS E3 水和海洋资源 （Water and marine resources）	6. ESRS E4 生物多样性和生态系统 （Biodiversity and ecosystems）	7. ESRS E5 资源利用和 循环经济 （Resource use and circular economy）
社会（S）				
8. ESRS S1 自有员工 （Own workforce）	9. ESRS S2 价值链中的员工 （Workers in the value chain）	10. ESRS S3 受影响的社区 （Affected communities）	11. ESRS S4 消费者和终端用户 （Consumers and end - users）	
公司治理（G）				
12. ESRS G1 商业行为（Business conduct）				

资料来源：欧盟委员会、德勤。

---

① 更多信息请参考：https：//finance. ec. europa. eu/news/commission - adopts - european - sustainability - reporting - standards - 2023 - 07 - 31_ en。

② 更多信息请参考：https：//eur - lex. europa. eu/legal - content/en/TXT/？uri = CELEX：32023R2772。

③ 更多信息请参考：https：//ec. europa. eu/commission/presscorner/detail/en/mex_ 24_ 707。

第五，引入独立鉴证机制，防止企业"漂绿"行为。为保障企业可持续信息披露报告的可靠性，将企业的可持续信息质量提升到与财务信息相当的标准，欧盟要求受 CSRD 约束企业必须提交法定审计师或独立审计机构对披露报告内容进行鉴证证明及对鉴证提供一定级别的"保证"（Assurance），其中"保证"又分为"有限保证"（Limited Assurance）和"合理保证"（Reasonable Assurance）。在 CSRD 执行的初期，企业必须提供"有限保证"，即在有限的审计范围内未发现对报告内容的真实性造成重大影响的问题；随着时间的推移[1]，欧盟则要求企业提供"合理保证"，即证明报告在所有重要方面都准确和公正地反映了企业可持续性绩效。[2] 与"有限保证"相比，"合理保证"将为企业提供更高级别的保证。

第六，可持续披露信息数字化。根据 CSRD，受约束企业必须以可扩展超文本标记语言（XHTML）格式准备其可持续披露信息并进行"数字化标记"，以便提升信息的可访问性和互动性，使得投资者和其他利益相关者可以更有效地分析与利用这些信息。此外，"数字化标记"还有助于实现信息的自动化处理及整合，能进一步促进政策的透明度和监管效率。[3]

通过这些措施，CSRD 不仅强化了企业社会责任的信息披露要求，还为欧盟的可持续发展目标提供了坚实支持，并为全球范围内的可持续发展树立了标杆。

三、《披露授权法案》

在欧盟分类法体系框架下，《披露授权法案》〔（EU）2021/2178〕作为重要的授权法案之一，是针对金融和非金融企业对其业务活动在多大程度上与《欧盟分类法条例》保持一致的披露要求，也是 SFDR 和 CSRD 的重要基础与补充，三者共同组成了欧盟可持续信息披露框架的支柱。

如前文提及，《欧盟分类法条例》除了明确欧盟可持续经济活动分类标准外，还要求受 CSRD 约束的企业在其年度报告中通过一系列关键绩效指标（KPI）来披露其业务活动在多大程度上与《欧盟分类法条例》保持一致，其他未受 CSRD 约束企业自愿披露。然而，2021 年 12 月通过的《披露授权法案》又进一步对受

---

① 为确保对"合理保证"业务的组成内容有共同的理解和期望，在欧盟委员会最迟于 2028 年 10 月 1 日通过授权法案（Delegated Act）为可持续性报告的"合理保证"制定保证标准后，应要求法定审计师或独立审计机构基于"合理保证"业务对可持续性报告符合欧盟要求发表意见。更多信息请参考：https：//eur - lex. europa. eu/legal - content/EN/TXT/？uri = CELEX：32022L2464。

② 更多信息请参考：https：//www. crowe - peak. nl/en/knowledge - article/accounting - reporting - en/esg - en/why - csrd - assurance/。

③ Deloitte, Global Reach of the E. U. Corporate Sustainability Reporting Directive and the Impact on U. S. Companies, Volume 30, Issue 1, January 9, 2023. 更多信息请参考：https：//dart. deloitte. com/USDART/home/publications/deloitte/heads - up/2023/esg - eu - corporate - sustainability - reporting。

约束企业提出了更高的披露要求，包括对非金融企业和金融企业的具体披露要求进行了明确，详细规定了受约束企业必须披露的可持续信息内容和呈现方式，还为SFDR中可持续金融产品的相关信息披露要求提供了基准与补充（见表2-5）。[①] 自2023年1月起，大型非金融企业已开始根据《披露授权法案》评估并报告其经济活动与欧盟环境目标的一致性。

表2-5 《披露授权法案》下不同企业的披露义务

受约束企业		披露的关键绩效指标（KPI）
非金融机构		符合欧盟分类法经济活动的营业额（Turnover）占比、资本支出（CapEx）占比、运营支出（OpEx）占比
金融机构	资产管理机构	投资于符合欧盟分类法经济活动的资产规模在其管理的所有资产价值中的占比
	信贷机构	与符合欧盟分类法经济活动有关的风险敞口占总资产的比重［绿色资产比率（GAR）］
		来自与符合欧盟分类法经济活动相关的费用和佣金收入比重
		表外风险敞口相关的绿色资产比率
	投资公司	自营资产中与符合欧盟分类法的经济活动有关的资产占总资产的比例
		非自营投资中与符合欧盟分类法的经济活动相关的服务收入占比
	保险及再保险公司	投资于符合欧盟分类法的经济活动的资产占比
		非人寿保险收入中与符合欧盟分类法经济活动相关的保费收入占比

资料来源：欧盟委员会、兴业碳金融研究院。

根据欧盟委员会发布的关于欧盟分类法和欧盟可持续金融框架进展情况的阶段性报告，欧盟分类法越来越多地被企业用来展现其在可持续发展领域所作出的努力和成绩。截至2023年5月17日，斯托克欧洲600指数（STOXX Europe 600 Index）[②] 的上市公司中已有63%披露了与欧盟分类法中经济活动的符合性和一致性。在上述企业中，30%（178家）报告了符合欧盟分类法经济活动的资本支出为非零，23%（139家）报告了符合欧盟分类法经济活动的收入（Revenue）为非零，以及21%（127家）报告了符合欧盟分类法经济活动的运营支出为非零。[③] 尽管企业在不同领域的一致性水平有所不同，但整体呈现的趋势是，许多公司的投资和运营正在逐步与可持续目标对齐。特别是在资本支出方面，较高比例的企业展示了其投资项目与气候和环境目标的一致性。

另一个值得注意的趋势是，现有的欧盟分类法可以有效地为转型中的企业提

---

① 方琦、钱立华，欧盟可持续金融战略进展与启示，兴业碳金融研究院，2023年10月。

② 斯托克欧洲600指数包含600只成分股，代表了17个欧洲国家的大、中、小型公司，覆盖了欧洲股市约90%的自由流通市值。

③ European Commission, Enhancing the usability of the EU Taxonomy and the overall EU sustainable finance framework, Commission Staff Working Document, COM（2023）317, Strasbourg, June 2023. 更多信息请参考：https://eur-lex.europa.eu/legal-content/EN/TXT/? uri=CELEX%3A52023SC0209。

供强有力的信号。欧盟委员会数据显示，许多企业，尤其是高排放企业，在报告中显示其与分类法一致的经济活动的资本支出显著高于收入。从行业角度来看，公用事业和房地产业在与分类法一致的经济活动的平均资本支出和平均收入数值最高，然后是能源行业。这表明，欧盟分类法为最需要"脱碳"的行业提供了重要的前瞻性信号，促进这些企业朝着更可持续的发展方向转型。

另外，欧盟委员会还发现，具有与分类法经济活动较高一致性的企业在具有可持续性相关特征（符合 SFDR"条款 8"，浅绿）和目标（符合 SFDR"条款 9"，深绿）的基金中占据了显著的权重。此外，这些企业在符合 SFDR"条款 9"的基金中的权重要远高于在符合 SFDR"条款 8"的基金中的权重。这进一步证明了欧盟分类法作为识别转型企业和行业的关键工具的潜力，同时也显示了这些企业在展示其转型融资需求，并更广泛获取融资方面的能力。①

四、支持可持续信息披露框架的其他欧盟法规

除了上文已介绍的欧盟可持续信息披露框架中的三大支柱外，欧盟还通过其他法规来规范、监管和支持与可持续/ESG 相关信息的披露，如《欧盟基准条例》（EU *Benchmark Regulation*，BMR）、《欧洲单一接入点条例》（*European Single Access Point Regulation*）、《ESG 评级活动透明度和诚信条例》（*Regulation on Transparency and Integrity of ESG Rating Activities*）等。

其中，BMR 是由欧盟理事会于 2016 年公布，于 2018 年 1 月 1 日正式生效，是全球范围内第一部根据国际证监会组织（IOSCO）的《金融基准指数报告原则》（IOSCO 原则）制定的有关基准的官方监管规定。该规则旨在创设一个总体框架性标准，为各成员国监管机构有关基准的立法提供一个国际统一的标准和指引。② BMR 要求对所有具有可持续/ESG 因素的欧盟基准指数的信息披露，即指数管理员须披露是否将可持续/ESG 因素纳入基准设计中；在已纳入的情况下，还须披露是以何种方式纳入。此外，BMR 还要求欧盟气候基准指数的基准报告中定期披露其指数在一系列与可持续发展相关的关键绩效指标方面的表现情况。

正如我们在前文提及，欧洲单一接入点（ESAP）是欧盟资本市场联盟行动计划的一部分，旨在创建一个统一的数据访问平台，提供与欧盟企业和欧盟投资

---

① European Commission, Enhancing the usability of the EU Taxonomy and the overall EU sustainable finance framework, Commission Staff Working Document, COM（2023）317, Strasbourg, June 2023. 更多信息请参考：https：// eur – lex. europa. eu/legal – content/EN/TXT/? uri = CELEX％3A52023SC0209。

② Chong Lie, Simon Zhang, 欧盟基准监管条例对境内金融基础设施的影响, Linklaters LLP, February 2021. 更多信息请参考：https：//www. linklaters. com/zh – cn/knowledge/publications/alerts – newsletters – and – guides/ 2021/february/22/article。

产品相关的公开财务及非财务信息。欧盟则希望通过 ESAP 为投资者提供免费、用户友好、集中和数字化的访问方式，以帮助其获取欧盟区域内企业（包括小型企业）的财务和可持续相关信息，从而为其投资决策过程提供更多透明度和便利性。2023 年 12 月 20 日，欧盟发布了《欧洲单一接入点条例》及相关指令和法规修正案（统称"ESAP 立法包"），标志着该项目正式启动。根据欧盟流程，ESAP 项目的一些技术标准目前已提交至公共咨询，咨询截止日期为 2024 年 3 月 8 日；此后，欧盟通过分阶段，按照优先顺序逐步将企业相关信息纳入 ESAP，并对其运作情况进行定期评估和审查，最迟将于 2027 年 7 月 10 日投入运营。[①]

《ESG 评级活动透明度和诚信条例》（以下简称《ESG 评级条例》）是欧盟委员会于 2023 年 6 月发布的一项提案，是欧盟一系列促进可持续金融投资的举措之一。该提案主要是对 2022 年 2 月欧洲证券与市场监督管理局（ESMA）以及 2022 年 4 月欧盟委员会关于呼吁提供 ESG 评级市场运作和信用评级中可持续风险证据的回应。由于目前欧盟成员国中未有任何一国出台了对 ESG 评级提供商监管的法律法规，该提案的出台旨在实现欧盟范围内 ESG 评级监管的协调，加强评级活动及评级提供商运营的透明度和诚信度。不过，为了确保欧盟 ESG 评级市场的多元化，欧盟委员会尚未要求 ESG 评级提供商使用统一的评级方法。

综上来看，欧盟搭建的可持续信息披露总体框架为推动欧盟金融市场的可持续发展提供了重要的制度和规范基础。该框架通过整合多个法规和指令，提供了一个全面、统一的信息披露体系，有效地降低了信息不对称性，提高了市场的透明度和可比性。此外，欧盟可持续信息披露框架还在多个方面实现了创新突破，例如，披露框架强调了数据和科技在可持续信息披露中的关键作用，企业和金融机构利用数字化技术和"数字化标记"来提高信息的可读性和可搜索性，提高了投资者对可持续信息的获取和利用效率。然而，随着上述法规和指令的深入与经验积累，披露框架在未来还将不断进行评估和改进，以适应市场的变化和需求，从而保持与国际标准的一致性。

第四节 可持续投资工具——助力资金赋能绿色未来

作为欧盟可持续金融框架的第三大支柱，欧盟还提供了一系列可持续投资工具，为欧盟区域内的企业、市场参与者和金融中介机构提供支持，使其在开发可持续投资解决方案的同时，可以最大限度地降低"洗绿"风险。其中，重要的投

---

① 更多信息请参考：https：//www. consilium. europa. eu/en/press/press - releases/2023/11/27/council - adopts - regulation - easing - access - to - corporate - information - for - investors/。

资工具包括"欧盟气候基准"（EU Climate Benchmarks）和《欧盟绿色债券标准》（*European Green Bonds Standards*，EUGBS）（见图2-9）。

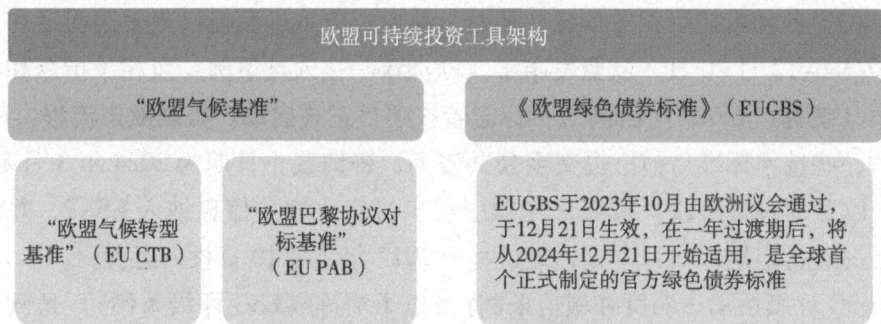

欧盟可持续投资工具架构	
"欧盟气候基准"	《欧盟绿色债券标准》（EUGBS）

"欧盟气候转型基准"（EU CTB）	"欧盟巴黎协议对标基准"（EU PAB）	EUGBS于2023年10月由欧洲议会通过，于12月21日生效，在一年过渡期后，将从2024年12月21日开始适用，是全球首个正式制定的官方绿色债券标准

图2-9 欧盟可持续投资工具架构

（资料来源：笔者根据欧盟委员会官网资料整理）

一、欧盟气候基准

气候基准实际上是一种投资基准，通过对基础组成因子的选择和加权，结合政府间气候变化专门委员会（Intergovernmental Panel on Climate Change，IPCC）的科学证据[1]，将温室气体减排和向低碳经济转型的具体目标纳入其中。其优势在于为投资者提供了用于衡量其投资策略脱碳程度的使用工具。[2] 这不仅帮助投资者评估其投资组合与全球减排目标的对齐程度，还能够识别和管理与气候变化相关的风险和机会。

2019年2月，欧洲议会和欧盟成员国就创建两个新的气候基准达成协议。同年9月，欧盟发布了《气候基准及基准ESG信息披露》（*Climate Benchmarks and Benchmarks' ESG Disclosures*）报告。2020年7月，欧盟通过了三项关于气候基准和气候基准可持续信息披露要求的法案，并于2020年12月正式实施。上述法案是前文提及的《欧盟基准条例》（BMR）的授权法案，它们规定了欧盟气候基准的最低技术要求，也就是说，只有在满足了这些最低技术要求的情况下才能被贴标为"欧盟气候基准"。除此之外，授权法案还对基准指数管理者提出了一系列ESG/可持续信息披露要求，进一步加强了对"洗绿"风险的监管。[3]

---

[1] IPCC的科学证据，尤其是其发布的气候情景分析和碳预算，直接影响了气候基准的设计。例如，气候基准会参考IPCC的预测模型来设定减排路径，确保所选投资组合能够支持这些路径下的减排要求。

[2] ssga, EU Climate Benchmarks: A Guide, March 2020. 更多信息请参考：https://www.ssga.com/content/dam/ssmp/library-content/pdfs/insights/eu-climate-benchmarks-a-guide.pdf.

[3] United Nations-convened Net-Zero Asset Owner Alliance, EU Climate Benchmarks, February 2022. 更多信息请参考：https://www.unepfi.org/wordpress/wp-content/uploads/2022/02/Climate-Benchmarks_all-members-presentation.pdf。

　　"欧盟气候基准"包括的两个新基准分别是"欧盟气候转型基准"（EU Climate Transition Benchmark，EU CTB）和"欧盟巴黎协定对标基准"（EU Paris – Aligned Benchmark，EU PAB），两者均与 1.5 摄氏度的控温目标保持绝对一致。它们在投资中的主要用途有以下四类：一是作为被动投资策略的基础，二是作为气候相关战略投资表现的基准，三是作为参与公司 ESG 治理的基准，四是作为战略性资产配置的政策基准。[①]

　　虽然上述两个基准均为可持续投资基准，但是它们在减排要求和资产构成上存在一定差异（见表 2 – 6）。EU CTB 的减排要求相对较低，且为化石能源资产预留了一定空间。与之相比，EU PAB 允许相对于可投资的基础资产实现更高的脱碳水平，剔除了使用化石燃料生产者和高温室气体排放电厂的部分经济活动，并且更加专注于绿色资产占比更高的投资机会。

　　基于这些特性，EU CTB 更适合于养老基金和保险/再保险公司一类的机构投资者，其主要目标是保护资产免受与气候变化和向低碳过渡相关的投资风险。而 EU PAB 则为绿色转型更为积极的投资者而设计，例如，那些将气候目标设定在将全球平均气温的上升幅度限制在远低于工业化前水平 1.5 摄氏度的投资者。[②]

表 2 – 6　　　　　　欧盟气候基准的最低标准 EU CTB 与 EU PAB

最低标准		欧盟巴黎协定对标基准（EU PAB）	欧盟气候转型基准（EU CTB）
基于风险的最低标准	减碳强度的降低要求	50%	30%
	温室气体范围 3 纳入期限	2 ~ 4 年	2 ~ 4 年
	最低资产类别要求	棕色与绿色资产之比为 1/4	棕色与绿色资产之比为 1
	基本排除项目	争议性武器、违反社会规范行为、烟草相关	
	商业活动排除项目	煤炭（营收 1% 及以上）、石油（营收 10% 及以上）、天然气（营收 50% 及以上）、生命周期温室气体排放的碳强度高于 $100gCO_2e/kWh$ 的电力生产（营收 50% 及以上）	无
基于机会的最低标准	自我脱碳速度	按年 7%	按年 7%
	转型路径违约年限	2 年	2 年

资料来源：联合国召集的净零资产所有者联盟（NZAOA）、道富全球投资（ssga）。

_____

　　[①] 刘均伟、周萧潇等，欧洲能源转型战略调整将如何影响 ESG 投资？中金量化，2022 年 5 月。更多信息请参考：https：//finance. sina. cn/esg/elecmagazine/article. d. html？docID＝mcwiwst7926087。

　　[②] ssga，EU Climate Benchmarks：A Guide，March 2020. 更多信息请参考：https：//www. ssga. com/content/dam/ssmp/library – content/pdfs/insights/eu – climate – benchmarks – a – guide. pdf。

　　此外，从历史数据来看，考虑气候变化因素的传统基准大多情况下是围绕降低尾部风险（Tail risks）[①] 而构建，例如，可能会暴露在极端天气情况下的风险。这导致它们往往缺乏标准一致性，也未能针对投资者的需求和限制进行特别的设计。因此，与这些传统基准相比，EU CTB 和 EU PAB 基准可以为投资者提供更广泛的气候转型风险防范，并带来更多的能源转型投资机会。其中，更广泛的气候转型风险主要包括四类：一是政策和法律风险，如与监管框架变化相关的风险以及诉讼索赔相关的风险；二是技术风险，如技术进步对向低碳经济过渡过程的影响；三是市场风险，如商品和服务的供需变化；四是名誉风险，如不当的企业活动引发的不利社会影响。[②]

　　自 EU CTB 和 EU PAB 推出以来，两个基准已被国际主要机构认可为帮助投资者按照脱碳路径调整其投资组合的有效工具。例如，标普（S&P）、富时罗素（FTSE Russell）、明晟（MSCI）和科学贝塔（Scientific Beta）等国际金融机构已推出多个基于欧盟气候基准的指数产品（见表 2-7）。2021 年 12 月，贝莱德将 EU CTB 纳入其旗下的 6 只 ETF 产品。不过，就目前这些指数产品来看，其关注点仍然集中在发达市场，只有一部分关注了新兴市场。欧盟委员会估计，截至 2023 年底，引用 EU CTB 和 EU PAB 基准的金融产品管理资产规模已达 1160 亿欧元。[③]

表 2-7　　　　　　　　　　基于欧盟气候基准的指数产品

机构	指数名称
明晟（MSCI）[④]	MSCI ACWI 气候变化指数（MSCI ACWI Climate Change Index）
	MSCI 世界气候变化指数（MSCI World Climate Change Index）
	MSCI 新兴市场气候变化指数（MSCI EM Climate Change Index）
	MSCI 欧洲气候变化指数（MSCI Europe Climate Change Index）
	MSCI 亚太气候变化指数（MSCI AC Asia Pacific Climate Change Index）
	MSCI 美国气候变化指数（MSCI USA Climate Change Index）
	MSCI 日本气候变化指数（MSCI Japan Climate Change Index）
	MSCI 美元高收益气候变化公司债指数（MSCI USD HY Climate Change Corporate Bond Index）
	MSCI 美元投资级气候变化公司债指数（MSCI USD IG Climate Change Corporate Bond Index）
	MSCI 欧元高收益气候变化公司债指数（MSCI EUR HY Climate Change Corporate Bond Index）
	MSCI 欧元投资级气候变化公司债指数（MSCI EUR IG Climate Change Corporate Bond Index）

---

　　① 尾部风险通常是发生概率很低、难以预测但影响很大的风险。

　　② ssga, EU Climate Benchmarks: A Guide, March 2020. 更多信息请参考：https://www.ssga.com/content/dam/ssmp/library-content/pdfs/insights/eu-climate-benchmarks-a-guide.pdf.

　　③ European Commission, Enhancing the usability of the EU Taxonomy and the overall EU sustainable finance framework, Commission Staff Working Document, COM (2023) 317, Strasbourg, June 2023. 更多信息请参考：https://eur-lex.europa.eu/legal-content/EN/TXT/? uri=CELEX%3A52023SC0209。

　　④ 更多信息请参考：https://www.msci.com/climate-change-indexes。

续表

机构	指数名称
富时罗素 （FTSE Russell）[①]	FTSE 全球 TPI 过渡/除化石燃料、烟草及争议行业外指数（FTSE All – World TPI Transition ex Fossil Fuel ex Tobacco ex Controversies Index）
	FTSE 全球除日本外 TPI 气候转型指数（FTSE All – World ex Japan TPI Climate Transition Index）
	FTSE 发达市场 TPI 气候转型/除煤炭、争议、核能及烟草行业外指数（FTSE Developed TPI Climate Transition ex Coal ex Controversies ex Nuclear ex Tobacco Index）
	FTSE 发达市场除韩国外 TPI 气候转型指数（FTSE Developed ex Korea TPI Climate Transition Index）
	罗素 1000 TPI 气候转型指数（Russell 1000 TPI Climate Transition Index）
	FTSE 日本 TPI 气候转型指数（FTSE Japan TPI Climate Transition Index）
科学贝塔 （Scientific Beta）[②]	SciBeta 全球气候影响一致性指数（SciBeta Global Climate Impact Consistent）
	SciBeta 发达市场气候影响一致性指数（SciBeta Developed Climate Impact Consistent）
	SciBeta 美国气候影响一致性指数（SciBeta United States Climate Impact Consistent）
	SciBeta 发达欧洲气候影响一致性指数（SciBeta Developed Europe Climate Impact Consistent）
	SciBeta 日本气候影响一致性指数（SciBeta Japan Climate Impact Consistent）
	SciBeta 除日本外亚太气候影响一致性指数（SciBeta Asia – Pacific ex – Japan Climate Impact Consistent）
	SciBeta 除美国外全球气候影响一致性指数（SciBeta Global ex USA Climate Impact Consistent）
	SciBeta 除美国外发达地区气候影响一致性指数（SciBeta Developed ex USA Climate Impact Consistent）
标普（S&P）[③]	标普欧美日 100 净零 2050 气候转型精选 50 点递减指数（S&P EuroUSAJapan 100 Net Zero 2050 Climate Transition Select 50 Point Decrement Index）
	标普欧美日 100 净零 2050 气候转型精选指数（S&P EuroUSAJapan 100 Net Zero 2050 Climate Transition Select Index）
	标普欧洲大中型企业净零 2050 气候转型 ESG 指数（S&P Europe LargeMidCap Net Zero 2050 Climate Transition ESG Index）
	标普欧元区 50 净零 2050 气候转型 ESG 精选 5% 递减指数（S&P Eurozone 50 Net Zero 2050 Climate Transition ESG Select 5% Decrement Index）
	标普欧元区 50 净零 2050 气候转型 ESG 精选 50 点递减指数（S&P Eurozone 50 Net Zero 2050 Climate Transition ESG Select 50 Point Decrement Index）

---

① 更多信息请参考：https：//www.ftserussell.com/products/indices/tpi – climate – transition。

② 更多信息请参考：https：//www.scientificbeta.com/green/#/。

③ 更多信息请参考：https://www.spglobal.com/spdji/en/index – family/esg/esg – climate/paris – aligned – climate – transition – pact/#indices。

续表

机构	指数名称
标普（S&P）	标普欧元区 50 净零 2050 气候转型 ESG 精选指数（S&P Eurozone 50 Net Zero 2050 Climate Transition ESG Select Index）
	标普欧元区 50 净零 2050 气候转型精选 5% 递减指数（S&P Eurozone 50 Net Zero 2050 Climate Transition Select 5% Decrement Index）
	标普欧元区 50 净零 2050 气候转型精选 50 点递减指数（S&P Eurozone 50 Net Zero 2050 Climate Transition Select 50 Point Decrement Index）
	标普欧元区 50 净零 2050 气候转型精选指数（S&P Eurozone 50 Net Zero 2050 Climate Transition Select Index）
	标普欧元区大中型企业净零 2050 气候转型 ESG 指数（S&P Eurozone LargeMidCap Net Zero 2050 Climate Transition ESG Index）
	标普法国 20 净零 2050 气候转型精选 5% 递减指数（S&P France 20 Net Zero 2050 Climate Transition Select 5% Decrement Index）
	标普法国 20 净零 2050 气候转型精选 50 点递减指数（S&P France 20 Net Zero 2050 Climate Transition Select 50 Point Decrement Index）
	标普法国 20 净零 2050 气候转型精选指数（S&P France 20 Net Zero 2050 Climate Transition Select Index）

资料来源：联合国召集的净零资产所有者联盟（NZAOA）。

综合来看，欧盟推出的气候基准在引导资金流向、增强可持续投资透明度和可靠性、防止"洗绿"、推动国际合作等多个方面均产生了显著的影响。首先，通过气候基准，投资者可筛选出符合欧盟气候目标的金融产品，资金可以更加准确地被投入到致力于气候过渡的企业和项目中，从而支持全球向低碳、可持续经济转型。其次，EU CTB 和 EU PAB 强调了高透明度和严格的排放标准，要求投资组合需排除高排放资产并展现出明显的"脱碳"轨迹。再次，气候基准特别设定了明确的技术标准和方法来防范"洗绿"风险，以确保只有真正有助于气候目标的投资项目才能被贴标为"欧盟气候基准"。最后，作为全球可持续投资的引领者，欧盟推出的气候基准不仅获得了欧盟内部的广泛认可，也引起了非欧盟地区的重视。这些基准正在逐步被全球资本市场所接受，进一步促进了可持续投资标准的一致性，并推动了国际合作。

二、《欧盟绿色债券标准条例》

正如我们在本章第一节所介绍，制定绿色债券界定标准不仅是欧盟《可持续发展融资行动计划》中的重要行动之一，也是《欧盟绿色新政》的关键组成部分。通过这套自愿性高质量的绿色债券界定"黄金标准"，公共机构和私营企业

（包括欧盟和非欧盟地区）能够更清晰和有效地利用绿色债券在资本市场筹集资金，以支持符合欧盟分类法的绿色项目。同时，该标准也将帮助投资者更客观地评估、比较和验证其投资项目的可持续性，并确保资金被分配到真正符合可持续要求的经济活动中，从而减少"洗绿"风险。

自 2018 年 5 月欧盟出台《可持续发展融资行动计划》，明确要建立一套界定绿色债券详细标准后，经过多年的讨论和准备，欧洲议会于 2023 年 10 月通过了《欧盟绿色债券标准条例》（EUGBS），这成为全球首个正式制定的官方绿色债券标准。上述条例于 2023 年 12 月 21 日生效，在一年过渡期结束后，将于 2024 年 12 月 21 日开始适用。

欧盟出台的 EUGBS 虽然是参考国际市场标准国际资本市场协会（International Capital Market Association，ICMA）的《绿色债券原则》（*Green Bond Principles*）[1] 和气候债券倡议（Climate Bonds Initiative，CBI）的《气候债券标准》[2] 所制定的，但 EUGBS 在多个方面也有别于上述两类标准（以《绿色债券原则》为例，详情见表 2 - 8），包括透明度、完整性、一致性、可比性以及与欧盟其他相关法令的协调性，如本章已经介绍的《欧盟分类法条例》《可持续金融披露条例》《企业可持续报告指令》等。[3]

表 2 - 8　　　　　　　《欧盟绿色债券标准条例》与《绿色债券原则》

标准	《欧盟绿色债券标准条例》	国际资本市场协会《绿色债券原则》
债券净收益的使用	至少 85% 的收益必须分配到符合《欧盟分类法条例》的经济活动，所有收益必须投资于有助于实现欧盟环境目标，并满足"不造成重大伤害"（DNSH）的经济活动	建议发行人遵守各类绿色分类标准（包括欧盟分类），应提供明显的环境效益
发行前披露	必须披露债券发行的环境战略（并在适当的情况下说明其相关的转型计划）、债券收益的预期分配计划、影响债券收益的环境因素、披露报告资料以及资本支出计划（若适用）	必须披露符合条件的绿色项目的可持续发展目标、发行人确定项目可持续性的过程，以及发行人已建立的管理社会和环境风险的流程
发行后披露	必须通过每 12 个月发布一次的"分配报告"进行披露，在债券期限内以及全部分配后分别发布至少一份"影响报告"	必须发布一份年度报告，说明资金分配情况，以及底层项目的描述和预期影响

---

① ICMA, The Green Bond Principles - Voluntary Process Guidelines for Issuing Green Bonds, June 2021.

② Climate Bonds Standard, Globally recognised, Paris - aligned certification of Debt Instruments, Entities and Assets using robust science - based methodologies, updated April 2023. 更多信息请参考：https：// www. climatebonds. net/files/files/CBI_ Standard_ V4. pdf。

③ 更多信息请参考：https：// www2. deloitte. com/uk/en/blog/emea - centre - for - regulatory - strategy/2024/ eu - green - bond - standard. html。

续表

标准	《欧盟绿色债券标准条例》	国际资本市场协会《绿色债券原则》
外部审查评估	要求独立的、由 EUGBS 指定的外部审查机构	建议进行外部审查，但并非强制性
监管机构监督	负责监督遵守披露和报告要求的国家主管机关（如欧洲证券与市场监督管理局）	—

资料来源：德勤（Deloitte）。

具体来看，EUGBS 要求债券发行人至少将 85% 的债券净收益分配到符合《欧盟分类法条例》的经济活动中，允许有 15% 的"灵活性"用于尚未被分类法覆盖，但仍有助于实现欧盟环境目标并满足"不造成重大伤害"的经济活动。此外，债券发行人可以将绿色债券收益投资于符合分类法经济活动/项目的资本支出、运营支出（限定为在债券发行前 3 年以内的支出）、固定资产、金融资产（限定为在债券发行后 5 年以内，并且可重新投资最多 3 个后续金融资产）或上述用途的组合。[①]

除了对绿色债券收益分配设立了标准外，EUGBS 还加强了披露的透明度和可信度。第一，EUGBS 要求使用标准模板进行一系列披露。第二，绿色债券发行人还必须接受独立的、EUGBS 指定的机构进行"发行前"和"发行后"外部审查，以确保发行的债券与欧盟 EUGBS 以及分类法一致。另外，上述独立的外部审查机构同样受欧洲证券与市场监督管理局的严格监管，即外部审核机构必须在欧洲证券与市场监督管理局进行注册并遵守其相关监管规则，从而保障了审查机构的服务质量和审查的可靠性（见图 2－10）。[②]

《欧盟绿色债券标准条例》的出台标志着欧盟在全球可持续金融领域取得重要进展。与 ICMA《绿色债券原则》和 CBI《气候债券标准》这些市场自律性倡议所不同，《欧盟绿色债券标准条例》具有法律约束力，这就使得欧盟绿色债券标准在提高投资者信心及降低"洗绿"风险方面具有更高的可靠性。此外，《欧盟绿色债券标准条例》更加注重筹集资金用途的透明度，不仅要求债券发行人对资金的分配和项目的环境影响进行详细披露，还要求定期提交各类报告，以帮助投资者更清晰地了解资金的支持项目和项目的实际环境影响。总的来说，《欧盟绿色债券标准条例》在加强金融市场对可持续投资的监管和规范性方面具有显著优势，不仅满足了更严格的可持续性要求，还为投资者提供了更高的透明度和可信度。

---

① 更多信息请参考：https://www2.deloitte.com/uk/en/blog/emea－centre－for－regulatory－strategy/2024/eu－green－bond－standard.html。

② 更多信息请参考：https://finance.ec.europa.eu/publications/commission－proposal－european－green－bond－standard_en。

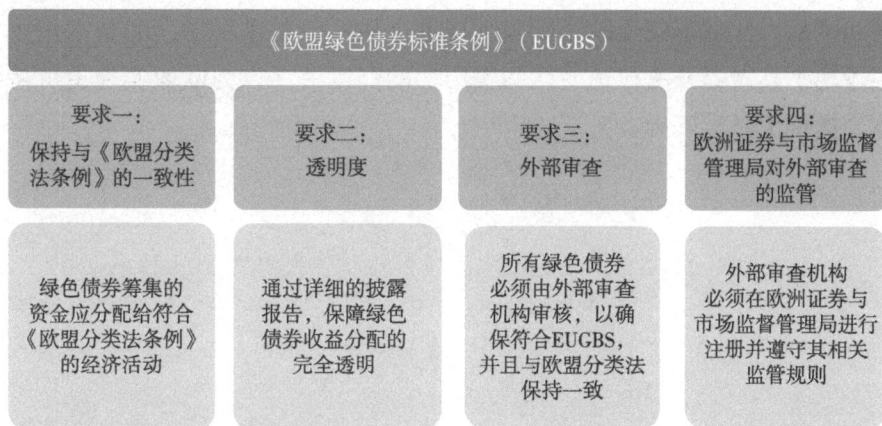

图 2 – 10 《欧盟绿色债券标准条例》四项关键要求

(资料来源：笔者根据欧盟委员会官网资料整理)

小结

本章以欧盟可持续金融体系为例，展示其作为全球可持续金融最佳实践，是如何通过对欧盟分类法、可持续信息披露框架和可持续投资工具三大领域的持续改革与完善，逐步建立起综合的可持续金融发展框架。这不仅为理解全球最佳实践提供了深刻洞见，还为中国如何借鉴国际经验、优化自身的可持续金融体系提供了启示。

首先，随着《欧盟分类法条例》及其授权法案的不断完善，欧盟界定了上百项经济活动的筛选标准，这些清单和标准将随着科学认知和市场实践的发展不断更新，以反映新的环境挑战和经济活动。

其次，欧盟的可持续信息披露总体框架通过整合多个法规和指令，提供了全面、统一的信息披露体系，有效降低了信息不对称性，提高了市场的透明度和可比性。该框架还通过数字化技术实现创新突破，提高可持续信息的可读性和可搜索性，进而提升投资者对可持续信息的获取和利用效率。

最后，以欧盟气候基准和《欧盟绿色债券标准条例》为基础的可持续投资工具为欧盟区域内的企业、市场参与者和金融中介机构提供了广泛的工具箱，使其在开发可持续投资解决方案的同时，最大限度地降低"洗绿"风险。欧盟的可持续金融框架展现出其建立全面、一致和高效的可持续金融系统的雄心。

　　此外，通过持续评估和调整这一框架，欧盟委员会旨在解决实施中出现的诸多问题和挑战。此举不仅反映了欧盟可持续金融框架对市场动态和技术进步的适应，还体现了其对提升法律透明性和实用性的高度关注，为欧盟实现更可持续的经济体系提供了坚实基础。

第三章　中国探索可持续金融发展的机遇之路

可持续发展已成为各国应对全球挑战的方向标，中国也是如此。在气候变暖、地缘冲突加剧、经济下行等多重压力下，低碳发展和绿色转型不仅能够缓解能源危机、环境气候问题带来的冲击，还能促使世界主要经济体在可持续发展相关领域加强交流与合作，抵御逆全球化潮流。近些年，随着"双碳"目标的有序推进，中国可持续金融市场蓬勃发展，顶层政策框架初步完善，标准体系和信息披露框架持续与国际市场接轨，激励机制创新不断，可持续金融工具也日益丰富。目前，我国可持续金融市场已基本形成了以绿色金融为主导，转型金融、社会责任金融、碳金融、蓝色金融等新兴金融为辅的多元化发展格局。

本章内容聚焦于中国探索可持续金融发展的机遇之路，分为三个部分。第一部分探讨可持续发展如何成为中国的关键国家战略，并分析可持续金融政策蓝图与基础设施建设，阐明发展可持续金融对中国的重要性。第二部分从主流绿色融资工具和新兴可持续金融工具两方面，概述中国近些年在可持续金融市场的探索与实践。第三部分讨论我国可持续金融的未来发展方向，以及进一步完善信息披露体系和加速标准拓展及国际接轨的必要性。

第一节　发展可持续金融对中国意义重大

一、可持续发展是中国重要的国家战略

作为世界第二大经济体，中国面临经济快速发展与环境保护的双重挑战。可持续发展理念强调经济增长与资源利用的相互协调，有助于实现绿色经济转型，推动高质量发展。20 世纪 50 年代以来，中国经历了以资源和环境为代价的粗放

型经济增长，虽然改革开放的 40 多年间，中国的国内生产总值（GDP）增长了 33.5 倍，但能源消耗总量也增长了 6.9 倍，单位 GDP 消耗的主要资源和污染物排放远高于发达国家。

尽管作为世界"制造工厂"，中国的大量资源能源消费和碳排放是为其他国家承担的，但相对粗放的"高投入、高消耗、高污染、低产出、低效益"的经济增长方式是难以为继的，也凸显了中国资源、能源和环境安全问题的严峻性。一方面，中国面临的气候变化挑战是长期性的，随着国际减排压力越来越大，中国经济高质量发展面临的壁垒也越发明显。另一方面，中国还需应对国内资源环境问题多样性的挑战，例如，一些战略性能源资源，包括油、气等优质能源以及铁、铜、铝、镍、钴等战略性矿产资源将长期处于供需紧张状态，对外依存度迅速攀升。基于此，我国必须探索一条符合中国国情的资源节约型和环境友好型的可持续发展路径。[①]

在全球可持续发展理念兴起之初，中国政府对于制定和实施可持续发展战略给予了极大的重视。1992 年联合国里约地球峰会通过了《21 世纪议程》《里约宣言》等重要文件，签署了《联合国气候变化框架公约》《生物多样性公约》等重要公约。中国政府积极参与各项筹备活动，并派出高级代表团参会，庄严承诺积极履行《21 世纪议程》等文件，展现了中国对全球环境与发展问题的高度重视。会后不久，中共中央和国务院颁布《环境与发展十大对策》[②]，首次提出在中国实施可持续发展战略。

1993 年，中国国家计委和国家科委组织编制了《中国 21 世纪议程》，并于 1994 年 3 月经国务院批准颁布执行。《中国 21 世纪议程》制定了可持续发展战略的近期、中期和远期目标，从经济、社会、资源、环境等领域，提出具体的行动目标和政策措施，共涵盖 78 个方案领域，是世界上第一个国家级的可持续发展战略。此后，可持续发展作为我国的国家战略得到不断强化。1995 年 9 月，中共十四届五中全会正式将可持续发展战略写入《中共中央关于制定国民经济和社会发展"九五"计划和 2010 年远景目标的建议》，提出"必须把社会全面发展放在重要战略地位，实现经济与社会相互协调和可持续发展"。这是在党的文件中第一次使用"可持续发展"的概念。江泽民在会上发表《正确处理社会主义现代化建设中的若干重大关系》的讲话，强调"在现代化建设中，必须把实现可持续发展作为一个重大战略"。根据党的十四届五中全会精神，1996 年 3 月，第八届全国人民代表

---

① 中国科学院可持续发展战略研究组，2012 中国可持续发展战略报告——全球视野下的中国可持续发展，2012 年。

② 中共中央，国务院. 我国环境与发展十大对策 [J]. 环境工程，1993（2）.

大会第四次会议批准了《国民经济和社会发展"九五"计划和2010年远景目标纲要》，将可持续发展作为一条重要的指导方针和战略目标上升为国家意志。1997年中共十五大进一步明确将可持续发展战略作为我国经济发展的战略之一。[①]

当前，绿色低碳转型的发展方式在我国第二个百年奋斗目标和中华民族伟大复兴的进程中具有了更高的优先级与更加丰富的意义。特别是在2020年9月，中国向全世界庄严承诺"3060"目标，这无疑将中国的可持续发展之路再次提升到一个新的高度，可持续发展成为未来数十年中国经济社会高质量发展的主基调。

二、中国可持续金融政策蓝图与基础设施建设

可持续金融是推动可持续发展的重要组成部分，其核心在于通过金融手段支持环保和社会责任项目，实现经济、环境与社会的协调发展。对于中国而言，要实现可持续发展目标，必须充分借助可持续金融的力量。这不仅体现在推广和应用绿色债券、可持续贷款与社会责任投资等金融工具上，更需要完善相关政策和监管框架，激励各类市场主体参与其中。通过可持续金融，中国能够引导更多资金流向清洁能源、节能减排和可持续基础设施建设等领域，促进产业结构优化升级，提升资源利用效率，减少环境污染。此外，可持续金融还能提升企业的环境、社会和治理表现，增强其竞争力和抗风险能力，从而为经济的长期稳定增长奠定基础。在全球应对气候变化和实现可持续发展的大背景下，中国若要走在前列，必须积极推动可持续金融的发展，借助其力量来实现绿色转型和高质量发展。

（一）绿色金融顶层政策框架

基于本书第一章对可持续金融概念的梳理和分析，可持续金融实际涵盖了气候金融、绿色金融、转型金融、蓝色金融等多个领域，在国内市场又被称为"广义绿色金融"。为了与国际标准保持一致，本章所指"绿色金融"均为狭义的范畴，即重点参照我国《绿色产业指导目录（2023年版）》等政策文件对绿色活动的界定范围。[②] 鉴于我国可持续金融体系以绿色金融为主导，辅以转型金融、社会责任金融、碳金融、蓝色金融的多元化特点，本小节将主要梳理绿色金融相关领域重要政策的发展历程。

与全球发展进程相比，我国绿色金融的起步较早，特别是在绿色融资领域

① 更多信息请参考：http：//cpc.people.com.cn/n1/2019/1029/c429559-31426432.html。
② 我国绿色金融体系建设服务于两个主要目的，一是为绿色产业筹集资金，二是防范环境气候因素导致的金融风险。2014年，人民银行成立了绿色金融工作组，并于年底提出了发展绿色金融14条建议。更多信息请参考：http：//www.gzgfa.org.cn/Hangyexinwen-33/953.html。

69

（信贷和债券）如今已处于国际领先水平，这与我国完善的"自上而下"的顶层政策框架是密不可分的。早在 1995 年，人民银行就下发了《关于贯彻信贷政策与加强环境保护工作有关问题的通知》，标志着中国绿色金融政策的萌芽。尽管当时中央尚未准确提出绿色信贷的概念，且政策缺乏相应的约束和激励机制，但这显示了我国绿色信贷政策体系导向的初步确立。[①]

2007 年 7 月，国家环境保护总局首次明确提出绿色信贷这一概念，与人民银行、银监会共同发布《关于落实环境保护政策法规防范信贷风险的意见》（以下简称《意见》）。《意见》首次将绿色信贷作为保护环境节能减排的重要市场手段，提出了绿色信贷的应用方式和范围，被认为是我国现阶段绿色信贷的基础文件。[②] 随着《意见》的发布，我国绿色信贷体系开始逐步完善，银监会、国家环境保护总局以及各金融机构相继发布了一系列有关绿色信贷的支持文件，特别是银监会分别于 2007 年 11 月、2012 年 2 月和 2014 年 12 月发布的《节能减排授信工作指导意见》、《绿色信贷指引》和《绿色信贷实施情况关键评价指标》对绿色信贷的发展产生了深远影响。

再从绿色债券来看，尽管中国绿色债券的起步晚于绿色信贷，但其发展速度十分迅猛。在中央政策引导与市场需求的推动下，中国绿色债券市场在不到 10 年的时间里，从几乎为零迅速成长为全球第二。2015 年 9 月，中共中央、国务院出台的《生态文明体制改革总体方案》第四十五条首次明确提出建立中国绿色金融体系的战略及顶层设计，鼓励发展绿色信贷、绿色债券、绿色发展基金、绿色保险等绿色金融工具，支持中国生态文明建设。随后，人民银行和国家发展改革委分别于 2015 年 12 月 22 日和 12 月 31 日出台了《关于发行绿色金融债券有关事宜的公告》和与之配套的《绿色债券支持项目目录（2015 年版）》以及《绿色债券发行指引》。这些文件为绿色项目提供了分类标准，明确了重点支持领域，推动了我国绿色债券市场的快速发展。

2016 年是中国绿色金融顶层设计逐步完善并具有里程碑意义的一年。2016 年 3 月，全国人大审查通过了《中华人民共和国国民经济和社会发展第十三个五年规划纲要》，再次强调了建立绿色金融体系，绿色金融发展成为国家战略。同年 8 月，人民银行等七部门联合发布《关于构建绿色金融体系的指导意见》（以下简称《指导意见》），奠定了中国绿色金融体系基础。《指导意见》明确了绿色金融的定义，即为支持环境改善、应对气候变化、促进资源高效节约利用、生物生态系统保护的投融资活动。同时，《指导意见》还明晰了构建绿色

① 毕马威. 如日方升　未来可期　中国可持续金融发展洞察白皮书 [R]. 2023 - 05.
② 陈海若. 绿色信贷研究综述与展望 [J]. 金融理论与实践, 2010 (8): 90 - 93.

金融体系的主要目的是动员和激励更多社会资本投入到绿色产业，更有效地抑制污染性投资。

在接下来的三年间，人民银行、证监会、沪深交易所和国家发展改革委陆续出台了一系列支持绿色金融的政策和指导意见，包括《关于支持绿色债券发展的指导意见》《非金融企业绿色债务融资工具业务指引》《绿色债券评估认证行为指引（暂行）》《中国人民银行关于加强绿色金融债券存续期监督管理有关事宜的通知》《上海证券交易所公司债券融资监管问答（一）——绿色公司债券》《深圳证券交易所绿色公司债券相关问题解答》《中国人民银行支持绿色金融改革创新试验区发行绿色债务融资工具》等。

2020 年，随着"双碳"目标的提出，中国绿色金融迎来了新一轮政策支持的热潮。在中央层面，2020 年 10 月，生态环境部、国家发展改革委、人民银行、银保监会和证监会联合发布《关于促进应对气候变化投融资的指导意见》，从多个方面作出重大决策部署，包括加快构建气候投融资政策体系、完善气候投融资标准体系、鼓励和引导民间投资与外资进入气候投融资领域、深化气候投融资国际合作等，以更好地发挥投融资对应对气候变化的支撑作用。该文件将气候投融资定义为绿色金融的重要组成部分，旨在引导和促进更多资金投向应对气候变化领域，实现国家自主贡献目标和低碳发展目标。

在地方层面，深圳市人大常务委员会在 2020 年 11 月发布了《深圳经济特区绿色金融条例》（以下简称《条例》），这是中国首部绿色金融法规。《条例》从制度与标准、产品与服务、投资评估、环境信息披露、促进与保障、监督与管理、法律责任七方面贯彻落实生态文明建设，是中央政策在地方的创新实践，具有全国示范意义。

2021 年以来，中央陆续出台了《中国银行业绿色银行评价方案》《气候投融资试点工作方案》等文件，为进一步发展绿色金融提供了政策保障。2022 年印发的《金融标准"十四五"发展规划》再次提出，中国要加快完善绿色金融标准体系，具体包括统一绿色债券标准，制定绿色债券募集资金用途、环境信息披露和相关监管标准，完善绿色债券评估认证标准等。这一系列政策和法规的出台，标志着中国在绿色金融领域的政策支持和制度建设迈上了新的台阶，为推动中国绿色经济转型和实现可持续发展目标提供了有力保障。

（二）可持续金融领域的标准体系和信息披露框架

中国在绿色信贷和绿色债券的标准体系建立方面起步同样较早。2013 年银监会就发布了《绿色信贷统计制度》，2020 年银保监会修订为《绿色融资专项统计制度》。2019 年，人民银行修订了《绿色贷款专项统计制度》，进一步规范了绿色贷款的统计和管理。在绿色债券领域，上文提及的《绿色债券支持项目目录（2015 年版）》是我国第一份关于绿色债券界定与分类的文件，为绿色债券审批与注册、第三方绿色债券评估、绿色债券评级和相关信息披露提供了参考依据。不过，当时人民银行、国家发展改革委、证监会、沪深交易所对绿色项目范围的界定标准不统一。因此，2021 年 4 月 21 日，人民银行、国家发展改革委以及证监会三部门联合印发了《绿色债券支持项目目录（2021 年版）》，这是该目录自2015 年以来的首次更新，本次修订实现了国内绿色债券监管口径的统一。[①]

在信息披露领域，我国早在 2016 年出台的《关于构建绿色金融体系的指导意见》即要求绿色债券发行企业开展环境信息披露，并建议逐步在所有上市公司和发债企业间实施。2021 年 7 月，人民银行以金融标准委员会的名义发布了《金融机构环境信息披露指南》，首次以国家标准的形式推出环境信息披露要求。该标准也包含了国际上广泛使用的气候相关财务信息披露工作组（TCFD）相关建议框架，并且在部分金融机构，尤其是绿色金融改革创新试点地区得到了广泛使用。此外，生态环境部有关环境信息强制披露要求的主体已覆盖重点排污单位、上市公司和非金融债券发行人。在监管统计要求方面，人民银行和银保监会完善了绿色贷款统计制度，并定期公布相关数据。在行业和产品信息披露方面，交易所和中国银行间市场交易商协会提出了绿色债券信息披露的具体要求，上市公司的环境信息披露要求也在不断完善，包括鼓励按照 TCFD 建议框架等国际标准开展信息披露。[②]

（三）标准接轨与国际合作

中国在标准接轨方面高度重视与国际标准的可比性，并积极参与国际标准制定。2022 年 6 月，中国与欧盟共同牵头对中欧绿色和可持续金融标准进行对照，并发布了《可持续金融共同分类目录——减缓气候变化》（以下简称《共同分类目录》，CGT）。《共同分类目录》包含了中欧分类目录共同认可的 72 项对减缓气候变化有重大贡献的经济活动，提升了中欧绿色金融标准的一致性和可比性，为全球其他国家和地区提供了借鉴与参考。2023 年 5 月，中欧正式启动《共同分类目录》二期工作。该阶段的重点是逐步扩大《共同分类目录》的国别基础（如将新加坡等国家和地区的绿色目录纳入比较基础）、进一步扩展《共同分类目录》所覆盖的经济活动范围，并加强与其他国家和地区开展《共同分类目录》相关的能力建设。

---

① 复旦发展研究院，金融学术前沿：浅析《绿色债券支持项目目录（2021 年版）》，2021 年 5 月。
② 中国建设银行股份有限公司、北京绿色金融与可持续发展研究院，中国绿色资本市场绿皮书（2022 年度），2023 年 4 月。

在绿色债券领域，2022 年 7 月 29 日，绿色债券标准委员会发布了《中国绿色债券原则》（以下简称《绿债原则》），为绿色金融债、绿色公司债、绿色债务融资工具等绿债产品的规范应用和国内绿色债券标准的统一提供了具体的指引与参考。这是我国绿色债券市场发展的里程碑，也是我国绿色债券标准实现国内初步统一、国际接轨的重要标志。①《绿债原则》与此前介绍的《绿色债券支持项目目录（2021 年版）》对于绿色债券的定义保持一致，即绿色债券是指募集资金专门用于支持符合规定条件的绿色产业、绿色项目或绿色经济活动，依照法定程序发行并按约定还本付息的有价证券。该原则对标国际现行主流绿色债券标准，明确了国内绿色债券四个核心要素，即募集资金用途、项目评估与遴选、募集资金管理、存续期信息披露，并阐明了绿色债券的品种，包括蓝色债券、碳中和债、环境权益相关绿色债券、绿色项目收益债券和绿色资产支持证券。自《绿债原则》发布以来，符合 100% 募集资金专项用于绿色项目这一要求的中国贴标绿色债券比例大幅提高，到 2023 年达 98% 以上。气候债券倡议组织预计如果在社会责任和可持续发展债券市场中同步此要求，会产生类似的影响。②

转型金融是近些年可持续金融领域发展的热点。我国绿色金融虽然发展迅速，但随着可持续发展目标的明晰，我们也逐渐意识到，金融不仅仅要支持"纯绿"或"近绿"的经济活动，高碳的行业、企业和项目向低碳转型的经济活动同样需要金融的支持。因此，自 2020 年起，以气候债券倡议组织（CBI）、欧盟、G20 为代表的国际多边机构和超国家机构先后提出各自的转型金融发展战略与框架，分别为《为可信的绿色转型融资》《转型金融报告》以及《G20 转型金融框架》。在此背景下，尽管我国尚未制定全国统一的转型框架，但多个城市已相继出台了与国际目录接轨的、符合地方特色产业的转型金融目录。2023 年 12 月底，《上海市转型金融目录（试行）》（以下简称《目录》）正式发布，而河北省随后也发布了《河北省钢铁行业转型金融工作指引（2023—2024 年版）》。截至 2024 年 5 月底，全国已有湖州、重庆、天津、上海、河北五地出台了地方转型金融目录或标准。

作为可持续金融发展的重要基础，统一的信息披露准则不仅推动了中国国内可持续金融市场的规范化发展，还有助于提升中国企业和金融机构在国际资本市场上的竞争力。2023 年 6 月，国际可持续发展准则理事会（ISSB）正式发布了两项国际可持续披露准则《IFRS S1：可持续相关财务信息披露一般要求》（S1）和

① 中国建设银行股份有限公司、北京绿色金融与可持续发展研究院，中国绿色资本市场绿皮书（2022 年度），2023 年 4 月。
② 气候债券倡议组织、兴业经济研究咨询，2023 年中国可持续债券市场报告，2024 年 5 月。

《IFRS S2：气候相关披露》（S2），标志着全球可持续信息披露标准迎来了新的里程碑。新标准出台后，很快得到了国际证监会组织（IOSCO）的全面认可，包括欧盟、加拿大、英国、日本、新加坡、中国香港在内的多个国家和地区也表示考虑将其引入本国/地区信息披露体系。对此，由我国财政部牵头，会同包括外交部、国家发展改革委、工信部、证监会等在内的九个部门，对 ISSB 发布的国际准则在中国的适用性开展了评估，并以其为基础，制定出了既能体现国际准则有益经验又符合中国国情的国家统一的可持续披露准则——《企业可持续披露准则——基本准则（征求意见稿）》（以下简称《基本准则》），并于 2024 年 5 月 27 日正式发布。在"起草说明"中，财政部介绍，国家统一的可持续披露准则体系将由"基本准则"、"具体准则"和"应用指南"组成。而这次发布的《基本准则》就是第一部分，其作用是提纲挈领，对我国的可持续事业作出了统一的整体规划。[①]

总体而言，近些年中国在可持续金融政策领域、信息披露和标准制定方面表现出色。通过积极的政策支持、透明的信息披露要求和与国际标准接轨的努力，中国不仅推动了国内可持续金融的发展，还在全球可持续金融市场中发挥了重要的引领作用，展现了其在全球可持续发展进程中的积极态度和领导力。

第二节　中国可持续金融工具的探索与实践

随着我国可持续金融顶层政策框架的初步完善，可持续金融市场实践也随之进入了发展的"快车道"。以绿色债券和绿色信贷为代表的绿色金融工具占据了可持续金融市场的主导地位，成为推动低碳经济发展的主要力量。与此同时，社会责任债券、可持续发展债券和可持续发展挂钩债券等新兴金融工具在近几年迅速崛起，成为市场中的"后起之秀"。这些新兴工具不仅丰富了中国可持续金融的多样性，还增强了资本市场对社会责任和可持续发展的支持力度，进一步推动了中国向绿色经济转型。中国的可持续金融市场正通过不断创新和多元化的金融工具，积极引导更多社会资本流向绿色产业和项目，为实现"双碳"目标和可持续发展目标提供了强有力的金融支持。

一、主流绿色融资工具

如本章第一节所述，我国绿色融资发展较早，规模已处于国际领先水平，因此，针对绿色贷款和绿色债券等相对成熟的绿色金融产品统计数据较为健全。在

---

① 环球零碳研究中心，ESG 国家统一标准出台，信披业务或成倍增长，2024 年 5 月。

绿色贷款方面，近些年我国本外币绿色贷款余额稳步增长，增速明显快于各项贷款余额增速。根据人民银行统计数据，2018 年至 2023 年，我国绿色贷款年均增速为 26.62%，较各项贷款平均增速快约 14.97 个百分点（见图 3 - 1）。截至 2023 年底，我国本外币绿色贷款余额为 30.08 万亿元，同比增长 36.5%，高于各项贷款增速 26.4 个百分点。具体来看，2023 年我国投向基础设施绿色升级产业、清洁能源产业和节能环保产业贷款余额分别为 13.09 万亿元、7.87 万亿元和 4.21 万亿元，同比分别增长 33.2%、38.5% 和 36.5%。从行业来看，电力、热力、燃气及水生产和供应业绿色贷款余额为 7.32 万亿元，同比增长 30.3%；交通运输、仓储和邮政业绿色贷款余额为 5.31 万亿元，同比增长 15.9%。[①]

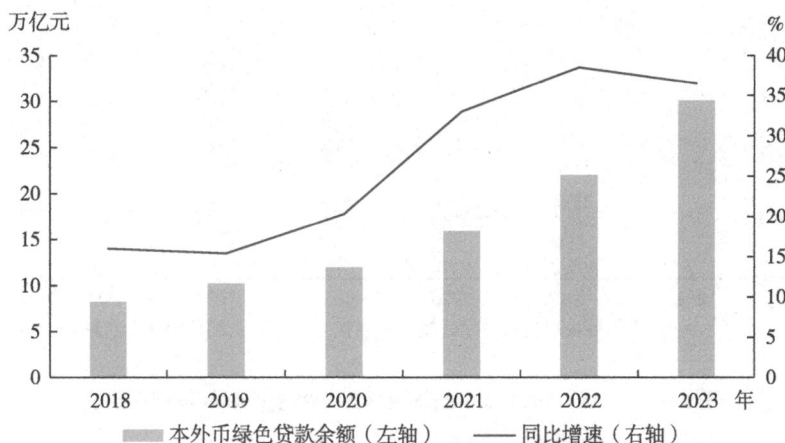

图 3 - 1 2018—2023 年中国本外币绿色贷款余额及同比增速

（资料来源：中国人民银行货币政策分析小组）

在绿色债券方面，中央财经大学绿色金融国际研究院的数据显示[②]，中国境内外绿色债券发行规模在 2018—2020 年仍处于相对较低的水平，年均发行规模仅为 0.24 万亿元。随着"双碳"目标的提出，中国绿色金融迎来了新一轮支持政策，推动了市场快速发展。2021 年，我国境内外绿色债券发行规模迎来了第一轮高峰，达 0.61 万亿元，同比增速为 177.27%。2022—2023 年，随着我国绿色债券创新品种不断丰富，发行规模持续扩大（见图 3 - 2）。2022 年和 2023 年，中国境内外绿色债券新增发行规模屡创新高分别为 0.98 万亿元和 1.08 万亿元，同比增幅分别为 60.66% 和 10.20%。尽管 2023 年债券发行规模仍然保持正增长，但债券发行数量同比却略降 1.94%，为 557 只。这一趋势主

---

① 更多信息请参考：https：//www.gov.cn/lianbo/bumen/202401/content_ 6928561. htm。

② 中央财经大学绿色金融国际研究院，2023 年中国绿色债券年报，2024 年 2 月。

要归因于中国境内绿色债券市场规模的萎缩。受发债与银行贷款的利率倒挂以及碳减排支持工具优惠贷款利率的影响，2023 年中国境内新增绿色债券 479 只，同比下降 15.67%；新增绿色债券发行规模约 0.84 万亿元，同比下降 14.29%。截至 2023 年底，中国境内绿色债券累计发行规模约为 3.62 万亿元。与此同时，中资主体境外绿色债券市场在 2023 年仍保持了增长，新增发行规模约为 0.24 万亿元，发行数量为 78 只。

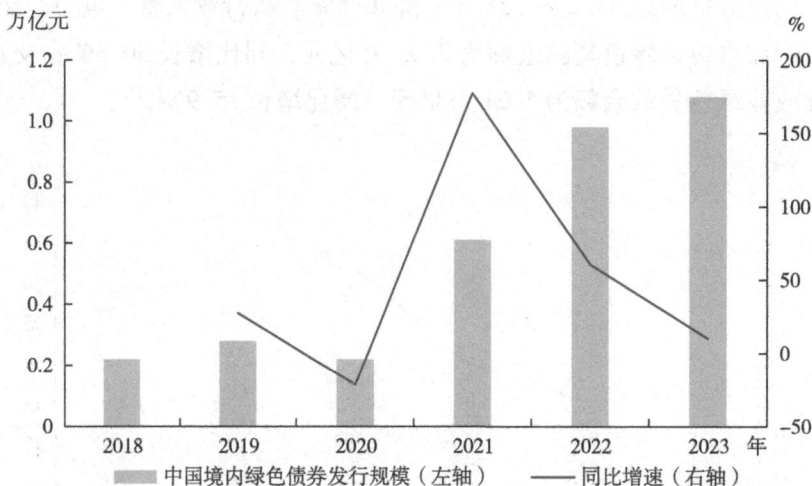

图 3-2 2018—2023 年中国境内绿色债券发行规模及同比增速
（资料来源：中央财经大学绿色金融国际研究院）

考虑到我国官方尚未统一绿色债券统计来源，但多个国内和国际组织均提供了该领域的相关数据，为了更加全面和准确地判断我国绿色债券市场的发展趋势，除了采纳中央财经大学绿色金融国际研究院关于中国绿色债券市场的年报，我们还参考了气候债券倡议组织和兴业经济研究咨询共同发布的年度《中国可持续债券市场报告》。

根据最新报告[1]，2023 年，中国发行人通过贴标绿色债券在境内外市场共融资约 9400 亿元，同比小幅下降 6%（见图 3-3）。尽管 2023 年中国绿色债券发行市场略有萎缩，但中国仍保持了全球绿色债券发行领先地位（见图 3-4）。[2]

气候债券倡议组织依据其 2022 年 7 月发布的《绿色债券数据库方法论》对债券的绿色属性进行筛选，并对入选绿色债券数据库的绿色债券进行分析。根据其统计数据，尽管筛选标准变得更加严格，2023 年被纳入气候债券倡议组织绿色

---

[1] 气候债券倡议组织、兴业经济研究咨询，2023 年中国可持续债券市场报告，2024 年 5 月。
[2] 该名次是根据气候债券倡议组织绿色定义的债券规模进行的排名。

亿元

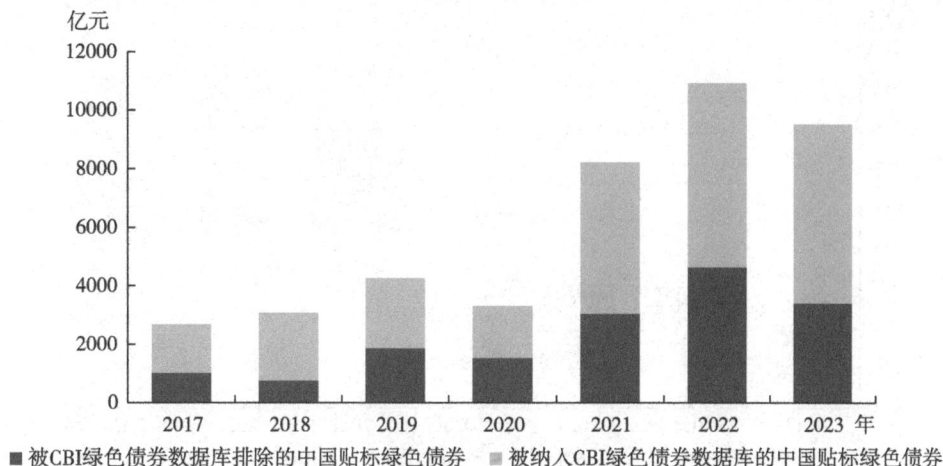

■ 被CBI绿色债券数据库排除的中国贴标绿色债券　　■ 被纳入CBI绿色债券数据库的中国贴标绿色债券

图 3 - 3　2017—2023 年中国发行人在境内外通过贴标发行的绿色债券规模

（资料来源：气候债券倡议组织）

亿美元

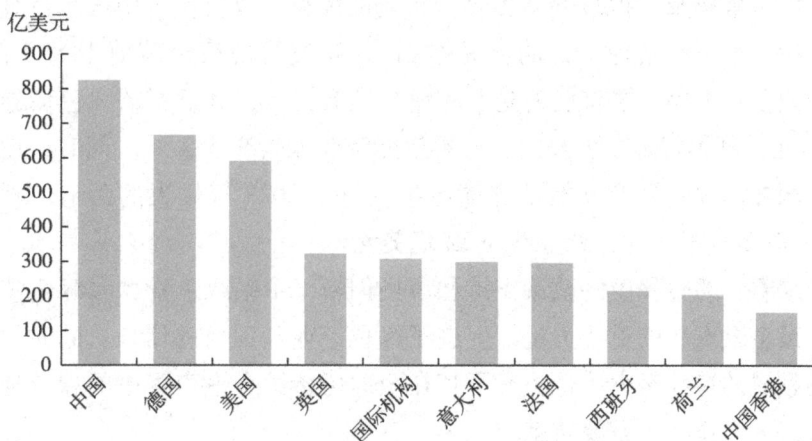

图 3 - 4　2023 年中国成为全球最大绿色债券发行市场

（资料来源：气候债券倡议组织）

债券数据库的中国发行的绿色债券比例仍从 2022 年的 57.3% 上升至 63.6%。这表明中国发行人能够迅速应对监管机构的指导和规定，并积极适应最新标准。

从在岸市场来看，2023 年中国在境内绿色债券中有超过 5310 亿元的贴标绿色债券被纳入气候债券倡议组织的绿色债券数据库，同比增长 2.6%。其中，投向能源领域的募集资金略有减少，但与 2022 年基本持平；投向交通领域的资金增长显著，同比增长超过 33%。2023 年能源和交通领域相关融资合计占在岸绿色债券募集资金总额的 84%，较 2022 年高出 10% 以上（见图 3 - 5）。

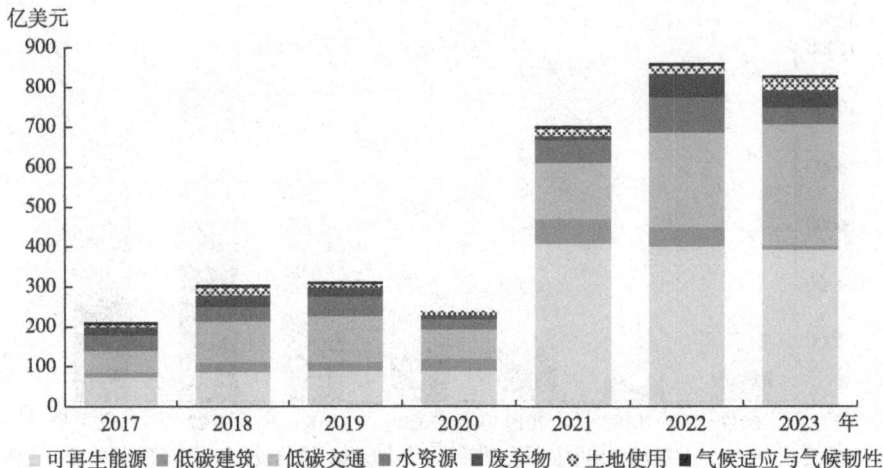

图3-5 2017—2023年中国境内绿色债券投向领域

(资料来源：气候债券倡议组织)

正如第一章提及，2023年亚太债券市场的增长主要得益于中国绿色金融市场的快速发展。根据路孚特统计的交易数据[①]，在发行规模全球前十大发行人中，有7家中国公司上榜，居首位的是上海浦东发展银行，其发行的绿色债券规模达43.6亿美元，募集资金主要投向了可再生能源和低碳交通领域。同时，比亚迪金融有限公司在岸绿色资产支持证券债券中发行了2023年最大的两笔，募集资金100%用于电动汽车开发，总金额为22亿美元。

总的来看，通过积极的政策支持和市场创新，中国绿色贷款和绿色债券成为国内可持续金融发展的重要力量，促进了绿色产业和项目的增长。同时，中国在绿色金融领域的持续努力，也提升了其在全球可持续金融市场中的领导地位，为全球可持续发展作出了重要贡献。

二、新兴可持续金融工具

通过上文梳理，我们看到，近些年中国以绿色金融为主的可持续金融产品发展迅速，市场规模日益扩大。然而，为了确保实现向低碳经济的公正转型，并实现联合国17个可持续发展目标，中国在近些年开始探索社会责任金融和转型金融等新兴可持续金融产品的发展，并取得了显著成果。

(一)社会债券和可持续发展债券

在经济发展模式向可持续经济转型的过程中，社会债券和可持续发展债券可

---

① Refinitiv Deals Intelligence, Sustainable Finance Review Full Year 2023, January 2024.

以为这一转型提供重要的资金支持。根据国际资本市场协会发布的《社会债券原则》①，社会债券是指募集资金或等值金额专项用于合格的社会项目的各类型债券工具，而可持续发展债券是指募集资金或等值金额专项用于绿色和社会项目的各类债券工具。总的来看，与全球趋势保持一致，我国社会和可持续发展债券市场规模同样在 2021 年达到高峰，虽然在 2022 年有所萎缩，但 2023 年略有反弹，债券发行数量超过了 2021 年的峰值（见图 3-6）。

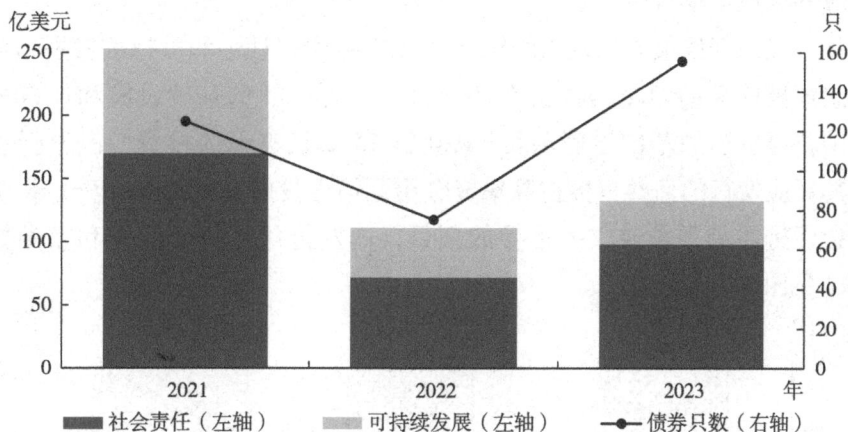

图 3-6　2021—2023 年中国社会和可持续发展债券规模与发行数量

（资料来源：气候债券倡议组织）

具体来看，2020 年为推进新冠疫情防控，中国发行了 1 万亿元人民币抗疫特别国债，受此因素推动，疫情防控债成为当年中国社会责任类债券的主要组成部分。虽然自 2021 年起疫情防控债的发行量开始减少，但其他社会责任类和可持续发展债券的发行规模显著增长，同比增长了 1.8 倍，达到 1938 亿元，使得中国社会和可持续发展债券总规模达到了近六年的峰值（2703 亿元）。随后，受新冠疫情防控措施放松和加息等因素影响，2022 年中国社会和可持续发展债券发行量下滑至 1252 亿元，同比下降 35.4%。截至 2022 年末，中国社会责任类和可持续发展债券在境内市场的累计发行规模达到 2.17 万亿元人民币。其中，疫情防控债累计发行规模超过了 70%，达到 1.55 万亿元人民币。除此之外，区域发展债（包括乡村振兴债、扶贫专项债和革命老区振兴债）、纾困专项债和可持续发展债累计发行规模分别为 5827 亿元人民币、305 亿元人民币和 31 亿元人民币。②

与 2022 年相比，2023 年中国社会和可持续发展债券总发行量回升至 1400 亿

---

① 国际资本市场协会，《社会债券原则》，2017 年 6 月。
② 气候债券倡议组织、中央国债登记结算有限责任公司中债研究中心、兴业经济研究咨询，2022 年中国可持续债券市场报告，2023 年 6 月。

元人民币左右，债券只数也增加到154只，超过了2021年124只的峰值。这一轮回升主要受到公共部门和私营部门的共同推动。例如，2023年12月，基础设施公司福建漳州城投集团有限公司发行了2023年中国市场规模最大的可持续发展债券，发行规模为39亿元人民币，募集资金专项用于支持污染管理、绿色建筑、经济适用基础设施和住房以及医疗保健项目。海南省政府则发行了2023年第二大规模的可持续发展债券，总计30亿元人民币，募集资金专项用于教育、医疗保健、社会适应和韧性等项目。①

此外，根据气候债券倡议组织统计，2023年中国社会和可持续发展债券募集资金投向规模最大的领域为社会责任项目中的可负担的基础设施和促进平等项目。其中，可负担的基础设施项目②共获得15.8亿美元的投资，占发行总量的24%，其对应发行的债券只数占募集资金用途债券投向数量的61.9%。促进平等项目是指促进性别平等或收入平等的项目，占发行总量的11.6%和债券数量的42.8%（见图3-7）。

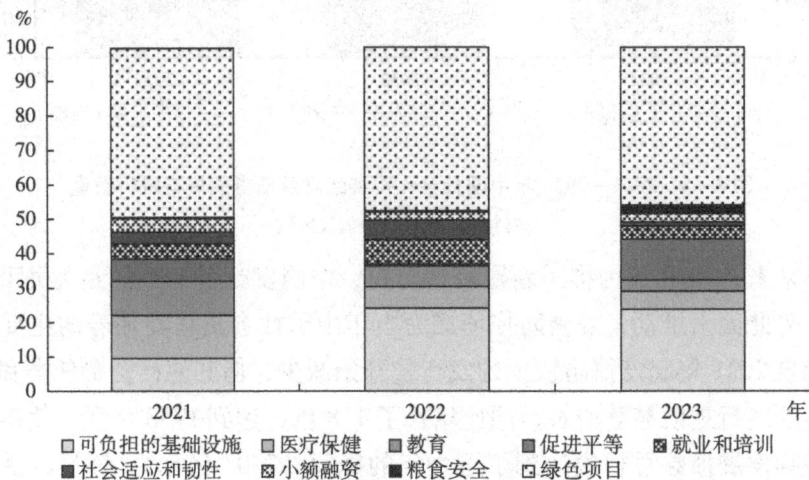

图3-7　2021—2023年中国社会和可持续发展债券募集资金投向领域

（资料来源：气候债券倡议组织）

（二）可持续发展挂钩债券

自2021年以来，我国陆续推出了多种类型的转型金融工具，主要包括可持续发展挂钩债券（SLB）和转型债券。继2021年4月启动SLB发行试点计划后，中国于2022年6月开始试点发行转型债券，涵盖电力、建材、钢铁等八大行业。截

---

① 气候债券倡议组织、兴业经济研究咨询，2023年中国可持续债券市场报告，2024年5月。

② 我国可负担的基础设施通常包括社会保障住房或大型公共设施等项目。更多信息请参考：气候债券倡议组织、兴业经济研究咨询，2023年中国可持续债券市场报告，2024年5月。

至 2022 年末，中国在境内外市场累计发行了 83 只 SLB 和 16 只转型债券，累计发行量合计达 1319 亿元，其中 92% 为 SLB，其余为转型债券。重工业企业如电力、建材、钢铁、水泥和化工均积极参与了发行。[①]

2023 年，中国 SLB 发行规模继续保持全球领先地位。据气候债券倡议组织的数据[②]，2023 年，中国共发行 53 只 SLB，总规模为 406 亿元。其中，中国化学品和技术行业首次参与 SLB 发行。值得注意的是，巨化集团发行了一只与煤炭消费强度目标挂钩的 SLB，融资额为 4 亿元；江阴市新国联集团有限公司发行了 2 只与能源效率目标挂钩的 SLB，总规模为 13 亿元。总的来看，2023 年金融行业代替了工业，成为 SLB 发行的主力军，SLB 发行量占 2023 年 SLB 发行总量的 30%，其次是工业和公用事业，占比分别为 28% 和 11%（见图 3 - 8）。

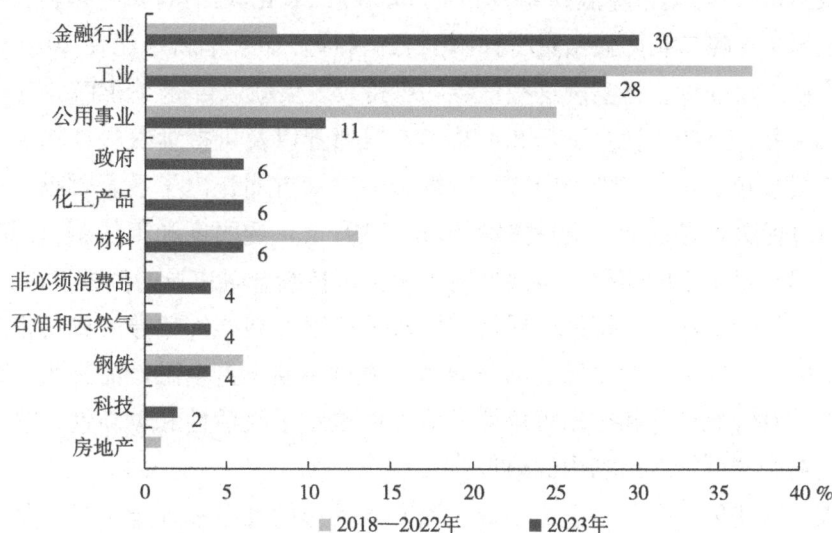

图 3 - 8　2018—2023 年中国可持续发展挂钩债券发行规模行业占比

（资料来源：气候债券倡议组织）

再从中国发行 SLB 选择的关键绩效指标（KPI）来看，根据德勤的统计数据，2021 年，中国发行的 25 只 SLB 中，有 21 只仅设定了 1 个 KPI。这些 KPI 主要集中在三大领域，分别是可再生能源装机量（56%）、能耗（36%）和污染物排放量（8%）。在 2022—2023 年，尽管上述三类 KPI 仍然是主要的参考指标，但中国发行人也开始选择更广泛的 SLB 挂钩目标，如与水资源、减少废弃物以及温室

---

① 气候债券倡议组织、中央国债登记结算有限责任公司中债研究中心、兴业经济研究咨询，2022 年中国可持续债券市场报告，2023 年 6 月。

② 根据气候债券倡议组织建立的 SLB 数据库筛选规则，该组织同样对全球主要国家 SLB 发行情况进行了跟踪和统计，以展现全球 SLB 市场的规模和可信度。

气体减排挂钩的目标。

以华新水泥为例，2022 年 7 月该公司发布了 9 亿元的双品种 SLB 协议，其 KPI 与 2024 年前的温室气体范围 1 和范围 2 减排目标挂钩。这是在上交所发行的首只水泥行业"低碳转型挂钩公司债券"。该债券吸引了 21 家机构的踊跃认购并创下了水泥行业同期限公司债券发行利率新低。对此，气候债券倡议组织认为，华新水泥的 SLB 在中国国内市场开创了 SLB 使用温室气体减排量作为目标的先例。该企业在其《低碳发展白皮书》中为水泥和混凝土业务设定了详细的短期、中期与长期范围 1 排放强度目标。这些目标以 2020 年排放量为基准，每五年为一个阶段目标，直到 2035 年，并延续至 2050 年和 2060 年。自 2022 年发行这 2 个 SLB 以来，华新水泥已将其范围 1 的温室气体排放强度从 2020 年基线的 853.6 吨二氧化碳当量/每吨熟料降低到 2022 年的 820 吨二氧化碳当量/每吨熟料，从而达到并低于 829.6 吨二氧化碳当量/每吨熟料的目标。如果华新水泥在 2024 财年之前保持这种排放强度，将实现这些债券的可持续发展绩效目标（SPT）。①

总的来看，近些年社会责任和可持续发展债券以及可持续发展挂钩债券作为新兴可持续金融工具，在推动中国可持续金融发展方面作出了显著贡献。这些金融工具通过促进金融创新、支持关键领域、提升市场透明度和责任感，同时增强了中国在国际竞争中的地位，全面推动了中国可持续金融市场的健康发展。

首先，社会责任和可持续发展债券以及可持续发展挂钩债券的成功推广与发行显示了中国在绿色金融领域的创新能力。通过不断丰富金融产品种类，中国金融市场在应对气候变化和推动可持续发展方面展示了灵活性和创新性，进一步巩固了中国在全球可持续市场中的地位。

其次，这些创新金融工具推动资金流向了关键的社会和环境项目，如公共卫生（新冠疫情期间）、教育、可负担基础设施以及促进平等。这些资金支持了中国在上述领域的可持续发展，帮助解决了诸如公共设施不足、环境污染和社会不平等等问题。

再次，创新可持续金融工具还有助于提升中国金融市场的透明度和责任感。由于社会责任债券、可持续发展债券以及可持续发展挂钩债券（转型金融）的发行通常伴随着严格的信息披露要求，这有助于提高市场透明度，增强投资者对资金用途的信心。此外，通过明确资金用途，发行方也表现出了对社会和环境责任的承诺，提升了企业和机构的社会责任感。

最后，通过发展这些新兴金融工具，中国不仅加强了国内可持续金融市场的

---

① 更多信息请参考：气候债券倡议组织、兴业经济研究咨询，2023 年中国可持续债券市场报告，2024 年 5 月。

深度和广度，还提升了在国际资本市场的竞争力。中国企业和机构积极适应国际标准并参与全球可持续金融市场，进一步彰显了中国在全球可持续发展进程中日益重要的地位。

第三节　中国可持续金融的发展方向

根据本章第一节的梳理，我们了解到，中国的可持续金融政策主要由国家部委和行业协会主导制定，并逐步形成了一套以理念引导、激励机制和信息披露为核心，以实体企业和金融机构为主要覆盖对象的政策体系。尽管我国在可持续金融领域已取得显著成就，但相较于可持续金融市场发达的国家和地区，中国仍然处于发展追赶阶段，相关政策体系、标准和机制仍需进一步完善。

未来，中国可持续金融的发展方向主要包括两个方面，一是完善信息披露体系，二是加速标准拓展并与国际接轨。这些措施不仅为市场参与者提供了稳定的预期和操作指南，还将提升市场透明度和国际竞争力，吸引更多社会和国际资本投入可持续领域，助力中国向低碳经济的公正转型和可持续发展目标的实现。

一、完善信息披露体系建设

在可持续金融发展过程中，信息不对称是其面临的主要障碍之一，而信息披露则是提升金融市场透明度的重要手段。信息披露不仅提高了市场透明度和投资者信心，还促进了政策制定和企业责任的落实，吸引更多社会资本投入可持续领域。因此，完善的信息披露体系是中国可持续金融发展的重要基础。

然而，目前来看，我国信息披露体系建设还有诸多不足之处。首先，我国对金融机构的信息披露要求仍然以鼓励为主、强制为辅，侧重于金融机构的环境风险管理和所投资资产对环境可能产生的影响。而发达地区对金融机构的信息披露要求则更为具体和强制。例如，欧盟 2021 年生效的《可持续金融披露条例》要求机构投资者、资产管理公司和金融顾问公司必须披露如何在实体层面整合可持续发展风险和不利影响，并对其金融产品的可持续发展风险和不利影响进行分类与报告，从而实现从机构主体到金融产品可持续信息披露的全方位覆盖。

其次，中国对企业要求强制披露的信息指标数量仍然偏少，主要包括企业环境管理相关内部控制制度、污染防治情况、董事监事履职情况等，而发达地区强制披露的信息除了上述指标外，还包括温室气体排放量、污染物排放量、腐败、委托投票制透明度、员工人权及生命权等更多样化指标。[1]

---

[1]　中央国债登记结算有限责任公司、国际资本市场联盟，中国 ESG 实践白皮书，2022 年 12 月。

最后，我国披露可持续信息的上市企业比例仍然偏低。据统计，2010 年中国有 23.8% 的 A 股企业披露了可持续信息报告，到了 2023 年该比例仅升至 33% 左右。尽管 2024 年 2 月 8 日上海证券交易所、深圳证券交易所和北京证券交易所同时发布重磅指引——《上市公司自律监管指引——可持续发展报告（试行）（征求意见稿）》（以下简称《指引》），但这些文件也并非完全强制上市公司进行可持续信息披露。例如，沪深交易所采取了强制披露和自愿披露相结合的方式，报告期内持续被纳入上证 180、科创 50、深证 100、创业板指数样本公司，以及境内外同时上市的公司应当披露《可持续发展报告》，鼓励其他上市公司自愿披露。北京证券交易所不对《可持续发展报告》作强制性披露规定，鼓励公司"量力而为"。与之对比，欧盟《企业可持续发展报告指令》则要求所有在欧盟的上市公司、大型非上市企业、在欧盟净营业额超过 1.5 亿欧元的非欧盟企业，以及至少一个子公司或分支机构在欧盟的非欧盟企业必须提供可持续信息披露报告。

尽管我国信息披露体系仍存在诸多问题，但这些问题并不仅限于中国。目前，全球可持续金融市场监管正处于不断变革完善的过程中，信息披露强监管时代的到来也驱使我国加速了政策改革的步伐。为了确保我国可持续金融信息披露体系变革既能立足中国国情，又注重与国际接轨，未来须重点关注以下两个方面。

一方面，我国虽然在 2024 年 5 月 27 日正式发布了全国统一的可持续披露标准——《企业可持续披露准则——基本准则（征求意见稿）》（以下简称《基本准则》），但是该准则的实施并不会采取强制的要求，而是循序渐进地推进。考虑到此过程可能会持续较长时间，其间披露报告的统一化对推进信息披露体系建设同样至关重要。如第二章所提及的，欧盟为了解决可持续披露报告格式、标准不一，可比性差等问题，特别成立了欧洲财务报告咨询小组负责制定既立足于欧盟企业的特征，又与国际准则接轨的报告标准——《欧洲可持续发展报告标准》。截至 2023 年底，欧盟首批 ESRS 的 12 项准则终稿已发布，涵盖了跨领域、环境、社会和公司治理四大部分（见表 2－4）。基于此，我国未来同样需要重视企业提交披露报告的统一化，以及从业人员相关技能的培训，为此后《基本准则》的全面推进打好基础。

另一方面，我国可考虑借鉴欧盟做法，循序渐进引入鉴证机制，为企业可持续信息披露报告提供更高的可靠性。为了确保企业可持续信息质量须提升到与财务信息相当的标准，欧盟要求受《企业可持续发展报告指令》约束的企业在一定时期必须提交法定审计师或独立审计机构（第三方机构）对披露报告内容进行鉴证的证明，并对鉴证提供一定级别的"保证"。这意味着欧盟已经通过立法的形式正式引入独立的鉴证机制，以解决此前被广为诟病的可持续信息披露报告可靠性不高的问题。

从国内层面来看，这一机制的引入同样有着多方面的必要性和重要性。首先，鉴证机制可以提升我国可持续信息披露报告的可靠性。目前，尽管企业在信息披露方面做了不少努力，但信息的真实度和完整性仍是一个重大挑战。鉴证机制通过法定审计师或独立审计机构对报告内容进行审查和验证，能够有效提高信息披露的准确性和透明度。其次，鉴证机制可以促使企业提高可持续信息披露的质量。欧盟的实践表明，通过立法形式引入独立的鉴证机制，要求企业提交的可持续信息达到与财务信息相当的标准，可以显著提升信息披露的质量。最后，鉴证机制的引入还有助于建立健全我国的可持续金融体系。逐步推行鉴证机制，能够在全社会范围内树立诚信为本、透明经营的理念，推动建立一个更加规范和完善的金融市场环境。这对于我国在全球可持续发展进程中发挥更加重要的作用，提升国际影响力具有深远的战略意义。

二、加速标准拓展及国际接轨

近年来，中国市场监管部门不断推动可持续金融市场规则的整合，取得了显著成效。一方面，通过制定新的绿色债券标准，中国实现了国内标准的初步统一。这不仅为绿色金融产品提供了清晰的定义和分类，也为市场参与者提供了明确的指引，有助于规范市场行为，提升市场透明度。另一方面，中国积极参与国际合作，增强了国内标准与国际标准的接轨和互认。通过与国际资本市场联盟等国际组织的合作，中国在绿色金融标准的制定和修订过程中，借鉴了国际先进经验，逐步实现了标准的国际化。这不仅提升了中国绿色金融市场的国际竞争力，也增强了国际投资者对中国市场的信任和参与度。

这些努力的实践证明，规则的统一和标准的国际化是推动中国可持续金融市场保持稳定发展的关键因素。

本章第一节曾提及，中国绿色债券标准委员会于 2022 年 7 月发布了《中国绿色债券原则》（以下简称《绿债原则》）。这不仅是我国绿色债券市场发展的里程碑，也是我国绿色债券标准实现国内初步统一、国际接轨的重要标志。

在此之前，人民银行、国家发展改革委、交易所和中国银行间市场交易商协会对发行不同类型的绿色债券发布指引，主要包括绿色金融债券、绿色企业债券、绿色公司债券和绿色债务融资工具，对于募集资金投向绿色项目比例和债券存续期内信息披露频次要求各有不同（见表 3 - 1）。然而，《绿债原则》明确要求绿色债券募集资金需 100% 投向合格绿色项目，从而推动不同品种绿色债券募集资金投向绿色项目比例趋向统一。此外，该原则还要求债券存续期内每年披露募集资金的使用情况，鼓励提高披露频次为每半年或每季度，而现行的最低披露频次为每年一次。[①]

表 3 − 1 中国各监管部门对不同类型绿色债券募集资金用于绿色项目比例的要求

债券类型	政策文件	发行主体	主管部门	募集资金用于绿色项目比例	信息披露
绿色金融债券	《中国人民银行公告（2015）第39号》《关于加强绿色金融债券存续期监督管理有关事宜的通知》	金融机构	人民银行	100%	按季度披露募集资金使用情况
绿色债务融资工具	《非金融企业绿色债务融资工具业务指引》	非金融机构	中国银行间市场交易商协会	100%	总体上按半年度披露募集资金使用和绿色项目进展情况
绿色公司债券	《深圳证券交易所公司债券创新品种业务指引第1号——绿色公司债券》（2021年修订）、《上海证券交易所公司债券发行上市审核规则适用指引第2号——特定品种公司债券》（2022年修订）	公司	证监会/交易所	>70%	债券存续期内按年度披露评估意见或认证报告
绿色企业债券	《绿色债券发行指引》	企业	国家发展改革委	>50%	—

资料来源：中央财经大学绿色金融国际研究院《中国绿色债券原则》解读。

我国的《绿债原则》主要参考了国际资本市场协会《绿色债券原则》的相关准则。《绿债原则》在绿色债券四大核心要素方面保持了与国际资本市场协会《绿色债券原则》和气候债券倡议组织《气候债券标准》的一致性，即包含了募集资金用途、项目评估与遴选、募集资金管理和信息披露。然而，《绿债原则》的实施却与国际资本市场协会和气候债券倡议组织的规则有所不同。具体而言，《绿债原则》将联合《绿色债券支持项目目录（2021年版）》对中国境内绿色项目进行认定，包括能效提升、可持续建筑、污染防治、水资源节约和非常规水资源利用、资源综合利用、绿色交通、绿色农业、清洁能源、生态保护与建设、绿色服务等。对境外发行人绿色项目认定范围则依据中国与欧盟于2022年6月共同牵头发布的《可持续金融共同分类目录——减缓气候变化》（以下简称《共同分类目录》，CGT）等可持续分类标准。总体来看，《绿债原则》不仅有助于规范国

---

① 胡晓玲、刘楠，《中国绿色债券原则》解读，中央财经大学绿色金融国际研究院，2022年8月。

内绿色债券市场，还增强了中国绿色债券市场与国际市场的兼容性，使得国际投资者更容易理解和认可中国的绿色债券。

未来，随着国内外可持续金融市场的进一步扩大，标准的统一及国际合作将发挥更加重要的作用。通过参与和主导国际标准的制定和修订，中国等新兴市场经济体能够在全球可持续金融体系中发挥更大的影响力和话语权。国际合作还可以促进技术和经验的交流，共享最佳实践，从而提升全球可持续金融市场的整体水平。例如，继中国与欧盟在 2022 年 6 月发布《共同分类目录》之后，2023 年 5 月《共同分类目录》的二期工作正式启动。该阶段的重点是逐步扩大《共同分类目录》的国别基础（如将新加坡等国家和地区的绿色目录纳入比较基础）、进一步扩展《共同分类目录》所覆盖的经济活动范围、对更多的国家和地区开展《共同分类目录》相关的能力建设。2024 年 5 月 3 日，香港金融监管局基于中欧的《共同分类目录》、《欧盟分类法条例》及其补充法案和中国《绿色债券支持项目目录（2021 年版）》，制定了香港可持续金融分类目录，该可持续分类目录成为中欧《共同分类目录》在地区开发目录中成功运用落地的典型范例。

总体而言，气候变化、环境污染和资源短缺等问题具有跨国界的特性，更需要各国共同努力，通过金融工具和政策的协调来实现共同目标。通过加速标准拓展及国际接轨，不仅能够提升国内可持续金融市场运作的规范性和透明度，还能提高应对全球性问题的有效性和效率，实现经济、社会和环境的综合效益。

小结

本章聚焦于近年来中国如何探索可持续金融发展的机遇之路。作为世界第二大经济体，中国面临着经济快速发展与环境保护的双重挑战。随着全球可持续发展和可持续金融的兴起，中国逐步形成了以绿色金融为主导，辅以转型金融、社会责任金融、碳金融、蓝色金融等新兴金融产品的多元化发展格局。目前，我国绿色贷款余额连续多年位居全球第一，并在 2022 年和 2023 年连续保持了全球最大的绿色债券发行市场地位。为确保实现向低碳经济的公正转型，并实现联合国的 17 个可持续发展目标，中国近两年开始积极探索社会责任金融和转型金融等新兴可持续金融产品的市场实践。这不仅丰富了国内的可持续金融市场，增强了市场的深度和广度，也提升了中国在国际资本市场的竞争力。尽管中国在可持续金融领域取得了一定的成果，但我们仍需认识到，与发达国家的可持续金融市场相比，中国仍处于追赶阶段，相关政策体系、标准和机制仍需进一步完善。未来，中国可持续金融市场的发展方向主要包括两个方面：一是完善信息披露体系建设，提高披露的真实性、准确性和频次，促进市场透明度和投资者信任；二是加速标准的拓展和国际接轨，与国际先进标准对接，增强市场的国际竞争力和吸引力，推动中国在全球可持续金融领域的更深度参与和领导地位的确立。

下篇

可持续金融：市场
行动与挑战

第四章 转动可持续投资的阀门

可持续投资的收益如何，是一笔划算的"生意"吗？除此之外，在制度和市场都在起步与发展中的经济体，投资水平常常出现和理论上的投资回报率相脱节的情况，是哪些因素妨碍了发展中国家可持续投资的增长？对于这两个问题，我们将尝试在本章的第二节寻找答案。

公共政策的转变，对于不同的微观市场主体而言，有时是阳光雨露，有时是狂风暴雨。这一点在可持续投资项目上尤为突出，原因在于，可持续问题和气候问题的外部性、全球性和跨代际性，决定了问题的解决离不开公共政策的深度干预。那么，哪些公共政策在影响市场主体的可持续投资决策？效果如何呢？本章的第三节将基于近年来的文献研究进行归纳和讨论。

第一节 可持续投资的资金需求和来源

一、实现可持续发展目标需要多大的资金规模

这是一笔很难算的账，基于不同统计口径和模型估计的数字会有很大的差别。对未来资金需求的预测受到未来经济增长、人口趋势和技术演变等诸多不确定因素的影响。更为复杂的是，可持续发展目标覆盖人类经济、社会生活的方方面面，根据联合国《2030 年可持续发展议程》（以下简称《2030 议程》），涉及食品、教育、能源、气候变化、生物多样性、环境保护、社会福利、就业等 17 项核心目标。联合国贸易和发展会议（UNCTAD）的一项课题专门对实现这些目标的资金成本分别做了估算，是一个较为全面的参考。但更多的情况下，可查的研究和报告多聚焦于某一个方面所需的资金。近年来，由于气候危机的日益紧迫性，关于应对和适应气候变化资金需求的研究受到越来越多的关注。这里我们主要选

取了国际权威机构的估计结果，在篇幅上也会更多地介绍与气候危机相关的研究。

国际权威机构对相关资金需求的估算存在总量估算和缺口估算两种方式，简单来理解，前者是估算一定目标下资金的总需求，后者是从资金供给端的角度，强调供给和总需求之间的差距。UNCTAD 2023 年对《2030 议程》进展的中期评估中估算的是资金缺口，预计 2030 年之前，实现《2030 议程》目标还需要 30 万亿美元，换算为每年的资金缺口约为 4 万亿美元，相较于 2014 年，联合国可持续发展峰会通过《2030 议程》时，估算的每年 2.5 万亿美元的资金缺口有了大幅度的提升。4 万亿美元意味着每年需要调动相当于世界第三大经济体日本的名义 GDP 大小的资金规模。①

UNCTAD 还对《2030 议程》下的具体分项目标所需的资金做了估算，我们将其总结在表 4 - 1 中。需要说明的是，资金缺口总量和分项的估算主要反映的是发展中国家的情况。

表 4 - 1 　　　　　　　　　　可持续发展目标资金需求估计（UNCTAD）

SDG 议题	总成本年均/万亿美元	年人均成本/美元	GDP 占比/%	总资金缺口/亿美元	涉及的 SDG 目标
社会保障和就业	5.4	1179	17	2940	无贫困，好的健康和福利，高质量教育，性别平等，体面的工作和经济增长，减少不平等
教育转型	5.9	1300	19	2750	高质量教育，工业、创新和基础设施
食品系统	6.1	1342	20	3280	无饥饿，水下生物、陆地生物
气候变化、生物多样性损失和污染	5.5	1213	18	3370	清洁水和卫生设施，气候行动，水下生物，陆地生物
能源转型	5.8	1271	19	2860	可负担且清洁的能源，气候行动
包容性数字化转型	5.6	1231	18	4690	工业、创新和基础设施
性别平等	6.4	1383	21	360	无贫困，无饥饿，好的健康和福利，性别平等，体面的工作和经济增长

注：表中数据是对 2023—2030 年 48 个发展中国家实现《2030 议程》目标所需总成本的估计。

资料来源：UNCTAD, https://unctad.org/sdg - costing。

公开数据并没有提供具体国家的情况，但对 48 个国家按收入做了分组。中国在每个议题上需要多少资金，我们可以大致参考中高收入发展中国家的情况。例

---

① 2022 年日本的名义 GDP 为 4.2 万亿美元。

如，对于气候变化、生物多样性和污染议题，29 个中高收入国家的资金需求占到了该议题总需求的 84%，平摊到人均，2023 年至 2030 年的年资金需求为 2026 美元，约为 1.5 万元人民币，[①]相当于 2023 年我国人均 GDP 的 15%，规模相当可观。

下面，我们重点来看应对气候危机所需的资金。根据国际货币基金组织（IMF）2022 年的报告，为了达到《巴黎协定》的控温目标，包括减少和适应气候变化，2050 年之前每年需要投入 3 万亿到 6 万亿美元。[②]另据气候研究所（Climate Policy Initiative）2023 年的报告，控温 1.5 摄氏度目标下，2030 年之前平均每年需要投入 9 万亿美元，2031 年到 2050 年，平均每年需要投入 10 万亿美元。[③]两个方面估计的差异很大，我们姑且认为 IMF 的估计为资金需求的下限，而气候研究所为上限。

这是资金需求，那么实际上的资金供给规模是多大呢？据气候研究所的统计，2022 年全球气候投资规模为 1.4 万亿美元，自 2017 年起计算，年复合增长率略高于 18%。目前来看，如果能够保持这一增速，无论是 IMF 还是气候研究所估算的累计总资金需求还是可以达到的。但问题是，如果希望达到平稳的经济转型，投资规模需要尽快以更高的速度增长，不能等到气候风险即将不可逆的时候再去投。一是气候变化可能不是连续性缓慢的变化，未来什么时候出现拐点具有不确定性；二是按目前的增长速度，等到气候投资慢慢累积到所需的规模时，也意味着更陡峭的转型路径，造成更大的经济和社会转型成本。

我们在图 4-1 中对比了不同的投资增长路径，如果只计算累计总投资，按照 2021 年的实际投资规模，2050 年之前以 7% 或 10% 以上的年复合增长率基本上可以实现 IMF 或气候研究所估算的资金需求规模。然而，单是达到资金总需求，这样的路径也无法保证控温目标的实现，因为大多数的投资可以进行时，恐怕全球变暖已经到了不可控、不可逆的程度。更重要的是，我们还需要一个合理的投资增长路径。根据我们的计算，IMF 资金需求目标下，接下来几年中气候投资的年复合增长率应当尽快达到 38%，而如果需要达到 2030 年之前年均 9 万亿美元的目标，年复合增长率应当尽快达到 71%。

看到这里，我们基本可以达成一个共识：实现可持续发展目标，应对气候危机所需资金规模庞大，且目前面临巨大的资金缺口。那么，要弥补这一资金缺口是遥不可及的吗？我们是否能够负担得起呢？答案是肯定的。从图 4-2 中可以清

---

① 按 1 美元兑换 7.25 元人民币计算。

② IMF Staff Climate Note, Mobilizing Private Climate Financing in Emerging Market and Developing Economies, 2022/007, International Monetary Fund.

③ Strinati, C., C. Alberti, B. Melling and C. Baudry, Top - down Climate Finance Needs, 2024 - 05 - 31, Climate Policy Initiative.

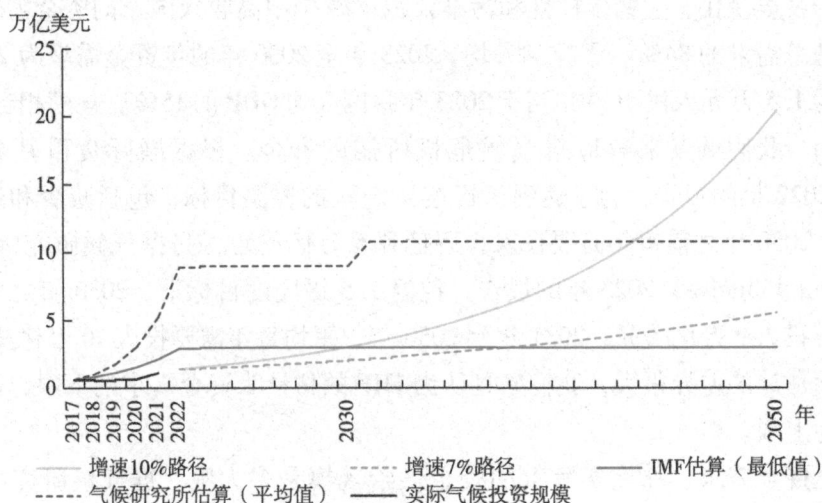

注：图中黑色实线为气候研究所统计的当年全球气候投资规模，所有虚线均为估计值。

图 4-1　气候投资增长目标和路径

［资料来源：IMF（2022）、气候研究所（2023），笔者计算绘制］

楚看到，2022 年全球有 7 万亿美元以补贴的形式流入了化石能源部门；2020 年，为应对新冠疫情危机，全球紧急财政支出达到 11.7 万亿美元。这充分说明，关键问题不是没有钱，而是是否有足够的激励引导资金流向所需的领域。而高额的石油补贴反映出目前资金的使用机制仍然和气候目标背道而驰。

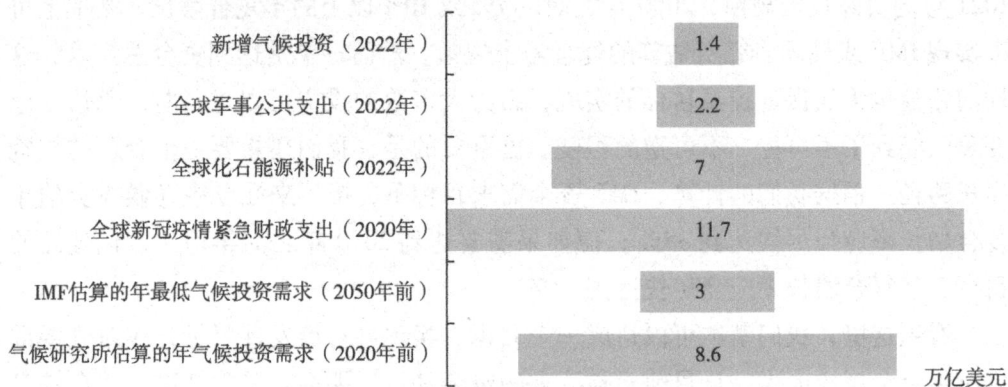

图 4-2　气候投资规模和其他公共支出规模比较

［资料来源：气候研究所（2023）、IMF（2022）］

二、可持续投资的资金来源

下面，我们以气候投资为例来了解可持续投资资金从哪里来。根据气候研究所的统计，2017 年到 2022 年累计气候投资中，公共部门占比 51%，私人部门占比 49%。私人部门投资中，企业占 38.9%，银行占 33.3%，其次为家庭和个人，占比为 24%。家庭和个人主要是指高净值人群及其代理机构（如家族基金会）的投资，也包括家庭购买电动汽车等低碳技术的消费。企业和银行虽然是私人部门气候投资的主力，但家庭和个人的力量也不容忽视。从时间趋势来看，家庭和个人消费的贡献也是私人部门投资来源中增长最快的（见图 4-3）。

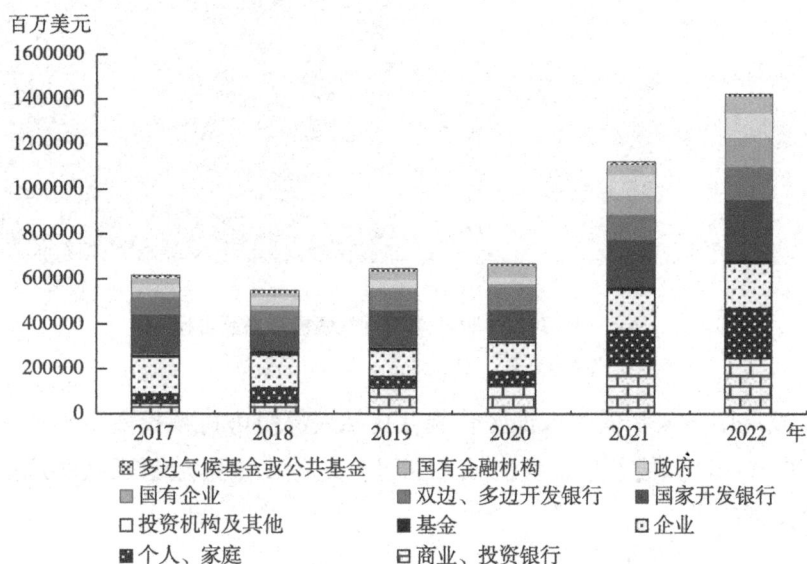

图 4-3 按资金来源统计的气候融资规模变化

（资料来源：气候研究所，笔者绘制）

公共部门最大的投资来源是国家开发银行，占 2017—2022 年公共部门累计气候投资的 40%，双边和多边金融机构占比约为 23%，其次为国有企业和国有控股的金融机构，占比约为 20%，政府财政投资约占 13%（见图 4-4）。

以 2021 年和 2022 年的状况来看，全球气候投资的增长有加快的趋势，但资金的地区分布差异十分显著。东亚太平洋地区、美国、加拿大和西欧的投资贡献了世界气候融资总规模的 84%。如果按国家收入划分，超过 90% 的资金来自高收入和中高收入国家。虽然中高收入国家贡献的资金最多，但最终所有资金中仅有超过 1/3 的资金在发达国家使用，大多数投到了发展中和不发达地区。

此外，值得关注的是，高收入国家贡献的可持续投资中，私人部门投资平均占比达到 65%，要显著高于这些国家公共部门的投入。与此相反，发展中国家和低收入地区更多依赖公共部门投资，在最不发达地区，公共部门投资占比甚至超

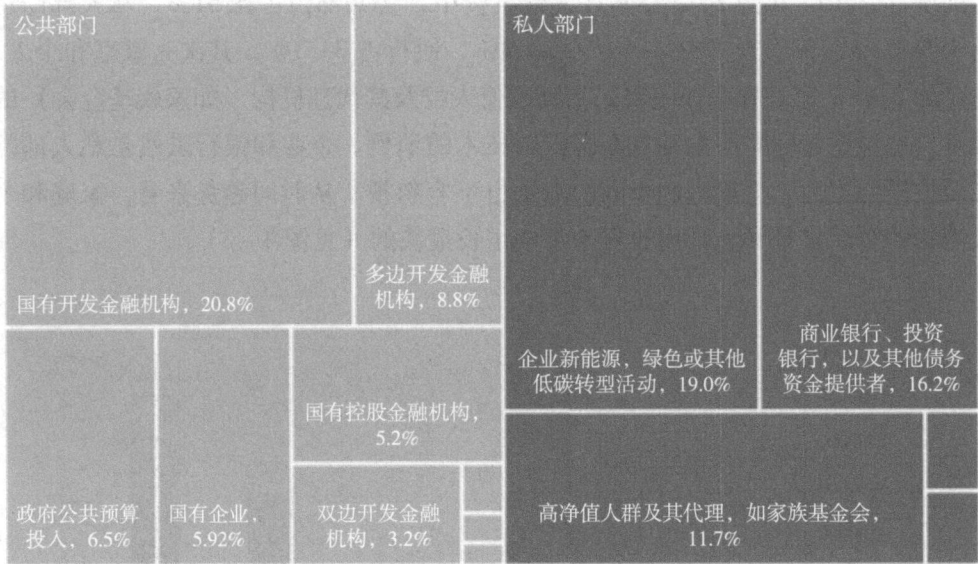

图 4 - 4 2017—2021 年累计气候投资来源占比

（资料来源：气候研究所，笔者计算绘制）

过 90%。发展中国家和低收入地区普遍存在私人部门可持续投资供给严重不足的问题（见图 4 - 5）。接下来，我们就来探讨，是什么因素限制了这些地区私人部门可持续投资的增长。

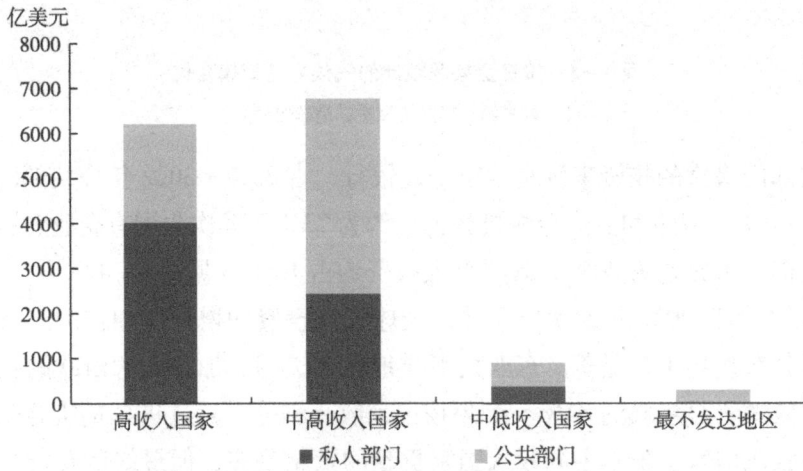

图 4 - 5 不同收入水平国家气候投资规模和来源占比

（资料来源：气候研究所，笔者计算绘制）

第二节　哪些因素限制可持续投资增长

一、可持续投资的收益状况

决定投资规模的最基本因素是成本、收益和风险共同决定的预期投资回报率。然而，可持续投资的收益在很多情况下无法用会计指标来衡量，除经济收益之外，可持续投资的社会收益往往很难量化计算。此外，可持续投资在很大程度上是对未来的投资，收益可能经过几年甚至几十年才能显现。对于绿色技术创新项目，未来收益还具有很大的不确定性。好在有效的金融市场可以在一定程度上捕捉和处理这些复杂的信息，将市场信息，以及供需双方对风险和收益的预期，对经济收益以外社会效益的估值，通过简单的价格信号表达出来。因而，我们在这里以金融市场中不同类型绿色可持续资产的收益表现为例，来剖析一下可持续投资收益率的情况。尽管是管中窥豹，但对于帮助我们理解这一问题还是有帮助的。

先来看可持续基金的例子。摩根士丹利一项分析显示，2023 年可持续基金回报率的中位数为 12.6%，显著高于传统基金收益率 8.6% 的中位数。不仅如此，无论是分地区，还是分资产类型来看，可持续基金的表现都要优于传统基金。[①]这并非偶然，图 4-6 中显示，以收益中位数衡量的可持续基金表现在 2019—2021 年也总体优于传统基金，只是从 2021 年下半年开始到 2022 年下半年，可持续基金收益率遭遇了较传统基金更大幅度的回撤，这段时间和美国通胀率不断攀升周期相重合。[②]

摩根士丹利的研究还发现可持续投资的收益率呈现显著的地区差异，美洲的投资收益率最高，其次为欧洲，而亚洲、非洲和大洋洲可持续投资收益率不到美洲收益率的 1/10（见图 4-7）。

再来看固定收益和股票指数的情况。图 4-8 中选取了彭博固定收益综合指数的年收益率，将全球绿色固定收益综合指数和全球、中国、美国和欧洲的固定收益综合指数做对比。图 4-9 专门比较了绿色债券指数、向绿色债券倾斜的指数和传统债券指数的年收益率情况。近年来，绿色债券虽然保持了较高的增长率，但

---

① Morgan Stanley, Sustainable Reality: Sustainable Funds Show Continued Outperformance and Positive Flows in 2023.

② 2021 年 6 月美国 CPI 涨幅超过 5%，2022 年 6 月达到 9.1%，随后美联储开启了激进加息周期，通胀率逐步回落，至 2023 年下半年开始基本稳定在了 3% 到 4% 区间。

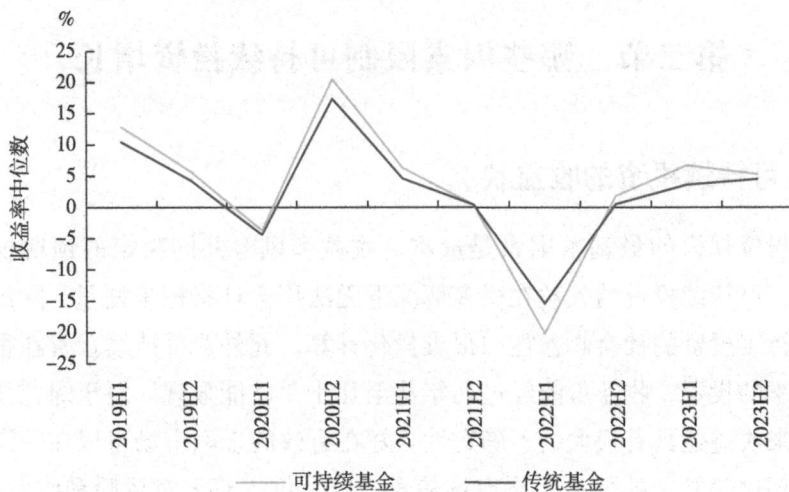

注：H1 和 H2 分别代表上半年和下半年。

图 4 - 6　可持续基金和传统基金收益率比较

（资料来源：摩根士丹利）

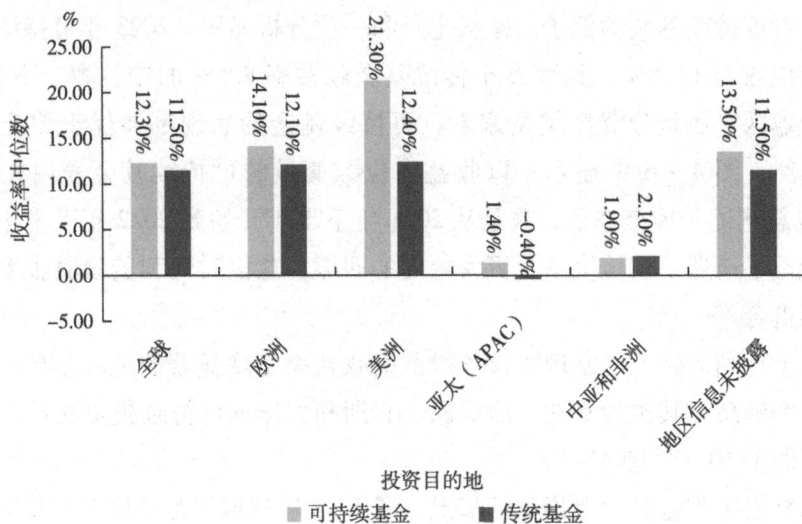

图 4 - 7　分投资地区基金收益率

（资料来源：摩根士丹利）

在整个债券市场所占的份额仍然相对较低。例如，欧盟 2022 年绿色债券市值占欧盟债券市场的份额为 8.9%。[①] 而传统固定收入指数基金的成分组成中，绿色债券

---

① 资料来源：欧洲能源署（European Environment Agency）。

的份额在 2% 左右甚至更低。图 4 – 9 中选取的彭博向绿色倾斜的国债和公司债指数中,绿色债券的占比被放大,达到 20%。

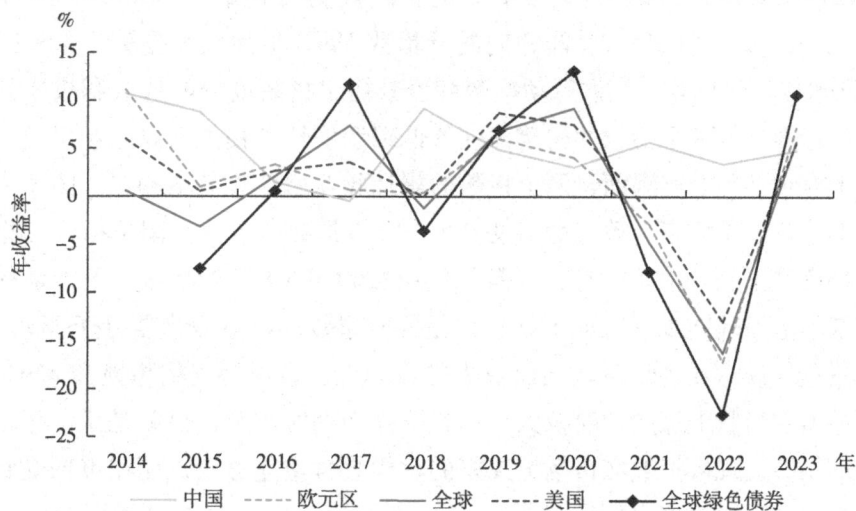

注:收益率为当年最后一个交易日前 12 个月期间收益率。

图 4 – 8　固定收益综合指数年收益率

(数据来源:彭博终端,笔者绘制)

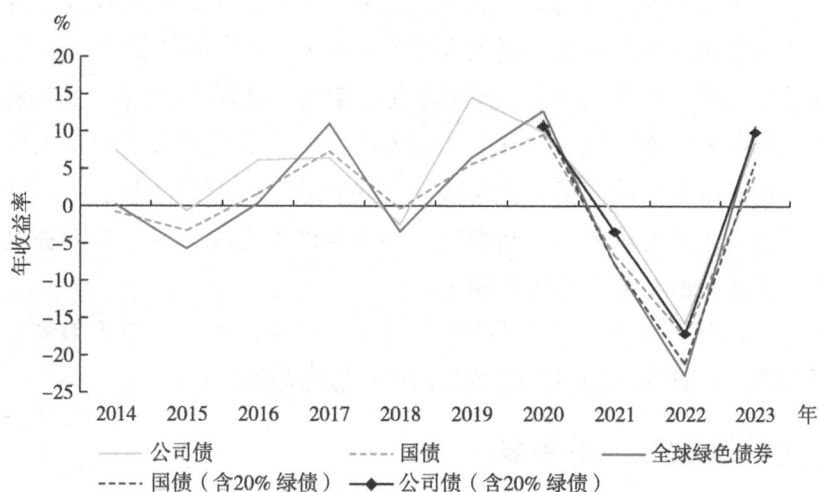

注:收益率为当年最后一个交易日前 12 个月期间收益率。

图 4 – 9　分类固定收益指数年收益率

(数据来源:彭博终端,笔者绘制)

总的来看,和传统固定收益指数相比,固定收益绿色指数收益率的波动性更强。在固定收益指数普遍上涨的周期,绿色指数倾向于获得更高的超额收益,而在下行周期，又倾向于出现更大幅度的回撤。

对于股票指数，我们选取了 MSCI 的气候行动美元指数［MSCI World Climate Action Index（USD）］和 MSCI 巴黎协定一致性美元指数［MSCI World Climate Paris Aligned Index（USD）］，同它们的母指数 MSCI 世界美元指数［MSCI World Index（USD）］作比较。气候行动指数和巴黎协定指数成分的选取和权重计算依据不同的标准，但两个指数的构建都强调低碳经济转型相关的风险和机遇，在成分组成上有很多重合，因而，两个指数的累计收益率走势基本相似。图 4-10 中的阴影部分是巴黎协定一致指数减去 MSCI 世界指数的差值。图中指数和指数差值的走势反映了三点主要信息：一是气候指数和 MSCI 世界指数上下浮动的走势一致，基本上呈现同步上涨或下跌；二是气候指数的收益表现要好于 MSCI 世界指数；三是气候指数的收益呈现出更大的波动性，表现为气候指数和 MSCI 世界指数的差值在指数上涨周期时拉大，而在下跌周期时收窄，也就是说，相较于我们的基准指数，气候指数在市场情况好的时候收益增速更快，而在市场受到负面事件冲击时，下跌幅度也更大。

总结一下上面给出的几个例子，可以看到不同资产类型的比较都反映了一个相似的特征，即绿色金融资产的收益率在市场的上行周期往往表现要优于传统资产，而在市场下行周期，或受到外部黑天鹅事件冲击时，绿色资产收益的下跌幅度也更大。换句话来说，绿色资产投资收益率的波动性大，投资风险更高，投资者因而会要求更高的风险溢价，表现为市场上行区间更高的收益率。

问题是绿色资产收益风险的主要来源是什么呢？在图 4-9 中，我们将时间区间内的主要国际事件做了标注，从中我们可以大致判断投资者受到什么样的情绪驱动，会增加对绿色投资的买入或抛售。气候政策、政府的立场、国际社会气候合作进程显然是重要的风向标，而当受到突发事件冲击时，绿色资产被抛售可能也跟投资者担心政府政策发生转向相关。

除此之外，哪些因素决定了可持续投资巨大的地区差异，政策因素又在其中扮演怎样的角色？这些问题我们将在下面的内容中继续探讨。

二、市场失灵和政府失灵

经典经济学理论通常从外部性的角度来解释环境污染治理、减少和适应气候变化等领域可持续投资不足的问题。特别是在气候危机的应对上，存在全球性和跨代际性双重负外部性。一是生产者从碳排放中获得经济收益，但引发的全球变暖、极端天气、海平面上升、农作物减产、生物灭绝等一系列成本是由整个人类社会来承担；二是当代人生产消费将大量温室气体排放到大气层中，但可能并不

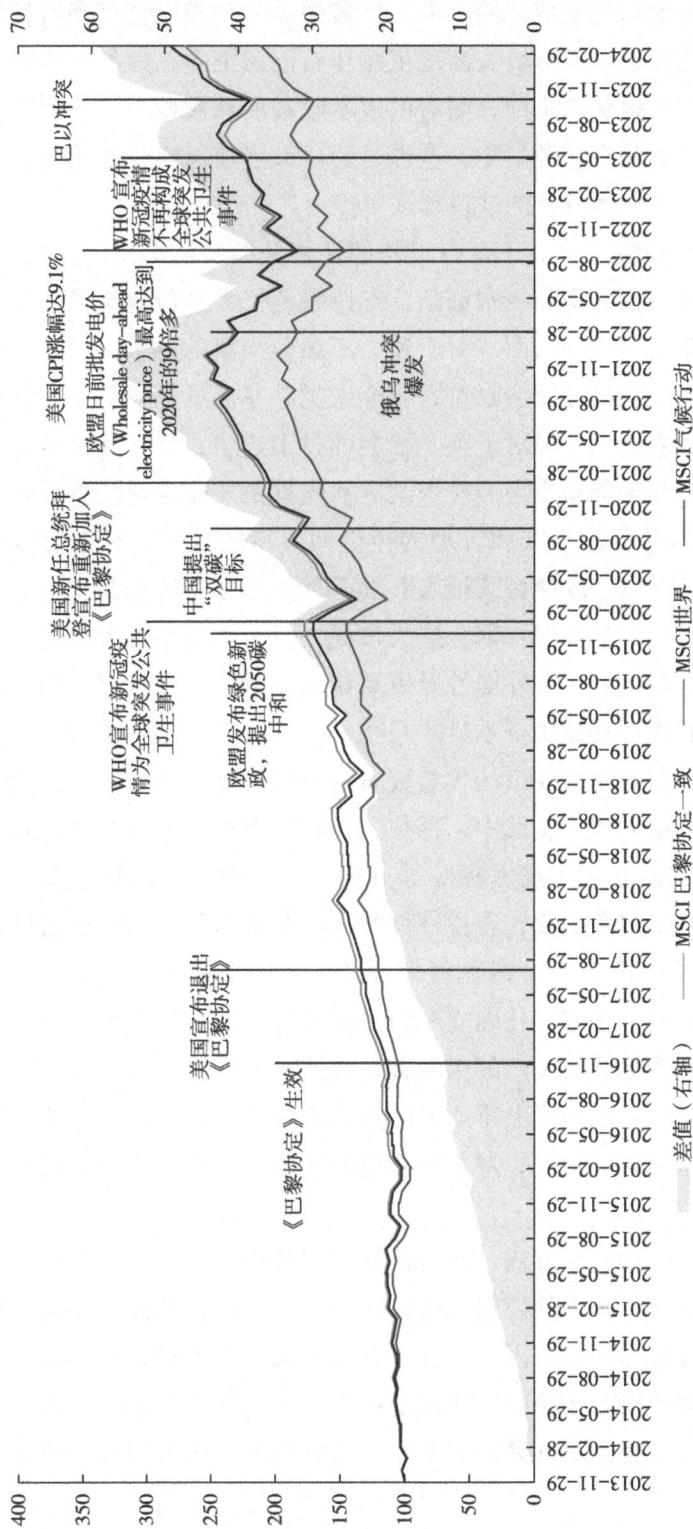

图4-10 MSCI世界股票指数累计收益（2013年11月至2024年3月）

（数据来源：彭博终端，笔者绘制）

图中标注事件：巴以冲突；WHO宣布新冠疫情不再构成全球突发公共卫生事件；美国CPI涨幅达9.1%；欧盟日前批发电价（Wholesale day-ahead electricity price）最高达到2020年的9倍多；俄乌冲突爆发；美国新任总统拜登宣布重新加入《巴黎协定》；中国提出"双碳"目标；WHO宣布新冠疫情为全球突发公共卫生事件；欧盟发布绿色新政，提出2050碳中和；美国宣布退出《巴黎协定》；《巴黎协定》生效。

图例：MSCI世界美元指数（MSCI World Index USD）；差值（右轴）；MSCI巴黎协定一致；MSCI世界；MSCI气候行动

注：1. MSCI世界美元指数（MSCI World Index USD）涵盖23个发达经济体的1464只大、中型市值的股票，每个国家所包含的股票的全球市值的占该国家上市企业总市值的85%。MSCI巴黎协定一致指数以MSCI世界指数为基础，指数构建和《巴黎协定》的全球温度控制目标保持一致，选择致力于减少碳排放和在低碳转型中表现积极的企业。MSCI气候行动指数以MSCI世界指数为基础，在指数构建中考虑和低碳经济转型相关的机遇和风险。2. 图中阴影部分表示巴黎协定一致指数减去MSCI世界指数的差值。

承担，或者仅仅是部分承担气候变化的后果，更多的风险和损失会落到后代子孙身上。人类社会工业化以来，经济增长高度依赖化石能源消费，财务和资源集中在高碳排放相关的行业和投资者手中，固有的成本收益游戏规则下，资源的主要流向不会改变，仍然会向化石能源集中。这也是为什么当前每年全球化石能源补贴仍高达7万亿美元，而气候投资的缺口却逐年扩大。

不仅如此，在负外部性之外，还存在正外部性相关的投资不足。绿色经济、低碳转型、适应气候变迁都离不开技术创新，支持绿色技术创新的研发活动需要密集投入人力资本和真金白银。然而，对于致力于绿色创新的科学家、工程师和投资者而言，创新带来的经济和社会收益是与全人类共享。虽然科学家的创造活动不能完全用经济激励来解释，但对于整个社会的技术进步，科学家的努力仅是一个方面，众多默默无闻的创新应用和技术改进共同累积才能实现经济增长模式质的变化，其背后离不开资源投入和合理的经济回报率的推动。对于投资者而言，也需要足够的会计回报，才能持续投入形成不断注入的"源头活水"。

无论是正外部性还是负外部性，都会造成市场失灵，也就是说市场均衡条件下的投资水平不是社会最优的，负外部性导致高排放行业的过度投资，而正外部性下，绿色技术创新和应用存在投资不足的问题。

纠正外部性问题的核心是改变市场收益成本的激励机制，从而使资源更多流向绿色可持续的经济活动领域。实践中，存在三种解决方案：第一种是行政管制手段，通过设置市场准入条件、技术标准等方式，强制淘汰高污染、高排放项目；第二种是税收补贴等财政手段，通过将负外部成本"内化"为排放者的生产成本，以及将外部收益"内化为"绿色创新者的会计收益的方式，改变市场激励，纠正外部性问题；第三种方式是确立和划分排放权、污染权等可交易的合约资产，绿色创新和投资者是此类资产的供给方，碳排放者是需求方，通过市场交易形成的合约资产价格，代表边际上排放者的最低减排成本，继而在"看不见的手"的作用下，对排放者进行惩罚，对创新者进行奖励，以最低成本实现经济低碳转型。

显而易见，无论是哪种解决方式，政府都扮演着关键角色，即便是最终通过市场发挥作用的解决方案，税率的设定、排放权的划分、产权交易市场规则的制定，核心都是政府在发挥作用。正因为如此，在可持续发展问题，特别是气候议题上，人们自然而然对政府寄予厚望。即便是将自由市场奉为圭臬的自由派经济学家们，在气候问题上，也纷纷诉诸政府干预，依靠政府将诸如构建碳价等理论设想变为现实。

然而，政府也非万能，一个常常被忽视或被回避的问题是，不仅市场会失灵，同样也存在"政府失灵"。经济学理论模型中，纠正外部性的是一个全知全能、追求全社会福利最大化的社会计划者（Benevolent Social Planner），具体到气候问题上，这个社会计划者追求全人类，包括当代人乃至子孙后代加总福利的最大化，但事实远非如此。我们看到的是，现实中政府行动和气候目标之间往往存在着巨大的鸿沟。政府同任何其他的市场主体一样，面临现实的激励和约束。有些情况下，代表化石能源的利益集团会左右公共政策走向。化石能源价格还和大多数选民的生活消费紧密相关，因而推行导致碳排放成本增加的政策往往会导致执政政府在选民中的支持率下降。即使是完全代表公共利益，得到大多数公民充分支持的政府，也可能因为掌握的信息不完全而作出不恰当的政策选择，造成事与愿违的政策结果。

由此可见，要回答本节提出的问题：哪些因素限制了可持续投资的增长？投资收益率仅仅可以提供一小部分的答案，市场失灵乃至政府失灵造成的投资主体激励机制和气候目标的不匹配，恐怕才是可持续投资增长的最主要障碍。正如我们在很多发展中国家所看到的投资回报率和投资水平相脱节的情况——即便是预期的投资回报率较高，但投资水平仍然较低。发展经济学的研究认为，发展中国家由于制度不完善、市场缺失或市场失灵，使得资源没有得到合理配置和有效利用，因而没有办法达成理论上成立的投资回报，或者投资回报很大一部分消散在各种寻租行为中，投资者并不能获得全部收益。这也解释了为什么发展中国家可持续投资增长更慢，呈现的实际投资收益率更低。

第三节　公共政策在发挥怎样的作用？　以税收政策为例

上一节中我们提到政府在可持续投资增长中可能发挥的作用，接下来，我们以税收政策为例，进一步深入理解公共政策的作用。税收政策一直以来是政府干预影响经济结果最强有力的核心工具，直接影响私人部门投资的收益和成本。通过本节的分析，我们一方面可以看到公共政策是可持续投资增长最为关键的推动力之一，而另一方面，政策作用于包括企业、金融机构、个人等微观经济主体，可以起到怎样的作用，最终取决于市场主体的应对和选择。

一、关于税收和企业投资的一般性理论

一般的投资理论认为，企业投资和税率呈现负相关性，高税率抑制投资增长，低税率鼓励投资。此外，税收的设计十分重要，不合理的税收或补贴设计会造成激励扭曲，导致投资错配和效率损失。

20 世纪中期，随着凯恩斯主义的盛行，各国政府越来越多地通过货币政策和财政政策手段来调节经济。在这一背景下，经济学者也开始日益关注税收对于私人部门投资的影响。其中，美国学者 Hall 和 Jorgenson 于 1967 年发表在《美国经济评论》（*The American Economic Review*）上的文章《税收政策和投资行为》（*Tax Policy and Investment Behavior*）为解释税收政策如何影响企业投资行为提供了一个详细的理论框架。通过理论分析和实证数据的验证，作者认为税收政策对企业资本水平、投资时机的选择，以及投资结构都会产生显著影响。[1] 从影响机制上看，税收政策主要通过影响企业的投资回报、资本成本和现金流约束来改变企业的投资决策。

税收对于投资回报和现金流的影响较为显而易见，税收决定了企业可以保留的投资回报，因而税率会直接影响企业的投资需求，同时改变企业未来可获得的现金流收益。然而，税收政策如何影响企业的资本成本，从而影响企业对投资项目的评估和决策，则是一个相对较为难回答的问题。对于这一点，斯蒂格利茨（Stiglitz，1972）做了更为深入具体的分析，作者列举了影响资本成本的税收政策：（1）对红利（dividends）的税收，（2）资本收益税，（3）债券利息税，（4）折旧和利息支出的税收抵扣。影响资本成本的既包括个人税也包括企业税，当个人收入税率高于企业收入税率时，企业会保留更多的利润作为留存资本，并优先使用留存资本满足融资需求，同时，因为企业税收抵扣产生"税盾"效应，剩余的融资缺口则通过债务融资来满足。这样一来，税收不仅影响企业的资本成本水平，还会影响企业的资本结构，即债务资本和股权资本的配比。[2]金（King，1974）继续拓展了这一研究，通过企业最优财务政策的角度做进一步分析，他认为企业对三种融资工具——留存利润、发行新股份，以及借贷——的选择决定企业的资本成本并影响企业的最优投资决策，而税收政策限制了企业对融资工具的选择，从而影响资本成本。

Stiglitz（1972）和 King（1974）的研究凸显了税收政策影响的复杂性，一方面企业投资行为受到不同税种构成的税收体系设计的综合影响，因而和政策制定者与理论研究者坚信税收激励作用不同，在很多简化模型（Reduced - form）的实证研究中，估计的效果参数并不显著，甚至可能相左。[3]基于此，有些学者会计算

① Hall, R. E. and D. M. Jorgenson, "Tax Policy and Investment Behaviro", the American Economic Review, Vol. (57), No. 3, 1957, pp. 391 –414.

② Joseph E, Stiglitz, Taxation, Corporate Financial Policy, and the Cost of Capital, Journal of Public Economics, Vol. 2, 1973, pp. 1 –34.

③ Hassett, Kevin A, and R. Glenn Hubbard, Chapter 20 – Tax Policy and Business Investment, in Handbook of Public Economics, Vol. (3), 2002, pp. 1293 –1343.

"平均税率"或"有效边际税率"来评估税率对企业投资行为的影响。[①]

二、环境税、"双重红利"和 ESG 投资

和本节讨论更为相关的是以环境改善、减少气候风险为目标的税收或补贴对私人部门 ESG 投资的影响，包括能源税、污染税，以及近年来得到越来越多讨论的碳税等。作为公共经济学领域研究的分支，关于环境税对 ESG 投资影响的研究基本在一般性税收和投资关系研究的框架下进行。

环境税研究领域文献众多，一个核心是环境税的"双重红利"效应，即环境保护红利和经济红利。通常，环境税是通过税收将环境污染和资源消耗的社会成本内化为污染者或资源使用者的生产成本，从而减少污染排放和资源浪费，"环境红利"是环境税的首要目标。但税收会加重相关行业企业的成本，可能对经济发展产生负面影响，因而环境税设计时同样要考虑经济效益，通过降低其他税收，或用环境税收入为绿色行业提供补贴或用于公共投资，从而创造就业，改善社会福利，创造"经济红利"。此外，环境税也可以通过促进绿色创新、提高能源与资源使用效率、提高生产率等实现"双重红利"。

追求"双重红利"本质上和 ESG 投资追求的目标是一致的，企业致力于 ESG 投资，其目标是在寻求利润最大化的过程中，平衡和化解利润最大化和各类社会、环境目标之间的冲突，降低风险，提升竞争力，从而兼顾经济、社会和环境双重效益。从这个意义上讲，环境税和 ESG 投资之间既可以是相辅相成服务于同一目标，也可能存在相互替代的竞争性关系。一方面，环境税会激励企业投资污染治理、减排等设备，提升 ESG 投资水平；另一方面，环境税和 ESG 都是针对环境和社会的外部性问题，可以视为相互替换的工具。事实上，实证研究发现支持两种关系的证据都存在。

在早期关于企业社会责任（CSR）的研究中，就有一些研究者提出应当为企业投资社会责任提供税收激励，例如，考虑 CSR 投资相关税收减免。[②]这一观点倾向于支持税收和 ESG 的竞争性关系。如果将 ESG 投资视为企业多种投资选择之一，那么税收会对其他投资决策产生的影响，同样适用于 ESG 投资。例如，税收减少了企业的现金流，因而可能对 CSR 投资产生负面影响，相反，减少税收或提

---

① Devereux, M. P., & Griffith, R. (2003). Evaluating Tax Policy for Location Decisions. International Tax and Public Finance, 10 (2), pp. 107–126.

② Steurer, R. (2010). The Role of Governments in Corporate Social Responsibil–ity: Characterising Public Policies on CSR in Europe. Policy Sciences, 43 (1), 49–72.

供补贴将可能对 CSR 投资产生正向影响。[1] 在一些情况下，环境税的成本压力还可能导致企业生产率的降低，妨碍企业创新。[2]还有研究发现，一些企业倾向于通过将生产转移到无税收或税收较低的地区生产，这种情况下，环境税是失效的，且资源被消耗在了转移污染的努力中，而没有用于 ESG 投资。[3][4]

企业 ESG 投资具有内生动力可以说是构成环境税和 ESG 投资竞争关系的必要条件。随着对企业社会责任研究的深入，越来越多的理论和实证分析倾向于支持企业会自发提供公共物品、纠正负外部性。[5][6][7] 风险管理、创新投资、融资成本、竞争力提升等多维度因素都倾向于推动企业致力于 ESG 投资。如果企业有自发动力进行 ESG 投资，那么环境税必要性就大大减弱，或者需要考虑企业自发动力有多强，再设计恰当程度的税收干预。

支持二者互相促进的理论认为，环境税，如污染排放税等，将迫使企业寻求绿色技术革新来提高生产率，技术进步不仅可以抵消环境税的成本压力，还将有助于提高企业的利润率。[8][9] 也就是说，环境税和 ESG 投资呈现正相关性。近年来，对中国环境污染税的实证研究倾向于支持这一结论。[10][11]

通过检验环境税的环境效益，有些研究间接支持了环境税对 ESG 投资的促进作用。例如，Morley（2012）发现欧盟成员国加上挪威的数据显示环境税和污染

[1] Gandullia, Luca and Stefano Pisera, Do Income Taxes Affect Corporate Social Responsibility? Evidence from European-listed Companies, Corporate Social Responsibility and Environmental Management, Vol. (27), Issue2, Mar. 2020, pp. 409-1178.

[2] Jaffe, A. B., Stavins, R. N., 1995. Dynamic Incentives of Environmental Regulations: the Effects of Alternative Policy Instruments on Technology Diffusion. J. Environ. Econ. Manag. 29 (3), S43-S63.

[3] Becker, R., Henderson, J., 2000. Effects of Air Quality Regulations on Polluting Industries. J. Polit. Econ. 108, 379-421.

[4] Wu, H., Guo, H., Zhang, B., Bu, M., 2017. Westward Movement of New Polluting Firms in China: Pollution Reduction Mandates and Location Choice. J. Comp. Econ. 45 (1), 119-138.

[5] Besley, T. and Ghatak, M., (2007). Retailing Public Goods: The Economicsof Corporate Social Responsibility, Journal of Public Economics, Elsevier, Vol. 91 (9), Sept. 2007, pp. 1645-1663.

[6] énabou, R., Tirole, J. (2010). Individual and Corporate Social Responsibil-ity. Economica, Volume77, Issue 305 January, 1-19.

[7] Kitzmueller, M., & Shimshack, J. (2012). Economic Perspectives on Corpo-rate Social Responsibility. Journal of Economic Literature, 50 (1), 51-84.

[8] Porter, M. E. (1991). America's Green Strategy. Scientific American, 264 (4), 168.

[9] Lanoie, P., Laurent-Lucchetti, J., Johnstone, N., Ambec, S., 2011. Environmental Policy, Innovation and Performance: New Insights on the Porter Hypothesis. J. Econ. Manag. Strat. 20 (3), 803-842.

[10] He, Yu, Xiaoling Zhao, Huan Zheng, How does the Environmental Protection Tax Law Affect Firm ESG? Evidence from the Chinese Stock Markets, Energy Economics, 127, 2023, 107067.

[11] Wang, Xiaolin and Yingying He, Environmental Protection Tax and Firms' ESG Investment: Evidence from China, Economic Modeling 131, 2024, 106621.

呈现显著负相关，证明了环境税的有效性。[1] Lin 和 Li（2011）发现芬兰的碳税显著降低了人均二氧化碳排放量，然而受到碳税减免和能源密集型行业发展的影响，丹麦、瑞典、荷兰和挪威并没有发现碳税起到相同的减排作用。[2] 一些基于中国数据的研究发现环境税的实施起到了减少二氧化碳排放的作用。[3]

三、一般性税收和 ESG 投资

从更广泛的视角来看，不仅环境税，一般性的企业税收也和企业 ESG 投资存在互补或替代关系。一方面，有观点认为缴税本身可以被视为企业履行社会责任的一种方式；另一方面，无论是环境税还是企业税，有相当部分会通过政府预算支出投入社会和环境治理项目中。正因为如此，很多研究者关注企业社会责任投资和企业的税务规划之间的关系。如果二者是互补的，企业将缴税视为社会责任，那么通常社会责任表现好的企业也不会有过多的避税行为；[4][5] 相反，如果二者是竞争关系，企业在二者之间选择投入有限的资源，那么想增加 ESG 投入的企业会采取更多的避税行动。已有的早期研究对两种观点莫衷一是，但近年来，研究者似乎更倾向于支持一般性税收和企业 ESG 投资的竞争性和替代关系。原因在于，环境税是直接将排放成本内化为企业的生产成本，有正当且明确的环境效益，然而对于一般性的税收，如企业的收入税，其更直接的影响是增加了企业成本，减少其税后利润。更进一步地，如果同一笔支出用于环境治理，经济学家可能更倾向于由企业在自由市场供需调节下支配使用。相应地，政府投资和使用资金的效率是常常遭人诟病的。有研究直接检验有效税率和企业 ESG 表现之间的相关性，例如，Gandullia 和 Pisera（2019）使用欧洲国家非金融上市公司 2006 年至 2016 年的数据，发现有效税率和企业的 CSR 评级呈负相关，作者认为企业税抑制了社会责任投资，相当于为税收和 ESG 投资的竞争性关系提供了佐证。Davis 等（2016）从相反的角度做了检验，发现 CSR 表现好的企业倾向于支付较低的有效税率，也倾向于更多参与以推动减税政策为目的的游说活动，作者认为，这一结

① Morley, Bruce, Empirical Evidence on the Effectiveness of Environmental Taxes, Applied Economics Letters, Vol. (19), Issue 18, 2012, pp. 1817 – 1820.

② Lin, Boqiang, and Xuehui Li, The Effect of Carbon Tax on Per Capita CO₂ Emissions, Energy Policy, Vol. (39), Issue 9, Sept. 2011, pp. 5137 – 5146.

③ Niu, Tong, Xilong Yao, Shuai Shao, Ding Li and Wenxi Wang, Environmental Tax Shocks and Carbon Emissions: An Estimated DSGE Model, Structural Change and Economic Dynamics, Vol. (47), Dec. 2018, pp. 9 – 17.

④ Laguir, Issam, Raffaele Stagliano, and Jamal Elbaz, Does Corporate Social Responsibility Affect Corporate Tax Aggressiveness?, Journal of Cleaner Production, Vol. (107), 16, Nov. 2015, pp. 662 – 675.

⑤ López – Gonzàlez, E., Martìnez – Ferrero, J., & Garcìa – Meca, E. (2019). Doescorporate Social Responsibility Affect Tax Avoidance: Evidence from Family Firms. Corporate Social Responsibility and Environmental Management, 26 (4), 819 – 831.

论证明企业将 CSR 和纳税视为互相替代而非互补关系。①

然而，值得注意的是，以上研究并没有将政策变量考虑在内。无论是正相关还是负相关，都可能是由税收政策环境驱动的。碳税、对绿色和低碳转型技术的补贴相应会降低 ESG 评分较高企业支付的有效税率，而既有的税收政策组合也可能存在对高排放行业的隐性补贴，相对而言，上述政策会导致绿色企业支付更高的有效税率。在一篇由 Iovino 等合作的工作论文中，作者发现高污染企业反而支付较低的税额，原因在于高污染行业的企业往往拥有更多的有形资产，更容易获得抵押贷款，相应地，其资本结构中的债务资本占比会比较高，因而也更多受益于债务利息免税政策。也就是说，传统税收体系中对债务利息和权益分红税收抵扣的区别对待，事实上造成了对重资产、高污染行业的隐性补贴。

综上所述，税收政策直接对私人部门的可持续投资起着激励或抑制的作用，合理的税收设计将推动资产价格的升降和资产结构的改变向有利于减碳的方向发展。税收政策的设计应当充分考虑微观经济主体面临的激励和约束，遵循市场规律，才能尽量避免事与愿违的状况发生。"看得见的手"和"看不见的手"通力合作，才能有效转动可持续投资的阀门。

当然，税收仅仅是政府拥有的众多政策工具之一，其他财政工具、货币政策、产业管制政策等都从不同维度影响可持续投资的增长。对于这部分内容，我们在本书的第一篇中已经做了总体概述和讨论，本章不再赘述。

小结

实现可持续发展目标，应对气候危机仍面临巨大的资金缺口，亟须尽快实现私人部门可持续投资的增长。由于存在市场失灵，可持续投资的阀门在很大程度上由公共政策把握和控制。公共政策可以成为可持续投资增长的关键推动力，在可持续发展和气候议题上，人们往往对政府寄予厚望，更愿意接受政府干预，并认为公共政策是应对这些人类社会重大危机的关键钥匙。然而，经常被人们忽视的是，公共政策在很多时候会造成事与愿违的结果，政策目标和政策结果间往往存在巨大的鸿沟。基于对税收政策和可持续投资之间关系的文献调研，我们认为公共政策的"失灵"在很多情况下和激励机制的扭曲相关，公共政策的制定者可能忽略了市场主体的行为选择，造成目标和激励的错位。由此看来，转动可持续投资的阀门，找对方向——形成和可持续发展目标相一致的微观激励机制——是必不可少的前提。

① Davis, A. K., Guenther, D. A., Krull, L. K., and Williams, B. M. (2016). Dosocially Responsible Firms Pay More Taxes?, The Accounting Review: January 2016, Vol. 91, No. 1, pp. 47-68.

第五章　融资约束与企业可持续投资

　　成立于 2003 年的特斯拉（Tesla）是最早致力于电动汽车和可持续能源产品研发的公司之一。菲斯克汽车（Fisker Automotive）成立于 2007 年，是世界上首批生产豪华插电式混合动力汽车的公司。同样是电动汽车行业的先驱，特斯拉的产品近年来已成为世界上畅销的电动汽车，而菲斯克汽车于 2013 年经历破产后，被中国万象集团收购，更名为卡尔马汽车（Karma Automotive）。

　　同很多初创企业一样，特斯拉在成立初期也面临融资挑战，但创始人埃隆·马斯克（Elon Musk）依靠其个人创业经验、财富积累和社交媒体的影响力，为公司获得了更多的市场信任，成功吸引了大量投资者的关注。2010 年，特斯拉成功上市，为研发和扩大生产的关键阶段筹集了所需的资金。同时，特斯拉通过品牌打造获得了资本市场的认可，保障公司可以通过股票增发和债务市场持续融资，为公司发展创造了强大的现金流。融资成功是特斯拉得以不断扩展生产能力、提升技术水平，从而占据行业领先地位的重要前提。

　　菲斯克在创立之初一度也受到资本市场的追捧，获得了大量私人和公共投资，其中还包括美国联邦政府 5.29 亿美元的贷款。然而，由于电池供应商召回电池等突发事件的影响，菲斯克未能达成既定的生产和销售目标，导致联邦政府暂停了菲斯克的贷款。负面事件进一步降低了菲斯克的融资能力和市场认可度，内部管理也开始出现连锁问题，最终走向了破产。

　　对比两家企业早期的发展，可以找到很多相似之处，例如，技术和产品创新都受到了业内的高度评价，都拥有引人注目的设计和高性能的产品。我们也可以从很多维度来分析二者成功的经验和失败的教训，一个成为行业标杆，一个走向破产，也绝非单一因素上的差异决定的。但是，在众多因素中，融资问题无疑是将两家企业推向两个方向的关键性因素之一。

　　上面这个案例反映出融资约束对于这两家致力于绿色技术创新企业发展的影

响。融资约束（Financial Constraint），涉及企业在融资过程中遇到的各种困难和障碍，包括获取资金的成本过高或者融资渠道不畅通等问题。在和气候目标一致的激励机制下，融资约束应当是和企业的碳排放相挂钩的，即高排放企业面临逐步收紧的资本供给，表现为融资约束越来越高，而低排放企业或低碳转型企业的资本供给越来越充足，表现为面临较低的融资约束。那么，事实是否真的如此呢？现实中的资本供给是否偏好低碳绿色企业呢？这是本章想要回答的核心问题。

本章的第一节先从融资约束的概念和形成的原因出发，进而对近年来文献中关于融资约束和绿色企业发展的研究做总结综述。在第二节和第三节中，我们分别使用不同的度量指标——投资现金流敏感性和平均资本成本，来实证检验一下绿色企业面临何种程度的融资约束。

第一节　融资约束与可持续投资增长

一、融资约束、金融摩擦和度量问题

融资约束（Financial Constraints）是一个较为宽泛的概念，从本章开始的案例中，我们也可以发现，融资约束和资本市场环境、企业的管理、品牌战略、融资选择等多个方面的因素相关。在做进一步讨论前，我们有必要先界定一下本研究中关注的融资约束的概念范围。

首先，我们关注的是"外部约束"，是市场信息问题引起金融摩擦（Financial Friction）导致的，表现为信息不对称造成投资供需间的不匹配，拥有投资机会的企业没有获得足够的投资；或者资本交易成本高，企业只能在高于实际风险价格下获得外部融资的情况。而企业自身财务政策选择不当，信用缺陷或经营问题带来的约束则不是本文讨论的重点。换句话说，我们关注的是资本市场的约束，而非企业内部的财务约束。

具体来说，企业面临外部融资约束存在两种情况：一种情况是外部资本供给缺乏弹性，使得企业在边际上筹集额外资金面临很高的成本。极端情况下，资本供给的弹性为零，也称为资本供给刚性，表现为在资本价格和资本供给的坐标轴上，供给曲线是垂直的。这种情况下，支付再高的成本，企业也无法获得外部资本。[①]

---

① Stiglitz, J and A. Weiss, Credit Rationing in Markets with Imperfect Information, American Economic Review, 71, 1981, pp. 393 – 410.

而另一种情况，融资约束表现为企业面临内部资本机会成本和外部资本成本之差，也就是说，可能由于信息成本、交易成本、信用成本、风险溢价等因素，企业获得外部资本要付出更高的成本；内外资本成本的差距越大，代表企业面临的融资约束越大，成本差距小，则代表约束小或可以忽略不计。① 这种情况下，外部资本供给曲线可以是有弹性的，只要内外资本成本差存在，企业就面临融资约束。从这个意义上说，基于资本成本差的定义较供给弹性的定义更具广泛性，后者条件下存在融资约束时，前者条件下融资约束也一定存在，反之则不成立。

无论是何种情况，资本供给中的摩擦都没有可直接观测的指标，那么，如何知道企业的融资约束状况呢？从现有的研究来看，研究者通常采用三类方式对融资约束进行度量。第一类是通过问卷调查，收集受访企业管理者的主观评估。第二类是借助语言分析模型，从企业财报、新闻发布或其他文字资料中提取和融资约束相关的关键词，根据关键词出现的频率、语义情绪分析构建代表公司融资约束的程度变量。第三类则是基于资本供给模型的理论推导，预测企业在面临不同程度融资约束条件下的行为特征，然后通过可以描述这些特定行为的财务数据或财务数据的函数组合，构建融资约束的度量指数或代变量。

三类度量方法都存在各自的优势和局限性。融资约束是一个相对的概念，主观评判缺少统一可以比较的基准，仅限于在相对小的范围内，比如一个城市、某区域的职业圈子内，存在某种程度的共识基础上才是可行的，否则调查指标很难具备可比性。语言分析模型存在类似的问题，还会受限于不同语言的转换、表达习惯的文化差异、情绪分析的准确性，等等。而第三类方法虽然更倾向于捕捉企业面临融资约束时的一般性的行为规律，但也有越来越多的证据表明这类指标可能更多反映了企业的内部财务约束，而非我们关注的外部约束。

具体来说，通过第三类方法构建融资约束衡量指标的研究者认为，当企业面临融资约束时，企业的财务政策选择会呈现某些共性特征，例如，由于外部融资困难，企业会更多选择留存利润，增加内部可支配资本，在投资时也倾向于更多使用内部资本。优先积累内部资本还可能意味着企业不派发或极少派发股利，很少进行股权回收（Equity Recycling）支付股东分红。因而，这部分研究者使用企业财务报表中的指标或者若干个指标的线性组合来度量企业相关的财务政策选择，构建企业所面临的融资约束代理指标。常见的指标包括非股利派发虚拟变量

---

① Fazari, S., G. Hubbard, and B. Petersen, Financing Constraints and Corporate Investment, Brookings Papers on Economic Activity", 19, 1988, pp. 141–195.

（历史普通股股息为零）、KZ 指数[①]、WW 指数[②]等。

然而，这样做有一个很大的问题，财务选择是内生的，很多情况下，反映的是企业在财务健康状况或特定发展时期的财务政策选择，而不是融资约束状况。已有的研究发现，这一类指标度量融资约束存在很大的误差。例如，Farre - Mensa 和 Ljungqvist（2016）[③] 利用美国不同州税率的交错提高作为自然实验，对已有的融资约束指标变量做了检验。针对债务资本市场，其主要假设是税率提高增加了"税盾"（债务资本利息可以用于税收抵扣）的价值，因而会增加企业对债务资本的需求，那么，面临有弹性的资本供给曲线的企业，税率提高会导致杠杆率的显著提升；相反，如果资本供给没有弹性，税率提高则不会提高企业的杠杆率。对于存在内外资本使用成本差的情况，成本差距越大，税率提高对杠杆率的影响倾向于越小。作者还设计了针对权益资本市场的检验，主要假设是，企业在权益资本市场面临供给刚性或内外资本成本差时，通常不会进行"股权资本回收"，或者倾向于将较少比例的股权发行资金派发给股东。

作者将检验结果和基于财务数据的融资约束指标做对比，发现依据这些指标被划分为面临约束的企业和被划分为没有面临约束的企业，在检验结果上并没有呈现出实质性的不同，甚至被划分为面临约束的企业，当税率增加时反而出现借贷显著增加，同时也在权益资本市场获得更多融资的情况。作者将这一结果解释为：基于财务数据的指标倾向于识别出的是年轻且成长快的企业，增长阶段决定了企业对资本需求的旺盛增长和财务政策的选择。

Schauer 及其合作者（2019）[④] 的一篇研究则将基于财务数据的指标和通过问卷自我评估出的融资约束"体感"进行比照分析，发现15% 被常用度量指标归为面临约束的企业，在自我评估中认为无约束。作者指出，这些研究结果表明，通过财务数据构建的很多指标更多反映了企业的财务健康状况，而不是资本市场的不完备性，而企业的规模、年龄，以及是否派发红利等方面的信息则可以更好地体现市场信息不对称造成的融资约束。在此基础上，作者在对投资现金流敏感性的检验中区分了内部财务约束和外部融资约束。

那么，是否存在相对于财务指标更优的度量融资约束的方法呢？上文中已经

① Lamont, O, C. Polk, and J. Saa - Requejo, Financial Constraints and Stock Returns, Review of Financial Studies, 14, 2001, pp. 529 - 554.

② Whited, T. and G. Wu, Financial Constraints Risk, Review of Financial Studies, 19, 2006, 531 - 559.

③ Farre - Mensa, J. and A. Ljungqvist, Do Measures of Financial Constraints Measure Financial Constraints? Review of Financial Studies, 29 (2), 2016, pp. 271 - 308.

④ Schauer, C., R. Elsas, and N. Breitkopt, A New Measure of Financial Constraints Applicable to Private and Public Firms, Journal of Banking and Finance, 101, 2019, pp. 270 - 295.

提到，Schauer 及其合作者（2019）使用投资现金流敏感性来检验并区分内部财务约束和外部资本供给约束，这些分析对于厘清文献中围绕投资现金流敏感度的争论有很大的启发。

投资现金流敏感度（Investment – cash Flow Sensitivity）衡量的是当企业现金流增加 1 美元时，投资会增加多少，反映投资对应现金流的敏感程度。这一指标是否能够用来衡量企业面临的融资约束一直以来存在较大的争议。最早提出这个概念的 Fazzari 及其合作者（1988）发现，低红利派发——代表面临融资约束——的企业，倾向于有更高的投资现金流敏感度。[1]然而 10 年后，Kaplan 和 Zingales（1997）[2] 却发现了相反的结论，即受到融资约束最严重的企业有更低的投资现金流敏感度。围绕这一相反的结论，学者们展开了各项研究，各自找到了可以支持双方结论的证据。Schauer 及其合作者（2019）总结正反两方面的观点认为，低和高的投资现金流敏感度都反映了融资约束的存在，只不过约束的来源不同，前者由投资需求端因素决定，后者由投资供给端因素决定。

进一步来说，当投资需求较低时，投资现金流敏感度也会较低。而财务健康状况影响投资需求，财务健康状况差的企业投资需求低，因而往往呈现较低的投资现金流敏感度。相反，资本供给约束会导致较高的投资现金流敏感度，原因是外部资本不可获得，或者获取成本过高时，企业将新增现金用于投资的倾向会更高。这一推论可以在很大程度上解释实证研究中发现的相冲突的证据（Guariglia，2008）[3]。基于财务指标，更多反映企业内部财务健康状况的研究，例如 Cleary（1999）[4] 倾向于发现融资约束和低现金流敏感度相关。在另一些研究中，如 Love（2003）[5]，发现投资现金流敏感度和经济体的金融发展水平相关，发达程度高的经济体相对于发达程度低的经济体，企业的投资现金流敏感度倾向于更低，可以理解为金融发展程度高的经济体中，金融市场的信息更为充分，摩擦程度低，因而企业较少受到外部资本约束的影响。

有一些学者从结构模型的视角来考虑投资现金流敏感度，考虑投资的边际收

① Fazari, S. , G. Hubbard, and B. Petersen, Financing Constraints and Corporate Investment, Brookings Papers on Economic Activity, 19, 1988, pp. 141 – 195.

② Kaplan, S. N. , and L. Zingales, Do Investment – cash Flow Sensitivities Provide Useful Measures of Financing Constraints?, Quarterly Journal of Economics, 115, 1997, pp. 707 – 712.

③ Guarigila, A. , Internal Financial Constraints, External Financial Constraints, and Investment Choice: Evidence from a Panel of UK Firms, Journal of Bank and Finance, 32 (9), 2008, pp. 1795 – 1809.

④ Cleary, S. , The Relationship between Firm Investment and Financial Status, Journal of Finance, 54 (2), 1999, pp. 673 – 692.

⑤ Love I. , Financial Development and Financing Constraints: International Evidence from the Structural Investment Model, The Review of Financial Studies, 16 (3), 2003, pp. 765 – 791.

益递减的情况，投资收益呈现倒"U"形函数，投资增加在一定的区间导致投资收益增加，而在超过最大化收益的临界点后，将导致投资收益的下降。[1]因而，当企业仍处于投资收益递增区间时，现金每增加一个单位，面临高融资约束的企业倾向于将更大比重的现金增量进行投资，相应反映在数据中，就会发现投资现金流敏感度较高。而当企业面临递减的投资收益和融资约束时，企业不会考虑增加投资，甚至会考虑出售资产缓解现金流压力或者偿还一部分债务，这样一来，投资现金流敏感度会较低，甚至会是负的。Ek 和 Wu（2018）[2] 的模型分析也支持这一结论，他们发现投资现金流敏感度和融资约束的相关性取决于利润函数和外部资本成本函数的设定。然而，他们指出，虽然高融资约束不必然导致高投资现金流敏感度，但是不面临融资约束的企业也不会呈现出过高的敏感性。换句话说，高融资约束虽然不是造成高投资现金流敏感度的充分条件，但可以构成必要条件。本质上看，结构性分析同供给和需求角度的分析是相一致的，因为当投资收益率开始降低时，同样意味着投资需求的减少。

综合以上文献中的讨论，我们可以这样来理解，投资现金流敏感度由资本市场供给和需求两方面的因素决定，而其背后代表的融资约束状况，也取决于哪一个方面的因素占主导作用。假如供给端的作用更显著，当面临资本供给刚性，或者内外资本成本差等外部约束时，企业将新增的内部资金用于投资的倾向较高，高投资现金流敏感度往往代表着高融资约束水平。然而，当需求端作用占主导时，高投资需求下，企业将尽可能利用内外部资金，即便没有融资约束的条件下，现金流和投资也会呈现较高程度的相关性；而当投资需求较低时，即便面临较高的融资约束，也会呈现较低的投资现金流敏感度。

这样看来，在特定的投资需求下，投资现金流敏感度的高低是可以反映企业面临的外部资本供给约束的。相较于基于财务指标构建的，且倾向于反映企业内部财务约束或需求端约束的代理指标，在有效控制了需求端因变量的前提下，通过检验投资现金流敏感度，更有助于我们解答本节开始时提出的问题。

二、融资约束的环境溢出效应

在众多研究融资约束的文献中，很多学者关注到融资约束可能产生的环境溢出效应。一个显而易见的原因是企业在面临融资约束时，倾向于减少对环境治理

---

[1] Cleary, S. , P. Povel and M. Raith, The U – shaped Investment Curve: Theory and Evidence, Journal of Quantitative Analysis, 42（1）, 2007, pp. 1 – 39.

[2] Ek, C. and G. L. Wu, Ek, C. and G. L. Wu, Investment – Cash Flow Sensitivities and Capital Misallocation, Journal of Development Economics, 133, 2018, 220 – 230.

相关设备和技术的更新投入。Zhou 和 Tang（2022）[①] 对中国企业的研究发现，高污染企业和非国有企业受到融资约束的影响更大，造成了这些企业污染排放的增加。同样是基于中国企业数据，Tian 和 Lin（2019）[②] 以及 Zhang 和合作者（2019）[③] 的研究都发现融资约束越严重，企业的环境表现越差。Anderson（2016）[④] 从相反的视角探讨了减少融资约束的环境影响，作者发现，当企业信贷约束减少时，企业可以扩大生产规模，获得更大的市场规模，并实现技术升级，从而带来生产效率的提高和单位资源消耗的减少，实现更优的环境效应；此外，该文的作者还通过实证检验发现信贷约束减少和空气污染浓度的改善相关。

Anderson（2017），探讨了融资约束产生环境影响的另一个渠道：一方面，污染排放往往和生产者的资产结构相关，有形资产占比较大的企业，倾向于产生较高的排放；另一方面，企业为了缓解信贷约束，会倾向于投资于有形资产，因为有形资产可以增加企业的抵押品，用于获得信贷。[⑤] 作者使用 1990 年至 2009 年美国上市企业工厂级化学污染排放数据对这一假说进行了检验，支持了信贷约束增加倾向于扭曲企业的资产结构，造成更多污染排放的观点。

虽然研究者对于融资约束的环境溢出效应有一定的共识，关于融资约束对企业的绿色和低碳转型投资的直接影响分析却并不多。目前文献对于绿色和低碳转型投资面临的融资约束的了解仍然十分有限。一部分研究关注企业是否有自发进行绿色投资的动力，但大多数考虑信贷充足、没有融资约束的条件下企业的绿色投资选择，且倾向于形成了相左的研究结论。一部分学者发现，如果没有政府运用碳税或补贴的手段进行干预，企业没有动力投资绿色技术。[⑥] 而另一部分学者则认为企业有自发的动力将环境和社会偏好内化到投资决策中，这样做可以帮助企

---

① Zhou, Xiaoguang and Xinmeng Tang, Does Financing Constraints Impact the Chinese Companies' Pollutants Emissions? Evidence from a Sample Selection Bias Corrected Model Based on Chinese Company – Level Panel Data, Environmental Science and Pollution Research, Vol. (29), 2022, pp. 44119 – 44123.

② Tian, Peng and Boqiang Lin, Impact of Financing Constraints on Firm's environmental Performance: Evidence from China with Survey Data, Journal of Cleaner Production, Vol. (217), 2019, pp. 432 – 439.

③ Zhang, Dongyang, Wncui Du, Liqun Zhuge, Zheming Tong and Richard Freeman, Do Financial Constraints Curb Firms' Efforts To control Pollution? Evidence from Chinese Manufacturing Firms, Journal of Cleaner Production, Vol. (215), 2019, pp. 1052 – 1058.

④ Anderson, D. C., Credit Constraints, Technology Upgrading, and the Environment, Journal of the Association of Environmental and Resource Economists, Vol. (3), No. 2, 2016.

⑤ Anderson, D. C., Do Credit Constraints Favor Dirty Production? Theory and Plant – level Evidence, Journal of Environmental Economics and Management, Vol. (84), 2017, pp. 189 – 208.

⑥ Acemoglu, D, U Akcigit, D Hanley and W Kerr, Transition to Clean Technology, Journal of Political Economy, 124 (1), 2016, pp. 52 – 104.

业获得额外的价值。①②近期的一篇工作论文提供了信贷约束和绿色投资相互作用的证据，文中意大利央行的研究者基于意大利全国范围3万家企业的数据，发现增加信贷可获得性有助于提高绿色投资倾向，且越是财务资源丰富的企业，信贷供给增加的刺激作用越强，作者还发现，同样对绿色投资起到促进作用的影响因素还包括社区的环境意识，以及亲绿政府给予的财政补助。③

三、碳溢价、绿色溢价和资本成本

在进一步讨论前，有必要引入两个概念：碳溢价和绿色溢价。前者是指碳或其他温室气体排放相关的额外成本，本质上是排放产生的环境和社会成本内化到了碳密集商品或服务的生产成本中；后者是相对于传统商品或服务，市场为低碳绿色替代方案而支付的额外费用，通常是由于绿色技术尚不成熟，或者尚未实现大规模商业化生产，使得绿色产品或服务相较于传统技术的成本更高。碳定价机制如碳税或碳排放权交易政策最终通过碳溢价来发挥作用，鼓励生产者减少碳排放。绿色溢价往往是市场和技术条件的结果，新技术在应用初期由于生产规模较小、供应链不完善等问题，在成本上往往不具有竞争力，这时需要通过政策激励来催化规模化发展和技术迭代，以缩小和传统碳密集技术的成本差距。例如，电动汽车在初期较传统燃油车贵，背后生产成本的差异就是绿色溢价，随着电池技术的进步，电动汽车生产规模的扩大，产业链的成熟，生产成本也随之大幅降低，加之政策补贴、税收优惠和政府直接采购等激励措施的共同作用，使得电动汽车的溢价不断减少。另外，燃油税、燃油价格提高等因素作用于传统燃油车，使得燃油车的使用成本提高，产生了碳溢价，促使燃油车生产者开发能耗更低的车型，并致力于混合动力或新能源汽车的研发和创新活动。

溢价的概念同样适用于资本市场，资本市场的溢价更多和风险因素相关。我们可以将和碳密集挂钩的资本成本的抬升理解为碳溢价，相应地，将绿色低碳项目资本成本相对较高理解为绿色溢价，无论是哪种溢价，背后体现的都是资本市场对气候风险影响下资产价值升降的评估，这一点我们会在第六章中做进一步阐述。国际上常见的可持续金融工具，如绿色信贷、绿色债券等，其目的就是使具备不同环境和气候风险特征的企业获得差异化的融资服务，制造碳溢价或降低绿

① P'astor, L., R. F. Stambaugh and L. A. Taylor, Sustainable Investing in Equilibrium, Journal of Financial Economics, 142 (2), 2021, pp. 550 – 571.

② Oehmke, M and M M Opp, A Theory of Socially Responsible Investment, The Review of Economic Studies, 2024, rdae048.

③ Accetturo, A, G Barboni, M Cascarano, E Garcia – Appendini and M Tomasi, Credit Supply and Green Investment, Working Paper Version, 2022 – 10 – 26.

色溢价，引导资本供给向绿色低碳项目倾斜。例如，银行向环保企业提供享有优惠利率的绿色贷款，或者对污染企业实施惩罚性利率；政府或企业发行绿色债券专门为具有环境效益的项目筹资，吸引愿意追求经济收益和社会收益平衡的投资者，这些金融政策很大程度上通过影响投资的资本成本来发挥作用。

然而，金融工具的目标和实际实施效果之间往往会存在差距。很多学者关注绿色金融工具的现实效果，一部分学者从资金供给方来看，检验银行和投资机构是否愿意为绿色项目提供更低成本的资金，这部分研究发现投资者提供的融资产品的成本往往和企业的环境信息披露有较强的相关性，CSR 或 ESG 评级较高的企业相对更容易获得融资或者成本相对更低的融资。[①] 不难理解，一方面信息披露增加了企业的透明度，降低了投资者因信息不对称而产生的收益不确定性，另一方面，环境风险潜在地造成声誉和实际经济赔偿损失，抬高了投资的风险溢价。

当然，也应当看到，在没有普遍强制要求下，愿意进行披露且有能力进行披露的往往是大规模且经营状况相对较好的企业，披露本身变成一个积极的市场信号。由于以往的研究大多数是基于缺少强制披露要求的市场环境中产生的数据，不排除研究结论存在"幸存者偏差"，也就是说，只是"更优质的投资标的"获得了更低成本的资金，而非基于绿色属性的差异化成本。

更多的学者从企业层面来直接检验企业环境表现和资本成本的关系。受限于数据可及性，大多数此类研究使用了上市公司的数据，且很多仍依靠第三方评级数据来作为企业环境表现的代理变量。[②]其中，有些研究主要关注债务资本成本。例如，2021 年的一项基于 6000 家来自 15 个欧盟成员国样本企业面板数据的研究发现，ESG 信息披露帮助企业以更低成本获得借贷资金，披露环境信息的影响尤为显著。[③]同一年，Raimo 及其合作者使用 31 个国家的 919 家企业的面板数据得出

① 文献中这一主题的著述甚多，例如，Goss, Allen and G. S. Robers, The Impact of Corporate Social Responsibility on the Cost of Bank Loans, Journal of Banking & Finance, Vol. (35), Issue 7, 2011, pp. 1794-1810. Eliwa, Y, A. Aboud and A. Saleh, ESG Practices and the Cost of Debt: Evidence from EU Countries, Critial Perspectives on Accounting, Vol. (79), 2021, 102097.

② 相关研究众多，较早期的代表型研究有 Sharfman, Mark P, and Chitru S Fernando, Environmental Risk Management and the Cost of Capital, Strategic Management Journal, 2008, 569-592. Chava, S, Environmental Externalities and Cost of Capital, Management Science, Vol. (69), No. 9, 2014. 较为近期的包括但不限于：Wong, R, H. T. M. Nguyen, and N. A. Kwansa, ESG Performance and Cost of Capital: What do We Know? Evidence from the US, International Journal of Monetary Economics and Finance, Vol. (17) No. 1, 2024. Ernst, D and F. Woithe, Impact of the Environmental, Social, and Governance Rating on the Cost of Capital: Evidence from the S&P 500, Journal of Risk and Financial Management, 17 (3), 2024, pp. 91.

③ Eliwa, Yasser, Ahmed Aboud and Ahmed Saleh, ESG Practices and the Cost of Debt: Evidence from EU Countries, Critical Perspectives on Accounting, 79, 2021.

了相似的结论，即 ESG 信息披露显著降低了企业的债务资本成本。①更为近期的一篇英国学者的研究，分析了企业在 ESG 和社会责任方面表现为不负责任的情况下，是否会受到借贷机构的惩罚，要求更高的借贷成本。该研究使用了 36 个国家从 2002 年到 2019 年的企业数据验证了不负责任的企业的债务成本较高的假设。②

研究者在分析 ESG 表现和权益资本成本的关系时同样发现，良好的 ESG 表现有助于降低企业的权益资本成本。例如，Ahmed 和合作者（2019）基于英国企业的研究发现，负责任的社会和环境表现和较低的权益资本成本相关，作者认为 ESG 表现良好代表着较低的风险和更高的投资价值。③

近年来越来越多的学者开始关注"洗绿"行为造成的财务影响，现有的证据倾向于支持市场可以相对有效识别"洗绿"行为的观点，这种情况下，"洗绿"将增加企业的资本成本。④

总结来看，现有研究结论基本上倾向于认为好的环境表现倾向于降低企业的资本成本，而负面的环境风险则起到相反的作用，包括企业的权益和债务成本。尽管如此，这些研究中，解释资本成本相对高低的仍主要是资产质量和预期风险，并没有支持绿色溢价或碳溢价的直接证据。

随着越来越多企业开始披露碳排放数据，一些研究者转而使用更直接的排放数据来检验企业的资本成本是否受到排放规模的影响。如果说 ESG 表现更多反映企业较为全面的经营状况和经营风险，那么碳排放数据则直接和企业面临的气候风险相关，特别是低碳转型过程中面临的资产价值的搁浅或重估。如果资本市场能够合理给气候风险定价，那么，棕色企业的资本成本就会高于绿色企业，高出的这一部分可以被理解为"碳溢价"或"气候风险溢价"。然而，气候风险在大多数人的理解中是宏观风险，对于企业层面是否受到碳溢价的影响，目前尚存在争议。⑤

① Raimo, Nicola, Alessandra Caragnano, Marianna Zito, Filippo Vitolla and Massimo Mariani, Extending the Benefits of ESG Disclosure: The Effect on the Cost of Debt Financing, Corporate Social Responsibility and Environmental Management, June 2021, Vol. (28) Issue 4, pp. 1157 – 1421.

② A. A. Hassan, Y. Eliwa, Y. Tahat, B. Burton, and S. R. Paramati, Does the Cost of Borrowing Increase to the Firms that are Socially and Environmentally Irresponsible?, Working Paper.

③ Ahmed, A. H., Y Eliwa, and D. Power, The Impact of Corporate Social and Environmental Practices on the Cost of Equity Capital, International Journal of Accounting and Information Management, 27 (3), 2019, pp. 425 – 441.

④ Horobet, A, A. Smedoiu – Popoviciu, R. Oprescu, L. Belascu and A. Pentescu, Seeing through the haze: greenwashing and the cost of capital in technology firms, Environment, Development and Sustainability, 2024

⑤ Arian, A. G. and J. Sands, Do Corporate Carbon Emissions Affect Risk and Capital Costs?, International Review of Economics and Finance, 93, 2024, pp. 1363 – 1377.

已有的很多分析都倾向于支持碳溢价的存在，例如，Bolton 和 Kacperczyk（2021）[①] 关于美国企业股票收益和绝对排放规模关系的分析，Palea 和 Drogo（2020）[②] 对于欧盟企业债务融资成本和碳排放关系的研究，以及 Trinks 及合作者（2022）基于 50 多个国家 1897 家企业权益资本成本和碳排放密度相关性的估计等。然而，近两年也有研究倾向于认为市场还没有形成显著的碳溢价。Aswani 及合作者（2023）[③] 就指出，排除数据误差，并没有发现碳排放和股票收益存在显著相关性，使用碳排放密度而不是碳排放总额，也没有发现二者的相关性。

总体来看，资本市场是否支持碳溢价尚有待进一步研究和探讨。此外，绿色溢价以何种规模存在，在哪些融资领域更为显著，如何有效降低绿色溢价？相关的研究还比较少。然而，只有在充分解答这些问题的基础上，政策制定才能有的放矢，真正起到撬动资本市场支持绿色低碳转型的作用。这也正是本章将碳溢价和绿色溢价检验作为核心内容的最主要原因。

第二节　资本供给是否偏好绿色企业

回到我们要检验的问题：绿色企业是否面临更高或者更低的融资约束？现有的文献尚没有对这个问题给出明确的答案，本节将通过实证检验来尝试回答。根据我们前文对于投资现金流敏感度这一概念的分析，我们可以提出这样的假设：将绿色企业和传统企业的投资现金流敏感度做对比，如果绿色企业没有面临更高的外部融资约束，则不会表现出更高的投资现金流敏感度；在绿色企业面临较高的外部融资约束时，在给定财务健康状况和投资需求下，投资现金流敏感度不会为零。

一、样本构建

为了对这一假设进行检验，我们选取不同国家具有代表性且财务数据具有可比性的企业，彭博终端的 BI ESG 数据库提供了这样一个选择。排除金融行业，我们得到全球 62 个股票市场的 943 家上市企业 2014—2022 年的面板数据。企业按注册地属于 58 个被世界银行归为中高收入的国家或地区，其中美国、欧盟、中国

[①]　Bolton P. and M. Kacperczyk, Do Investors Care About Carbon Risk?, Journal of Financial Economics, 142, 2021, pp. 517 – 549.

[②]　Palea V. and F. Drogo, Carbon Emissions and the Cost of Debt in the Eurozone: The Role of Public Policies, Climate – Related Disclosure and Corporate Governance, Business Strategy and the Environment, 2020.

[③]　Aswani, J., A. Raghunandan and S. Rajgopal, Are Carbon Emissions Associated with Stock Returns?, Review of Finance, Vol. (28), Issue 1, 2024, pp. 75 – 106.

和日本企业占到了 2/3。同时，这些企业规模以中大型市值企业为主，市值超过 2.5 亿美元的企业占比高达 97%。从行业分布来看，企业分属九大行业的 14 个工业部门。除了各类年报和财务分析数据，数据库中提供了企业的温室气体排放、能耗、ESG 评级等进行本研究必不可少的信息。由于篇幅所限，我们将关于样本企业的详细介绍和统计描述放到了附录中（参见附录）。

另外，本小节第二部分主要是回归方法的技术性介绍，对此类分析不感兴趣的读者可以跳过，从第三部分"检验结果分析"继续阅读。

二、检验方法

为检验企业的投资现金流敏感度，我们采用 Ek 及其合作者（2018）使用的误差校正模型（Error – Correction Model）[①]，基本设定如下：

$$投资_{i,s,t} = a_1 投资_{i,s,t-1} + \beta_1 现金流_{i,s,t-1} + \beta_2 现金流_{i,s,t}$$
$$+ \phi_1 销售额增长_{i,s,t-1} + \phi_2 销售额增长_{i,s,t} + \phi_3 [\log(资产_{t-2})$$
$$- \log(销售_{t-2})] + g_{st} + h_{ct} + \theta_i + \gamma_t + \varepsilon_{i,t}$$

其中，变量的下标 i 代表 1，…，N 家样本企业中的第 i 家，t 代表年份。模型中考虑了一系列固定效应，其中 g_{st} 和 h_{ct} 分别代表工业部门乘以年份的交叉效应，以及国家乘以年份的交叉效应，用于捕捉随时间变化的工业和国家层面的影响因素；下标 s 和 c 分别代表企业所属的工业部门和企业注册地所在的国家；θ_i 代表企业的固定效应；γ_t 是年份的固定效应。此外，β 和 ϕ 是待估计的参数，$\varepsilon_{i,t}$ 是误差项。

被解释变量——投资，为企业实际资产的净增量除以当年年初时企业的实际资产规模。现金流是企业净现金流变化除以当年年初时企业实际的资产规模。现金流的系数是我们主要关注的估计量，代表了企业平均投资现金流敏感度。模型中还包含了误差校正项 $[\log(资产_{i,t-2}) - \log(销售_{i,t-2})]$，作为对模型有效性的检验，校正项的系数应当为负值，原因在于，对应最优资本积累模型，当企业的资本积累水平高于理论最优时，企业将减少投资，相反则会增加投资，误差校正项用实际资产和销售额之差近似代表资本积累水平和理论最优水平的差值。

投资机会变量用于控制投资需求端的影响因素。我们对投资机会做进一步拆解，可以分为企业、工业部门和所属国家或地区三个层面的影响，企业层面可以使用企业实际销售额的变化作为投资机会的控制变量，工业部门和国家或地区层

[①] 具体模型推导和变量构建参照 Ek, C. and G. L. Wu, Investment – Cash Flow Sensitivities and Capital Misallocation, Journal of Development Economics, 133, 2018, 220 – 230。文中不再赘述。

面则使用工业部门虚拟变量乘以年份，以及国家或地区虚拟变量乘以年份，分别用于捕捉随时间变化的、影响工业部门和国家（地区）两个层面投资机会的固定效应。具体来说，国家（地区）年份固定效应可以捕捉诸如 GDP 增长、投资增长等一个经济体范围内宏观层面影响投资需求的可变因素。行业年份固定效应控制了行业随时间变化的增长趋势，捕捉了影响特定行业企业投资需求的因素。企业销售的增长包含了企业层面投资需求变化的信息。

这一模型中，上一期的投资同样受到企业固定效应的影响，因而存在内生性问题。常用的一阶差分估计（First – difference Estimator）和固定效应估计（With – in Estimator）都无法完全解决动态模型的内生性问题。为此，Arellano 和 Bond（1991）提出了可以获得一致性估计的方法，按这一方法估计的结果被称为 Arel-lano – Bond 估计值。其方法建立在利用滞后变量作为工具变量，组成工具变量矩阵的方法基础上，在误差项不存在时间序列上的自相关（Autocorrelation）的前提下，可以得到统计意义上一致的估计结果。

我们利用总排放量、碳排放强度和能源强度对企业进行定义。将每一年样本中总排放量、碳排放强度和能源强度排位后 1/3 的企业考虑为绿色企业，将三项指标排位前 1/3 的企业归为棕色企业。我们在对企业类型代理变量进行检验时，既可以检验和比较绿色或棕色企业面临的融资约束，同时也对经济体中的实际激励机制（激励哪一类企业）做了检验。

三、检验结果分析

我们的假设是：虽然高融资约束不必然导致高现金流敏感度，但无约束的情况下一般也不会呈现过高的敏感度。我们利用这一点来检验融资约束是否偏好绿色企业。具体来说，假设绿色企业无约束或者相对高污染企业面临更低的约束，那么我们倾向于发现绿色企业不会呈现相对于高污染企业更高的现金流敏感度。然而，我们的估计结果倾向于推翻这一假设。

表 5 – 1 列举了我们的主要估计结果。现金流变量和企业类型的虚拟变量的交叉项系数是我们主要关注的参数估计值。企业每年按照排放密度、排放总量和能耗强度分别进行三等分，每个指标的前 1/3 和后 1/3 进行比较，构成了三个比较组：低排放密度与高排放密度，低排放与高排放，低能耗与高能耗。

结果显示，无论是三个指标中的哪一个，绿色企业都倾向于较其他类型企业呈现更高的现金流敏感度。另外，当企业类型虚拟变量代表低排放密度、低排放或低能耗时，该虚拟变量的估计系数均显著为负，代表绿色企业平均投资要低于其他类型企业。与此同时，结果中没有发现高排放密度、高排放或高能耗企业的投资现金流敏感度显著高于其他企业，不仅如此，尽管统计意义上不显著，但高排放或高耗能企业虚拟变量和现金流交叉项的系数均为负数，意味着资本市场并没有显示对高排放或高能耗企业形成更强的融资约束。

综合这几个方面的结果，我们可以得出一个初步的结论：从融资约束的角度来看，我们没有发现有利于绿色企业的资本供给激励机制。相反，相对于棕色企业，绿色企业平均投资水平更低，且倾向于面临更高的融资约束。

表 5 –1　　　　　　　　　　　　投资现金流敏感度检验

解释变量	企业类型虚拟变量						
	(1)	(2)	(3)	(4)	(5)	(6)	(7)
	全部企业	低排放密度	低排放	低能耗	高排放密度	高排放	高能耗
滞后一期投资	− 0.002	− 0.003	− 0.003	− 0.005	− 0.002	− 0.003	− 0.002
	(0.019)	(0.019)	(0.019)	(0.019)	(0.019)	(0.019)	(0.019)
销售增长	0.101 ***	0.101 ***	0.100 ***	0.102 ***	0.101 ***	0.101 ***	0.100 ***
	(0.011)	(0.011)	(0.011)	(0.011)	(0.011)	(0.011)	(0.011)
滞后一期销售增长	− 0.005	− 0.006	− 0.005	− 0.005	− 0.005	− 0.005	− 0.005
	(0.007)	(0.007)	(0.007)	(0.007)	(0.007)	(0.007)	(0.007)
现金流	0.162 ***	0.123 *	0.110 *	0.110 *	0.170 **	0.176 ***	0.140 **
	(0.063)	(0.064)	(0.064)	(0.064)	(0.071)	(0.068)	(0.071)
滞后一期现金流	− 0.043	− 0.097	− 0.100	− 0.048	− 0.016	− 0.044	− 0.009
	(0.065)	(0.066)	(0.068)	(0.066)	(0.074)	(0.071)	(0.075)
现金流#企业类型虚拟变量		0.664 ***	0.667 ***	0.914 ***	− 0.019	− 0.102	0.130
		(0.192)	(0.168)	(0.182)	(0.139)	(0.156)	(0.137)
滞后一期现金流#企业类型虚拟变量		0.791 ***	0.465 ***	0.256	− 0.113	0.024	− 0.144
		(0.212)	(0.169)	(0.204)	(0.144)	(0.160)	(0.137)
企业类型虚拟变量		− 0.034 *	− 0.067 ***	− 0.039 **	0.003	0.007	0.016
		(0.019)	(0.019)	(0.019)	(0.023)	(0.025)	(0.022)
误差校正项	− 0.005	− 0.006	− 0.008	− 0.008	− 0.004	− 0.005	− 0.005
	(0.028)	(0.028)	(0.028)	(0.028)	(0.028)	(0.028)	(0.028)
面板观测值	6162	6162	6162	6162	6162	6162	6162
企业数量	903	903	903	903	903	903	903

注：1. 表中给出了误差校正模型的 Arellano – Bover/Blundell – Bond 动态线性面板数据估计，选取样本中的高收入国家企业进行估计。2. 括号中是 GMM 稳健标准误差值。3. 星号代表显著性检验结果，*** $p < 0.01$，** $p < 0.05$，* $p < 0.1$，H0：系数为 0。

第三节　绿色企业的资本成本更低吗

前文分析中提到，融资约束发生在外部资金成本高于内部资金成本时，极端情况下，无论支付多高的成本，企业也无法获得外部资金，资本供给弹性趋于零。因而，企业资本成本的高低也在一定程度上反映了融资约束。当碳溢价存在时，棕色企业的资金成本更高，而绿色溢价则使绿色企业支付相对更高的资金成本。

资金成本本身代表企业投资的机会成本，资本成本高低会对企业的绿色投资决策产生直接影响。2023 年的《世界投资报告》就指出，资本成本是发展中国家，特别是不发达国家进行能源转型的一大障碍。[①] 牛津大学可持续金融研究组（Oxford Sustainable Finance Group）2023 年的一份研究报告专门关注资本成本和能源转型的关系，强调保证低碳投资的资本成本低于高碳投资，是决定金融机构和企业选择低碳投资，推动能源转型的关键机制。[②] 之所以资本成本在能源转型议题中受到格外关注，是因为能源投资一般为资本密集型投资，资本成本对投资选择的相对重要性更高。但这不代表资本成本对其他领域的可持续投资决策无关紧要，绿色创新、低碳转型都需要大规模资本投入，资本成本变化无疑是预测可持续投资增长速度的重要变量。这一节我们从资本成本的角度来讨论企业绿色低碳投资的激励和约束机制，重点考察资本成本的变化是否对绿色低碳投资构成了激励。

一、资本成本的概念和决定因素

要回答资本成本的变化是否有利于绿色低碳投资增长的问题，我们先简要介绍一下资本成本的定义、决定资本成本的因素，以及资本成本如何进行度量。熟悉相关内容的读者可以直接跳到下面的文献综述部分。

资本成本（Cost of Capital），简单来说是企业获取和使用资本的成本，代表了投资特定项目的机会成本。按照资金的来源，资金成本可分为权益资本成本和债务成本。权益资本成本（Cost of Equity Capital）主要指股票市场筹集资金的成本，也可以理解为企业从股票市场融资时提供给股票投资者的报酬率。权益资本成本受股票市场波动、风险预期、投资者主观情绪等因素影响较大。债务成本（Cost of Debt）是指企业通过借款，如银行贷款、发行债券等方式筹集资金的成

---

① 联合国贸易和发展会议，"世界投资报告 2023——为人人享有可持续能源投资"。
② Zhou, XY, C. Wilson, A, Limburg, G Shrimali and B Caldecott, Energy Transition and the Changing Cost of Capital：2023 Review, Oxford Sustainable Finance Group, March 2023.

本，包括债务利息支付及其他相关费用。债务成本主要受到行业景气度、企业信用状况、市场利率等因素的影响。

虽然资本成本高低可以反映融资约束，但除了融资约束，影响资本成本的因素还有很多，不同企业资本成本的差异在很大程度上反映了投资收益和风险在不同地区、行业的分布，以及企业自身投资效率和风险差异。我们在比较资本成本差异时，这些因素都需要考虑在内。从投资收益和风险两个维度来看，影响资本成本的因素可以概括为以下几个方面。

1. 企业内部因素。企业在规模、技术、经营和治理诸多方面的因素都将影响项目投资能否有效推进，以及投资人的收益可以在多大程度上被保障。但企业自身质量对于资金成本可能有正负两方面的影响。一方面，对于相同的投资项目，优质企业预期风险低，可以以更低的成本融资；另一方面，优质企业因为效率高，可以承诺投资人以更高的收益率，因而可能相对于其他企业资金成本更高。举个更为具体的例子，企业的规模大，一方面可能给投资人更多风险保障，因而相对可以低成本贷款或者发行价格较高的债券；而另一方面，规模优势下，投资人预期的投资回报率也会比较高，倾向于抬高资金成本。

2. 行业或技术特征。资金成本的高低受行业特征影响显著。有估算显示，建筑业资金成本平均在 6.35% 左右，零售业在 1.98% 左右，生物技术、制药、钢铁、石油天然气等在研发或固定设备投资巨大的行业，通常资金需求大，投资回报周期长，因而资金成本也倾向于较高。相反，在银行、公共水电服务等固定设备投入少，但现金流相对稳定的行业，意味着投资的风险也较低，因而资金成本通常会比较低。[①]

3. 地区金融发展水平。资本成本同样受到资本供给和需求的影响，和金融市场的规模和结构密切相关。需求大于供给将抬高资金成本，相反则会降低资金成本。在金融服务机构聚集、发展水平较高的地区，市场信息不对称程度低，有助于资金供给和需求方的高效匹配，降低交易成本，使以较低的成本提供资金成为可能。同样，规模较大、运行高效的股票市场，将帮助企业以较低的成本融到资。此外，利率的市场化水平、中央银行对于基准利率的调控机制等金融系统发展的其他方面也会影响资金成本。

4. 宏观经济环境。稳定增长的宏观经济会带来资金需求和供给两方面的增长，如果吸引了大量外来投资，可能使供给增长的速度超过需求增长的速度，促进资金成本的降低。在宏观经济稳定增长的情况下，积极的预期将鼓励对未来的投资，促进资金供给的增加，从而降低资金成本。

---

① 赵宣凯，张咪，何宇．美国货币政策冲击影响企业融资成本吗？[J]．金融评论，2022：14（5）．

5. 经济政策和监管。政策可以直接或间接影响企业资金成本。直接影响通常可以通过税收减免、财政补贴，增加货币供应，降低实际利率等财政或货币政策工具实现。通过管理政策预期，市场风险预期，政策可以间接影响企业资金成本。此外，资本市场监管、信息披露制度、绿色标准和分类体系的建立和监管，在很大程度上影响投资供给和需求的匹配效率，从而影响企业的资金成本。

6. 气候风险和气候政策。气候风险的演进具有一定的不连续性，如果未来某个时期，全球变暖造成的损失显著增长，会使得气候相关绿色投资的收益率大幅提高。政策风险方面，新冠疫情加重了各国政府的债务负担，加上经济增长放缓、地缘冲突等多方面因素，给各国政府能否履行气候承诺带来不确定性。有些政府会为了维系短期债务平衡和实现增长目标，在气候行动相关政策方面做出妥协。例如，2023 年 9 月，时任英国首相苏纳克（Sunak）宣布了英国政府在气候政策方面的重大变化，包括修改此前燃油车退出时间表。这些正在进行以及潜在可能发生的政策变化，将抬升可持续投资的风险溢价，导致资金成本的上升。

二、绿色企业资金成本检验

要回答本节的主要研究问题：绿色企业是否较棕色企业享有更低的资本成本？有必要在现有研究的基础上做进一步的检验和分析。前文已经介绍过，彭博 ESG 数据库中的企业样本，覆盖国家和行业范围广，提供了碳排放总量、排放密度和能耗密度三个维度的指标，以及包括企业资本成本在内的财务分析和财务报告数据，为我们的研究提供了较为理想的数据基础。

我们使用加权平均资金成本（Weighted Average Cost of Capital，WACC）来度量企业的资本成本。WACC 是债务成本和权益成本以各自在总资本中所占的比重作为权重计算的平均值，用于衡量企业总体使用资本的成本状况。在估值模型中，WACC 常常被用作折现率，计算项目或企业的价值。因而，相较于单一的债务成本和权益成本，WACC 更为直接地影响投资决策。书中使用的税后 WACC 数值为彭博终端计算给出。

在考虑 WACC 的回归模型时，因变量除了我们主要关注的碳排放或能耗变量，如我们在前面分析资本成本决定因素时提到的，需要考虑不同层面的风险因素。我们先从 WACC 的计算公式出发来推导回归模型，用 r 来代表资本成本，下标代表对应的资本来源，税后加权平均资本成本可以表示为

$$r_{wacc} = \left(\frac{权益资本}{权益资本 + 债务资本}\right) \times r_{权益资本}$$

$$+ \left(\frac{债务资本}{权益资本 + 债务资本}\right) \times r_{债务资本} \times (1 - 税率)$$

我们主要考虑以下几个方面的控制变量。

（1）企业层面的风险因素，包括企业面临的系统性风险，也就是通常所说的Beta值，决定该企业股票的预期回报率，更高的回报率意味着更高的成本；企业的杠杆率和违约风险，杠杆率和违约风险越高时，投资者要求更高的风险溢价，从而导致资本成本的抬升。此外，还有公式中出现的企业资本结构。

（2）反映企业效率和收益特征的变量，包括企业的规模、盈利能力、资产收益率等。这类指标对WACC的影响方向存在不确定性。例如，一般来说，盈利能力强的项目吸引更多投资，资本供给端的竞争倾向于降低资本成本；然而，如果所需资金的规模较大，有能力负担的投资者并不多，这种情况下，投资者可能也会要求更高的回报，从而抬高资本成本。

（3）宏观风险，包括无风险利率水平，国家或地区政治、经济环境相关的风险，以及行业风险。税收也可以归为宏观风险的一部分。上面的公式体现了债务资本的"税盾"效应，税率较高时，企业倾向于更多使用债务资本。但税率对于资本成本的影响存在不确定性，一方面，税率高倾向于减轻企业债务成本负担，因为债务利息可以用于抵税，相当于降低了实际债务利息；但另一方面，高税收会通过降低了企业的税后收益，降低了资本收益率，从而倾向于抬高资本使用的机会成本（投入其他项目可能获得的最高收益）。

基于以上三个方面，我们参考文献中的常用做法对变量进行选择，具体定义和变量构建方法参见表5-2。

表5-2　　　　　　　　　　　　　被解释和解释变量的构建

理论变量	替代变量
被解释变量：WACC	彭博终端计算的税后WACC
碳排放密度	碳排放密度的自然对数； 按排放密度由低到高等分为三组的分类虚拟变量
碳排放	碳排放自然对数； 按排放量由低到高等分为三组的分类虚拟变量
能耗	能耗强度的自然对数； 按能耗由低到高等分为三组的分类虚拟变量
企业系统性风险	使用滞后一期WACC捕捉企业系统性风险
杠杆率	总负债/总资产
资本结构	债务资本/（债务资本＋权益资本）
违约率	彭博社预测的企业6个月、3年和5年的违约概率

续表

理论变量	替代变量
规模	总资产的自然对数
盈利能力	市净率（Market - to - Book） 资产收益率（ROA）
其他不随时间变化特征	企业固定效应
无风险利率	年份固定效应
国家或地区风险	国家＊年份固定效应
行业风险	行业＊年份固定效应

　　考虑到碳排放的影响未必是连续的，或者说只有当碳排放足够高或者足够低时才会受到碳溢价或绿色溢价的影响，因而，作为碳排放的替代变量，我们将样本按照每年总排放量、碳排放强度或能源强度由低到高平均分为三组，构建分类虚拟变量。该虚拟变量的系数代表每组企业平均的状况。如果存在对资本市场分布在排放数据两端企业的奖励或惩罚，将反映在组之间的系数差距上。此外，我们还通过国家或区域的虚拟变量和排放变量的交叉项，比较不同经济体中碳排放和资本成本相关性的差异。我们选择重点关注欧盟、美国和中国三个企业样本数占比最多，且每年碳排放规模最大的三个经济体进行比较。事实上，印度的排放量超过欧盟，排在中国和美国之后，但样本中印度的企业数量占比较小，可能不具备统计比较的意义。此外，欧盟作为全球碳定价发展相对最为成熟的经济体，更有可能形成碳溢价。

表 5 - 3　　　　　　　　　　　碳排放密度和资本成本

解释变量	企业类型虚拟变量				
	（1） With - in 估计值	（3） Arellano - Bover/ Blundell - Bond 估计值	（2） With - in 估计值	（4） Arellano - Bover/ Blundell - Bond 估计值	（5） Arellano - Bover/ Blundell - Bond 估计值
滞后一期 WACC	0.204 *** (0.022)	0.332 *** (0.031)	0.204 *** (0.022)	0.329 *** (0.031)	0.330 *** (0.031)
规模	0.431 *** (0.159)	-0.005 (0.212)	0.421 *** (0.160)	-0.005 (0.211)	-0.011 (0.212)
市净率	-0.001 (0.001)	-0.003 *** (0.001)	-0.001 (0.001)	-0.003 *** (0.001)	-0.003 *** (0.001)
杠杆率	1.622 ** (0.794)	1.223 (0.772)	1.636 ** (0.799)	1.214 (0.772)	1.205 (0.772)

续表

解释变量	企业类型虚拟变量				
	(1)	(3)	(2)	(4)	(5)
	With – in 估计值	Arellano – Bover/ Blundell – Bond 估计值	With – in 估计值	Arellano – Bover/ Blundell – Bond 估计值	Arellano – Bover/ Blundell – Bond 估计值
3 年违约概率	6.902***	5.526***	6.973***	5.496***	5.391***
	(2.175)	(1.682)	(2.182)	(1.680)	(1.685)
债务资本占比	-0.077***	-0.088***	-0.077***	-0.088***	-0.088***
	(0.006)	(0.006)	(0.006)	(0.006)	(0.006)
资产收益率	-0.736	-1.240*	-0.822	-1.215*	-1.174*
	(0.811)	(0.684)	(0.822)	(0.680)	(0.682)
碳排放密度	0.103	-0.053			
	(0.079)	(0.096)			
中等排放密度			0.010	-0.127	-0.335
			(0.113)	(0.152)	(0.318)
高排放密度			0.037	-0.205	-0.064
			(0.199)	(0.248)	(0.198)
欧盟 * 中等排放密度					0.070
					(0.434)
欧盟 * 高排放密度					-0.194
					(0.809)
美国 * 中等排放密度					-0.250
					(0.389)
美国 * 高排放密度					0.392
					(0.615)
中国 * 中等排放密度					-0.495
					(0.689)
中国 * 高排放密度					0.411
					(1.075)
常数	2.054	8.896***	2.675	8.266***	11.616***
	(2.154)	(3.206)	(2.146)	(3.132)	(3.425)
年份固定效应	√	√	√	√	√
国家 * 年份固定效应	√	√	√	√	√
行业 * 年份固定效应	√	√	√	√	√
样本数	4647	4647	4647	4647	4647

续表

解释变量	企业类型虚拟变量				
	（1）	（3）	（2）	（4）	（5）
	With – in 估计值	Arellano – Bover/ Blundell – Bond 估计值	With – in 估计值	Arellano – Bover/ Blundell – Bond 估计值	Arellano – Bover/ Blundell – Bond 估计值
R^2	0.569		0.569		
企业数	729	729	729	729	729

注：1. 表中列出的是对 WACC 的线性面板数据回归分析，采用了 With – in 和动态模型两种估计方法，以检验结果的稳健性。2. 对于 With – in 估计模型，括号中给出的是稳健标准方差（Robust Standard Errors）；对于 Arellano – Bover/Blundell – Bond 估计，给出的是 GMM 方差。3. 星号代表显著性统计检验（H0：系数为零）结果，*** $p<0.01$，** $p<0.05$，* $p<0.1$。

表 5 – 4　　　　　　　　　　　碳排放和资本成本

解释变量	企业类型虚拟变量				
	（1）	（3）	（2）	（4）	（5）
	With – in 估计值	Arellano – Bover/ Blundell – Bond 估计值	With – in 估计值	Arellano – Bover/ Blundell – Bond 估计值	Arellano – Bover/ Blundell – Bond 估计值
滞后一期 WACC	0.204 ***	0.200 ***	0.336 ***	0.336 ***	0.338 ***
	(0.022)	(0.022)	(0.031)	(0.031)	(0.031)
规模	0.384 **	0.404 **	0.029	0.017	0.007
	(0.170)	(0.160)	(0.213)	(0.212)	(0.212)
市净率	-0.001	-0.001	-0.003 **	-0.003 **	-0.003 **
	(0.001)	(0.001)	(0.001)	(0.001)	(0.001)
杠杆率	1.591 **	1.618 **	1.176	1.181	1.117
	(0.793)	(0.797)	(0.771)	(0.772)	(0.773)
3 年违约概率	6.809 ***	6.893 ***	5.039 ***	5.041 ***	5.027 ***
	(2.156)	(2.150)	(1.676)	(1.677)	(1.679)
债务资本占比	-0.077 ***	-0.077 ***	-0.087 ***	-0.087 ***	-0.086 ***
	(0.006)	(0.006)	(0.006)	(0.006)	(0.006)
资产收益率	-0.775	-0.775	-1.089	-1.089	-1.095
	(0.818)	(0.818)	(0.682)	(0.682)	(0.683)
碳排放	0.113	-0.045			
	(0.088)	(0.105)			
中等排放			0.417 **	-0.004	-0.015
			(0.168)	(0.175)	(0.224)

续表

解释变量	企业类型虚拟变量				
	(1)	(3)	(2)	(4)	(5)
	With – in 估计值	Arellano – Bover/ Blundell – Bond 估计值	With – in 估计值	Arellano – Bover/ Blundell – Bond 估计值	Arellano – Bover/ Blundell – Bond 估计值
高排放			0.509 **	− 0.011	− 0.070
			(0.228)	(0.274)	(0.361)
欧盟 * 中等排放					0.094
					(0.499)
欧盟 * 高排放					0.584
					(0.761)
美国 * 中等排放					− 0.337
					(0.477)
美国 * 高排放					0.025
					(0.726)
中国 * 中等排放					0.758
					(0.708)
中国 * 高排放					− 0.638
					(1.084)
常数	3.210	2.655	5.794 *	6.505 **	6.095 *
	(2.286)	(2.148)	(3.276)	(3.206)	(3.217)
年份固定效应	√	√	√	√	√
国家 * 年份固定效应	√	√	√	√	√
行业 * 年份固定效应	√	√	√	√	√
样本数	4673	4673	4673	4673	4673
R^2	0.568	0.569			
企业数	730	730	730	730	730

注：1. 表中列出的是对 WACC 的线性面板数据回归分析，采用了 With – in 和动态模型两种估计方法，以检验结果的稳健性。2. 对于 With – in 估计模型，括号中给出的是稳健标准方差（Robust Standard Errors）；对于 Arellano – Bover/Blundell – Bond 估计，给出的是 GMM 方差。3. 星号代表显著性统计检验（H0：系数为零）结果，*** $p < 0.01$，** $p < 0.05$，* $p < 0.1$。

表 5 - 5 能耗强度和资本成本

解释变量	企业类型虚拟变量				
	(1)	(3)	(2)	(4)	(5)
	With - in 估计值	Arellano - Bover/ Blundell - Bond 估计值	With - in 估计值	Arellano - Bover/ Blundell - Bond 估计值	Arellano - Bover/ Blundell - Bond 估计值
滞后一期 WACC	0.204 ***	0.205 ***	0.324 ***	0.329 ***	0.331 ***
	(0.024)	(0.025)	(0.032)	(0.032)	(0.032)
规模	0.398 **	0.405 **	0.049	0.050	0.050
	(0.176)	(0.175)	(0.214)	(0.214)	(0.214)
市净率	- 0.000	- 0.000	- 0.003 **	- 0.003 **	- 0.003 **
	(0.001)	(0.001)	(0.001)	(0.001)	(0.001)
杠杆率	0.774	0.778	0.323	0.369	0.318
	(0.812)	(0.811)	(0.790)	(0.791)	(0.790)
3 年违约概率	6.513 ***	6.484 ***	5.416 ***	5.349 ***	5.021 ***
	(2.167)	(2.168)	(1.718)	(1.721)	(1.722)
债务资本占比	- 0.076 ***	- 0.076 ***	- 0.088 ***	- 0.088 ***	- 0.088 ***
	(0.006)	(0.006)	(0.006)	(0.006)	(0.006)
资产收益率	- 1.123	- 1.088	- 1.510 **	- 1.498 **	- 1.502 **
	(0.773)	(0.769)	(0.684)	(0.685)	(0.685)
能耗强度	0.013	0.066			
	(0.065)	(0.074)			
中等能耗			0.040	0.239	- 0.144
			(0.128)	(0.159)	(0.219)
高能耗			0.295	0.568 **	0.427
			(0.223)	(0.240)	(0.335)
欧盟 * 中等能耗					1.336 ***
					(0.406)
欧盟 * 高能耗					1.246 **
					(0.629)
美国 * 中等能耗					0.343
					(0.400)
美国 * 高能耗					- 0.018
					(0.635)
中国 * 中等能耗					0.740
					(0.739)

解释变量	企业类型虚拟变量				
	(1)	(3)	(2)	(4)	(5)
	With – in 估计值	Arellano – Bover/ Blundell – Bond 估计值	With – in 估计值	Arellano – Bover/ Blundell – Bond 估计值	Arellano – Bover/ Blundell – Bond 估计值
中国 * 高能耗					-0.516
					(0.902)
常数	3.219	3.064	5.314	5.074	4.576
	(2.459)	(2.393)	(3.329)	(3.220)	(3.217)
年份固定效应	√	√	√	√	√
国家 * 年份固定效应	√	√	√	√	√
行业 * 年份固定效应	√	√	√	√	√
样本数	4493	4493	4493	4493	4493
R^2	0.578	0.578			
企业数	734	734	734	734	734

注：1. 表中列出的是对 WACC 的线性面板数据回归分析，采用了 With – in 和动态模型两种估计方法，以检验结果的稳健性。2. 对于 With – in 估计模型，括号中给出的是稳健标准方差（Robust Standard Errors）；对于 Arellano – Bover/Blundell – Bond 估计，给出的是 GMM 方差。3. 星号代表显著性统计检验（H0：系数为零）结果，*** $p<0.01$，** $p<0.05$，* $p<0.1$.

表 5 – 3、表 5 – 4 和表 5 – 5 分别检验了碳排放密度、碳排放量和能耗强度与企业资本成本的关系。我们采用了两种识别方法：一种是固定效应（With – in）估计，没有考虑滞后变量和固定效应之间的相关性；另一种是动态模型（Arellano – Bover/Blundell – Bond）估计值，使用滞后变量或滞后变量的差作为工具变量。

我们发现，无论是度量碳排放密度的连续变量还是分类变量，两种模型中均没有发现碳排放密度对资本成本产生任何显著影响。但对于碳排放总量，固定效应估计值显示排放规模越大的组，平均资本成本越高。相较于低排放企业，中等排放和高排放企业的资本成本分别高出了约 0.4 个和 0.5 个百分点。但当考虑动态模型并使用工具变量后，排放规模变量的系数大幅减小，且显著性消失。因而，不能排除这一显著性结果存在源于内生性的估计偏差。比如说企业的技术特征同时导致了高资本成本和高排放，那么回归结果倾向于发现碳排放和资本成本之间假性或者被高估的相关性。对于不同的经济体，我们也没有发现二者相关性的显著差异。

针对能耗强度的检验发现，高能耗的企业较低能耗企业的资本成本平均高出接近 0.6 个百分点。高能耗企业往往有较大规模的固定资产投入，如前文已经讨论的，固定资产投入资金需求量大，投资回报周期相对较长，因而往往资金使用的成本也较高。然而，在我们的模型估计中，已经考虑了行业年份固定效应和企业固定效应。因而估计结果更倾向于反映资本市场对于高能耗企业额外的"惩罚"，背后可能是由于面临的监管风险高，或者气候危机下的转型风险更高等原因。

此外，分区域的估计发现，欧盟中等能耗和高能耗企业的资本成本相较其他经济体同等能耗分类的企业要显著高出 1.3 个和 1.2 个百分点。对于这个结果的解释应当慎重对待。如果说是能源结构差异和能源成本高导致了高能耗企业的资本成本比较高，那么这部分影响可以被国家年份固定效应捕捉。因而，我们更倾向于认为，相对于其他经济体，欧盟资本市场存在对于高能耗企业更高的"惩罚"，并表现为更高的资本成本。这部分"惩罚"可能来源于碳交易、碳税和更高的能源价格导致的"碳溢价"。

总结以上分析结果，我们并没有发现企业资本成本中，有和碳排放规模或强度直接相关的"碳溢价"，也没有发现支持绿色溢价的显著证据，即绿色企业的资本成本更高。目前来看，资本供给倾向于存在针对能源使用，而非碳排放的奖惩机制。

小结

企业是绿色创新和转型的主要执行者，能否获得充足且持续的融资，是企业发展壮大的先决条件。然而，在现实世界中，由于市场信息不对称造成的金融摩擦（Financial Fricitons）往往导致资本错配和资本流动效率的低下，一个重要表现是企业无法融到资，或者不得不以高于实际风险溢价的成本获得融资。很多研究表明，金融摩擦造成的融资约束带来环境溢出效应，限制了企业的技术升级和减排努力。那么，私人部门可持续投资增长缓慢是否也和融资约束有关呢？如果答案是否定的，那么市场上的资本供给是否对绿色投资增长构成激励呢？这是本章想要回答的核心问题。

为此，我们使用不同国家上市企业构成的样本数据，对比低排放企业（我们称之为绿色企业）和高排放企业（棕色企业）做了两项检验：一是检验低排放企业是否面临更高或更低的融资约束，二是检验低排放企业是否享有更高或更低的资金成本。如果资本供给对低碳转型构成激励，那么，对于绿色企业而言，我们应当发现其相对棕色企业更宽松的融资约束或更低的资本成本。然而，遗憾的是，两项实证检验结果倾向于支持相反的结论，我们并没有发现资本供给对绿色投资构成激励。

当然，受限于数据和分析工具，我们不能仅仅依据这两项初步实证检验的结果就断言激励机制并不存在。但这一结果值得我们关注和进一步深入研究，以思考如何更好地从政策层面理顺资本市场和可持续发展目标之间的关系。

第六章　金融机构可持续投资的激励与约束

在进入本章之前，让我们先来了解一下 2023 年来势汹汹的 ESG 抵制运动，以帮助我们更好地理解金融机构致力于可持续投资所面临的市场和社会环境。

2017 年 12 月，乘着《巴黎协定》的东风，全球投资者气候行动合作倡议 Climate Action 100＋（以下简称 CA100）在法国政府主持的"一个地球峰会"上发起成立。该倡议的目标是通过行使资产持有者权利，推动全球最大的温室气体排放企业致力于减缓和适应气候变化的行动。随后几年中，全球最具影响力的基金、养老基金、主权财富基金、投行、资管、保险等金融机构相继加入。截至 2022 年底，CA100 成员数量超过 700 家，资产管理规模达 68 万亿美元，成为全球最大的致力于气候变化的投资者联盟。[①]

然而，就在 CA100 信心满满跨入新发展阶段时，却遭遇了一股强烈抵制 ESG 的风潮。2017—2022 年是 CA100 倡议行动的第一个阶段，联盟在推动重点公司作出净零排放承诺，推动气候相关信息披露上面取得了显著的进展。2023 年，CA100 宣布到 2030 年推行第二个阶段战略，进一步向重点公司施加压力。作为标志性案例，荷兰绿色投资者联盟组织 Follow This 购买了石油天然气巨头埃克森美孚、英国石油公司、壳牌和雪佛龙的少数股份，继而以股东的身份向股东大会提出决议，要求这些公司设定和《巴黎气候协议》目标一致的减排方案。无独有偶，一家专门以 ESG 为投资目标的投资机构 Arjuna Capital 也通过类似的方式向包括埃克森美孚在内的石油公司施压。

然而，此类做法激起了石油公司的反抗。埃克森美孚一纸诉状将两家投资者

---

① Climate Action 100＋官网，https：//www.climateaction100.org/progress/progress－update/.

联盟告上了法庭，指责它们的做法干扰了公司运营，不符合投资者利益。①由于 CA100 第一阶段行动进展过于顺利，两家绿色投资者联盟完全没有预料到会遭遇起诉。为了避免高额的诉讼成本，两家机构只得选择撤回自己的股东决议并承诺不再提出。尽管如此，埃克森美孚没有就此罢休，反而展现了穷追不舍的决心。这背后还涉及美国公司治理相关的一项制度。从公司治理的角度，股东代理投票是股东参与公司微观管理的重要途径。然而，股东代理投票是有成本的。美国证券交易委员会（SEC）估计，每项股东提案给公司带来的成本约为 15 万美元②，其中包括提案准备、数据分析、法律顾问、投票监督过程中产生的各项人力和资源消耗。因而，按照 SEC 的规定，公司可以将同公司业务不相关的提案采取"不行动"处理，对于已经提出但被否决的提案，将被限制再次提出。

然而，2021 年 SEC 改变了"不行动"的条件要求，明确允许"具有广泛社会影响提案"在公司的年度股东大会上进行投票。正是基于这一新规，绿色投资者联盟的减排提案才得以进入埃克森美孚的股东大会决议，并且是在 2022 年被否决后，又得以在 2023 年再次进入决议日程。从埃克森美孚的角度来看，民主党执政以来，SEC 的"新规"旨在支持偏绿选民，但损害了公司利益。埃克森美孚真正的目的是希望通过赢得法律诉讼，来迫使 SEC 可以确认和维护投资者的保护规则，而不是偏向社会活动者。

与此同时，很多投资机构对激进的 ESG 倡议产生了担忧，认为迫使公司减碳的行动和委托人受托给投资机构的义务之间存在利益冲突。特别是，目前大部分的出资人事实上并没有委托这些投资机构进行气候投资。这一背景下，CA100 的成员在 2023 年开始流失，包括摩根大通、道富和太平洋投资等知名投资机构相继退出了该联盟。全球最大的资产管理公司黑石虽然没有退出，但大规模收缩了与 CA100 合作的范围。③

尽管如此，黑石在美国还是受到了共和党领导的州政府的抵制。从 2022 年开始，得克萨斯州、西弗吉尼亚州、佛罗里达州、密苏里州等州政府基金纷纷从黑石撤资，根据 2024 年 3 月《金融时报》的报道，撤资规模总计达 133 亿美元。④ 尽管

① The Guardian, US Oil Company EssonMobil Sues to Slock Investors' Climate Proposals, 2024-01-22, https://www.theguardian.com/business/2024/jan/22/us-oil-company-exxonmobil-investors-climate-follow-this.

② Forbes, Exxon Goes to Court To Avoid Broken SEC Process, 2024-01-25, https://www.forbes.com/sites/ikebrannon/2024/01/25/exxon-goes-to-court-to-avoid-broken-sec-process/.

③ FT, Asset Managers' Green U-turn Exposes Energy Transition Cakeism, 2024-02-25, https://www.ft.com/content/ab26da45-9e7b-41d7-9c73-e7db726b9a69.

④ FT, US Investment Funds Pull \$13.3bn from BlackRock in Anti-ESG Campaign, 2024-03-25, https://www.ft.com/content/9306c8f2-530d-45ca-a830-4d26e5a90509.

相较于黑石 10 万亿美元的资产管理规模，这部分撤资算是"小巫见大巫"。然而，其造成的舆论影响和对其他投资机构的"寒蝉效应"，远比资金规模本身要重要。

对 ESG 投资进行抵制的州，一般来说是传统上和石油、天然气行业绑定较深的州。2022 年，西弗吉尼亚州明确禁止摩根大通、贝莱德和高盛等五家金融公司参与新的州政府业务，原因是这些机构参与"抵制"化石燃料行业。得克萨斯州——美国第一大产油州，也是抵制 ESG 投资最为激进的代表。不仅如此，石油天然气公司还借助强大的经济实力，资助各种伪科学研究，投入大量资源游说政客，制造宣传攻势，营造气候变化原因不确定的印象。

抵制 ESG 的运动凸显了金融机构在可持续投资方向上面临的困境。一直以来，金融机构追求的是"做好事和取得好业绩的完美相关"，在抵制 ESG 的运动中，这一相关性似乎正在被打破。

在接下来的章节中，我们将从不同的角度来分析金融机构面临的激励和约束，思考如何发挥金融机构的作用，推动可持续投资的增长。本章第一节首先介绍金融机构自身的气候风险敞口，以及由此形成的内生性投资转型压力；第二节从金融机构所服务的市场需求端来看人们的信念和偏好如何影响金融机构，并构成其外生性投资转型动力，以及不可忽视的风险因素；本章的最后将举例分析政策供给环境对金融机构绿色投资的影响。

第一节　气候风险、碳暴露：金融机构转型的内生动力

所谓内生动力，是指金融机构的经营目标本身和可持续发展目标是同向的，因而金融机构从战略到具体投融资政策的制定上，会自发向可持续发展目标靠近。接下来，我们从气候风险出发，来具体考察金融机构可持续投资转型的内生动力。

一、气候风险

与气候风险相关的主要有三类：物理风险、政策风险和转型风险。三类风险或通过资产损益、坏账直接影响金融机构，或者通过影响客户的财务表现、破产风险等方面对金融机构产生间接影响。这些影响最终体现为金融机构的信用风险、市场风险、流动性风险、责任风险、操作风险、声誉风险等各类风险的增加。这种情况下，金融机构不得不将气候风险纳入管理。换句话说，风险管理是推动金融机构服务于可持续发展和气候目标的主要内生动力。下面，我们分别来看三类气候风险对金融机构造成的影响和影响渠道。

物理风险是气候变化造成极端天气事件发生频率提高的结果。洪水、高温、

干旱等极端天气不仅会造成直接的资产损失，也会引起资产价格变化。例如，某一地区连年高温，使得居民居住幸福感严重下降，或者家庭能源使用成本显著抬升，那么，相对于更宜居的地区，这一地区的房产价格会下降。物理风险还通过影响大宗商品市场和贸易间接影响金融系统的稳定性。气候变化和极端天气直接影响农业和渔业产出，造成粮食等大宗商品价格波动。已有科学研究证明，气候变化是导致近年来大宗商品价格波动性增强的原因之一。而大宗商品市场和金融市场之间存在着紧密的关系，前者价格波动会对金融市场产生溢出效应。[①]

政策风险和政府应对气候变化的决心和行动计划密切相关。例如，英国前首相苏纳克 2023 年 9 月宣布修改英国政府净零排放的目标，其中包括将禁售内燃机新车的期限由原定的 2030 年推迟至 2035 年。此类的政策变化将影响市场对燃油及电动汽车相关资产的估值。再比如，影响资产价格升降的碳市场、碳税等碳定价体系的发展，也很大程度上依赖于政治支持和政策推动。

转型风险是经济向低碳模式转变过程中，由于各种不确定因素影响，转型进程或路径的不确定。人类工业化发展以来，经济发展主要依靠化石能源消费驱动，财富积累也和化石能源深度绑定。而应对气候危机需要大规模减少排放密集型经济活动，增加净零排放，以及碳吸收、存储活动在经济中所占的比重。对于金融机构而言，金融资产中以化石能源为基础的资产仍然占有很高的比重。转型进程和路径的不确定，意味着金融资产价格在未来可能面临急剧升降甚至搁浅，对金融系统的稳定运行构成威胁（见表 6 - 1）。

表 6 - 1　　　　　　　　　　　　　低碳转型中资产价格的升降

高碳资产价值下降	低碳资产价值上升
➢ 碳价上升或需求减少导致资产减值或提早淘汰	➢ 更多的研发和投资带来估值收益
	➢ 绿色产品和气候相关创新带来收入增加和产品多样化
➢ 碳价上升、能源转换成本和其他没有预料到的生产成本导致运营成本提升	➢ 转型企业受益于潜在更加廉价和有效率的生产和分销过程，获得产能的增加和成本的降低
➢ 行业污名化和声誉风险，造成需求降低，收入减少，资本供给减少，资本成本上升	➢ 由于较少受到化石原料价格波动风险的影响，同时受益于公共政策红利，固定资产价值将被推高
	➢ 形成新的市场和新的资产，将带来收益增长的新机会
➢ 不可预见的政策变化和市场的不确定性，增加了资产价格和估值突然波动的风险	➢ 对于低碳和具有气候韧性的企业和资产，资本供给将增加，借贷成本将降低

资料来源：OECD（2021），Financial Markets and Climate Transition, Opportunities, Challenges and Policy Implications, OECD Paris.

---

① 马科尔·米廖雷利，菲利普·德塞尔蒂纳. 可持续发展与金融风险——气候变化、环境恶化和社会不平等对金融市场的影响［M］. "成方三十二译丛"翻译组译. 北京：中国金融出版社，2022.

转型风险还来源于技术进步路径的不确定性。举个例子来说，氢能被誉为人类未来的"终极能源"，目前氢能行业已经得到长足发展，但实现清洁氢能的规模化生产仍面临诸多障碍。未来，氢能将以何种方式，何时颠覆人类能源使用结构，还是一个未知数。即便是技术已经成熟，距离实现工业化和大规模商业化也还有很长的路要走。一个典型的例子是太阳能光伏发电。从20世纪中叶开始，太阳能光伏技术的应用经历了半个世纪的技术改进，可以说是在"天时、地利、人和"的国际环境下最终实现了商业应用的突破性进展。其中，最主要的是在全球贸易分工体系下，产业链得以成熟发展，技术得以快速迭代；借助低廉的劳动力、土地和能源，光伏组件在中国实现大规模生产，使光伏系统每千瓦的安装成本从2010年的平均5124美元降至2022年的876美元。[①] 然而，光伏的发展历程在目前的国际环境条件下几乎是难以复制的。近年来，地缘政治紧张局势催生了贸易保护主义，对于安全的考量被置于市场规律之上，各国优先考虑的是保护本国的制造业和原材料产业。国际分工被打破也必将影响技术应用在全球的推广和商业化发展，阻碍各国低碳转型的进程。

除了技术和商业化进程方面的因素，转型进程还会受到各类意外事件的干扰。过去几年当中，新冠疫情、局部冲突、能源危机、高通胀等都促使从各国政府到微观个体的调整和适应。在相对更为紧迫的危机下，投入低碳转型的资源和关注度都有所降低，转型的进程自然慢了下来。当然，从欧盟近几年激进推行绿色转型来看，也存在另一种可能性，即如果低碳转型被认为是走出危机的新出路，政府也可能加快推进转型的进程。

除了以上讨论的影响方面，气候风险还会增加金融机构的纠纷和责任风险，即气候变化造成的损害频率增加且范围扩大，受害者向排放者进行索赔的法律纠纷将增多，可能发生的偿付会对排放者造成打击，持有相应资产的银行、投资机构、保险公司也会遭受损失。

二、金融机构的碳暴露

气候风险对于金融机构的影响在很大程度上取决于金融机构持有多大比例的碳密集资产，具体可以用金融机构资产的碳暴露程度来衡量。目前，由于数据和标准的缺失，这一类衡量指标的建立还存在较大的障碍。欧洲中央银行（European Central Bank，ECB）在这方面做了探索性的尝试。通过识别非金融企业的证券和贷款的数量和比重，它们计算了金融机构投资相关联的排放量和排放密度，继

---

① 全球统计数据库（Statista.）。

而按照金融机构的类别做加权平均，得到两个有代表性的指标：一是金融机构资产的碳排放量，二是金融机构资产的碳排放密度。前者可以用来追踪金融机构投资的碳排放的变化，后者关注金融机构投资的碳排放强度，从而衡量金融机构的碳暴露程度，以及面临的转型难度。

根据 ECB 的统计，2020 年，保险和养老基金、投资基金和银行，三类金融机构关联碳排放量加总为 7.4 亿吨。同年，2020 年欧元区总体碳排放量为 23.6 亿吨，金融机构投资关联的碳排放量大约占到欧元区总排放的 1/3（见图 6-1）。由于 ECB 的统计是不完全的，这个占比显然是被低估的。

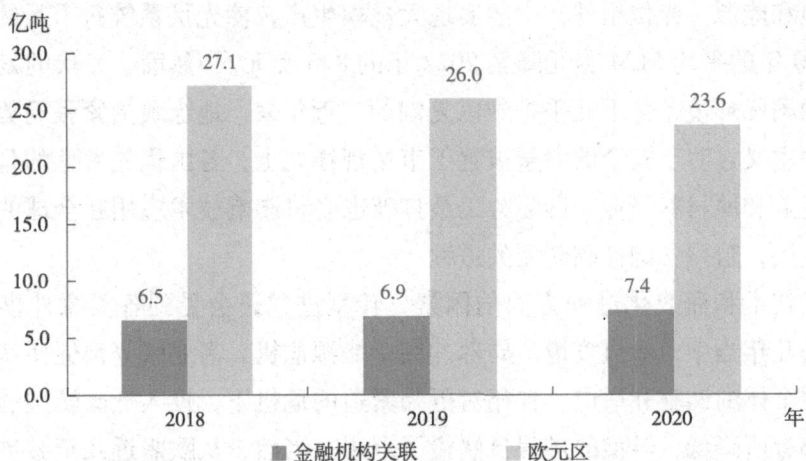

图 6-1　金融机构关联资产和欧元区总的温室气体排放量
（资料来源：欧洲中央银行、OECD，笔者计算）

从时间趋势上看，2018—2020 年，欧元区总的排放量是不断下降的，然而金融机构关联资产的排放量却呈现上升趋势，其在总排放中的占比也从 24% 上升到了 31%。分金融机构类别来看，银行贷款关联的排放量已经呈现下降趋势，然而投资基金关联的排放量却在 2020 年出现大幅度上升，保险和养老基金，以及银行持有的债券或证券关联的碳排放量也较 2018 年出现上升（见图 6-2）。

除了关注总排放量，排放强度也是衡量碳暴露程度的重要指标。单位产出的碳排放量越高，低碳转型的难度越大，也意味着更高的转型风险。由图 6-3 中可以看到，欧元区 2018 年到 2020 年的排放密度有所升高，这是因为，虽然排放总量是下降的，但欧元区的名义地区生产总值下降得更多，因而排放总量除以名义地区生产总值得到的排放密度是增加的。与欧元区总体变化趋势不同，金融机构关联投资的排放密度是显著下降的，也就是说，关联企业收入的增长速度高于碳排放增长的速度。如果这一趋势可以持续并扩大，金融机构的收入增长和资产碳排放量的增长相关性不断减弱，那么，代表金融机构可以在保障收益的情况下，逐步实现资产减碳。

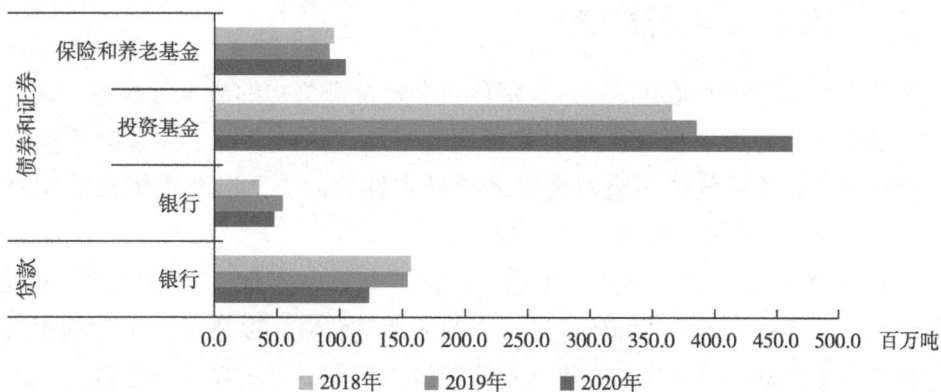

注：图中的直接排放量是指和金融机构投资关联的非金融企业由于生产和经营产生的碳排放量（范围 1 排放），乘以关联的投资金额占企业市值的比重，再按照金融机构和资产类别加总。计算仅限于欧元区部分可获得数据的企业和金融机构。

图 6－2　按金融机构和资产类型划分的排放量（欧元区）

（资料来源：欧洲中央银行）

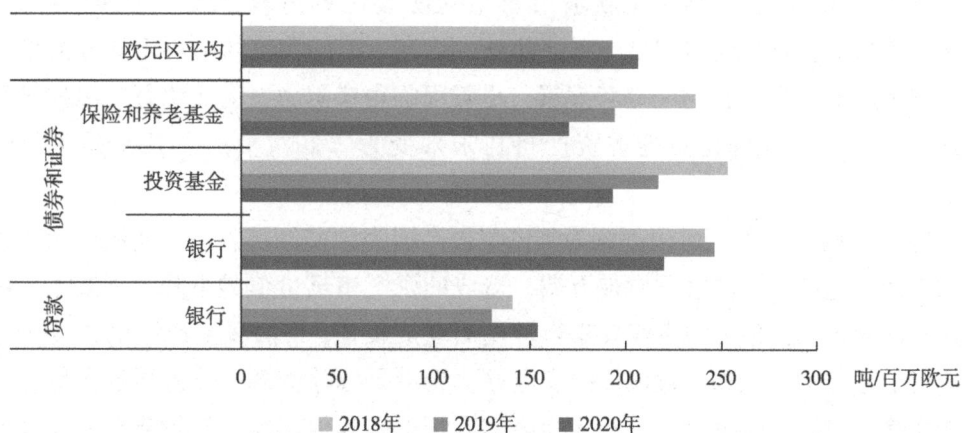

注：图中金融机构排放密度按以下方式计算得出：金融机构投资关联的非金融企业由于生产和经营产生的碳排放量（范围 1 排放），除以企业销售收入，得到企业的排放密度，再以投资项在金融机构和资产组中所占的比重作为权重，计算加权平均值后得出。欧元区排放密度为欧元区排放量除以名义地区生产总值。计算仅限于欧元区部分可获得数据的企业和金融机构。

图 6－3　按金融机构和资产类型划分的排放密度（欧元区）

（资料来源：欧洲中央银行）

分机构类型来看，银行关联的排放密度相对更高，且高于欧元区的平均水平，但银行贷款关联的排放密度出现增长。以排放密度衡量的银行的碳暴露程度要更高，意味着银行的资产结构中，高排放密度企业占比相对较高，面临的转型压力相应也更大。

三、气候风险与金融风险

气候风险通过多个渠道传导，从而影响金融投资机构的成本和收益，碳暴露可以直观反映这种影响预期的范围和程度。但是，相对于对个体金融机构的影响，研究者更为关注气候风险对金融系统稳定性的冲击，以及系统性的应对方案，其中涉及一个重要的概念——"搁浅资产"。

一项 2015 年发表在《自然》杂志上的研究估计，实现《巴黎协定》2 摄氏度的目标，全球约 1/3 的石油储量、一半的天然气储量，以及超过 80% 的煤炭储量应当保持未开发。[①] 目前来看，淘汰化石能源仍然需要付出艰巨的努力。2023 年在迪拜举行的第 28 届联合国气候变化大会中，淘汰化石能源是最受关注的焦点议题，200 多个缔约方最终没有达成环保主义者期待的终结使用化石能源的共识，但是承诺以有序、公平和公正的方式推动能源系统脱碳。同时，《联合国气候变化框架公约》第 28 次缔约方大会（COP28）缔约方共同承诺在 2030 年前，将可再生能源发电能力提高到现有水平的 3 倍，能源使用效率提高 2 倍。根据国际能源署 2024 年的报告，2023 年新增可再生能源装机容量较 2022 年大幅增长了50%，其中增长贡献最多的是中国，此外，欧洲、美国和巴西可再生能源的增长都达到了历史新高。[②] 按这一趋势发展，尽管面临很多阻力，淘汰化石能源的进程将逐步加快，一部分化石能源资产将在未来变为"搁浅资产"几乎是不可避免。

这里"搁浅资产"可以理解为碳密集资产因为预期经济收益、使用寿命和使用的产能在低碳转型的过程中被下调，造成的资产市场价值的下降。事实上，由于过早的减记、减值，或者需要进行转换而变成负债，"搁浅资产"的市场价格还有可能是负的。例如，被淘汰的煤电站，无论是拆除清理，将占用的土地转为其他用途，或者不做拆除，改造成为诸如博物馆等其他用途，都需要投入大量的人力、物力。对于此类的"搁浅资产"，持有者可能需要将价格降为零，或者支付额外费用，才能实现资产的转移。相反，如果资产转移不需要成本，例如，技术进步使得煤电厂可以低成本安装碳捕捉设备，甚至可以将捕捉的碳再回收利用，那么煤电厂可以照常运营甚至继续盈利，这种情况下，煤电厂就不能被称为

---

① McGlade, C. and P. Ekins, The Geographical Distribution of Fossil Fuels Unused When Limiting Global Warming to 2 °C. Nature 517, pp. 187 – 190, 2015.

② IEA, Renewables 2023.

"搁浅资产"。①

　　结合此前金融机构的碳暴露情况，气候风险对金融系统稳定性的影响在很大程度上取决于这些机构持有的碳资产会在多大的程度上、以怎样的速度转变为"搁浅资产"。目前，对这一问题我们还没有确定的答案，因为很多因素将影响"搁浅资产"的形成，例如可再生能源成本下降的速度和程度、物理风险的非连续性变化，以及气候政策是否会有突然的转向或升级等。但相对确定的是，随着达成气候目标紧迫性的增强，碳"搁浅资产"的规模在可见的未来将逐步增加。目前，气候金融领域一项重要的研究课题便是探讨气候风险导致的搁浅资产对于金融系统稳定性的影响，以及金融机构和央行应当如何应对可能的风险。

　　较早的研究包括牛津大学的学者于2012年启动的"搁浅资产研究项目"（The Stranded Assets Programme），该项目的研究者在2014年的工作论文中系统分析了环境问题对全球金融系统稳定性的影响。研究认为环境变化和自然资本耗竭"有可能对金融稳定构成系统性风险，然而这种可能性的具体过程尚不清楚，而且可能是遥远的。"②

　　换句话说，作者认为在短期内环境相关风险不太可能转化为系统性金融风险。尽管如此，作者还是强调越来越多的证据表明环境问题的重要性增加，以及对全球金融体系的潜在威胁。该论文提出了三种可能发生的金融危机的场景。

　　第一种，自下而上的传导情景。在错误的环境风险定价下，如果出现快速且大规模的重新定价，将产生连锁效应并影响金融稳定。

　　第二种，资本外逃的风险情景。它是指气候变化在某些国家引发自然灾难，受影响国家出现大规模资本外流，触发金融危机。

　　第三种，危害全球化情景。这一情景下，气候变化导致的自然灾害和自然资本退化首先影响全球商品市场和贸易流向，例如，价格攀升或供应链中断，由此产生通货膨胀、货币波动等宏观影响，进而触发经济危机。作者认为这种情景对依赖进口的国家影响会更大。

　　2015年联合国环境规划署发表调查报告，呼吁各国中央银行进行金融系统的环境压力测试。此后，各国央行或监管机构陆续行动，压力测试的模型和方法也在理论研究的引导下不断完善，研究推导的气候风险情景也日益丰富和全面（见表6-2）。

---

① Van der Ploeg, Frederick and Armon Rezai, Stranded Assets in the Transition to a Carbon - Free Economy, Annual Review of Resource Economics, Vol. (12), 2020.

② Caldecott, B., and J. McDaniels, Financial Dynamics of the Environment: Risks, Impacts, and Barriers to Resilience, Working Paper for the UNEP Inquiry, July 2014, Oxford.

表 6 - 2   气候风险情景和金融系统风险

突然转型（Abrupt Transition）技术或社会方面的变化造成的政策条件突然性转变，要求实现快速低碳转型	渐进转型（Gradual Transition）气候政策、技术或社会经济条件支持逐步实现低碳转型
气候灾难（Climate - related Disaster）气候变化相关的灾难（如台风、洪水、干旱）造成突然性的经济损失	高温世界（Hot House World）气候变化和海平面的上升变化缓慢但非常严重，经济条件随之缓慢变化
绿天鹅（Green Swan）由于气候科学研究观点改变（例如，发现海平面加速上升）或者气候拐点出现等原因，资产价值遭遇突然性重估	
明斯基型冲击（Minsky - type）金融系统没有能够持续跟踪并采纳气候科学的进展，但是可能由于突然间有了新的数据，或者由于灾难事件改变了人们的认知，导致金融资产价格的突发性波动	

资料来源：CEPR VoxEU, Climate Risk Stress Tests Underestimate Potential Financial Sector Losses, Henk Jan Reinders, Dirk Schoenmaker Mathijs Van Dijk, 28 June 2023。

2016 年欧洲系统风险委员会发布的一份报告认为，突然性的低碳转型通过影响金融机构持有的化石能源密集型资产对金融稳定性造成冲击。[①]与此相呼应，2017 年 Battiston 等人提供了一种基于网络方法的气候压力测试模型，并将其应用于欧元区大型银行的测试，研究认为气候政策的时间安排至关重要，及早并且稳定推进的气候政策下，资产价值调整可以平稳进行，一些机构会在这个过程中产生损失，但同时也会有机构从中获益；相反，过晚的和突然的政策转向则会造成系统性的损失。[②]近两年，很多研究也主要关注非连续、无序低碳转型对于金融系统的影响。[③]

毫无疑问，金融机构在投资决策中已经无法回避气候风险的影响，然而正确评估气候风险并为其准确定价的挑战巨大。气候风险可能被高估，例如，Alok 等（2020）的研究发现，身处受到自然灾害影响区域或者刚刚经历过自然灾害的基金经理倾向于对气候灾难产生过度反应。[④]但更多的情况下，气候风险是被低估

[①] Inter - American Development Bank (IDB), Stranded Assets: A Climate Risk Challenge, 2020.

[②] Battiston, Stefano, Antoine Mandel, Irene Monasterolo, Franziska Schütze & Gabriele Visentin, A Climate Stress - test of the Financial System, Nature Climate Change, 2017, Vol. (7), pp. 283 - 288.

[③] 例如：OECD (2021), Financial Markets and Climate Transition: Opportunities, Challenges and Policy Implications, OECD Paris.

[④] Alok, Shashwat, Nitin Kumar and Russ Wermers, Do Fund Managers Misestimate Climatic Disaster Risk, The Review of Financial Studies, Vol. (33), Issue 3, March 2020.

的，其结果是风险较高的活动获得过多的资本，碳密集资产的价值被高估①，金融机构由此将承担潜在的额外损失。这种情况如果不及时纠正，市场在某个时点突然调整，发生我们上文提到的突然转型，形成大规模的"搁浅资产"，金融系统将承受巨大的压力。

第二节　信念与偏好：需求端的不确定性

对于科学家而言，气候风险是数学模型推导和计量出来的，而对于经济学模型而言，真正发挥作用的是人们认知中的风险以及人们的风险偏好。科学测量的风险和人们认识中的风险往往有很大差距，有时人们倾向于夸大风险，有时又可能低估风险，即使预期的风险不同，也会因不同的风险偏好做出差异化的行为选择。

金融市场最基本的一项功能是通过风险定价分散和转移风险，而金融市场进行定价的风险，并非科学家测量出的风险本身，在很大程度上是人们所相信的和所预期的风险。此外，风险的价格还取决于人们的风险偏好。从另一个角度来说，风险偏好是指人们对于风险的厌恶程度，风险厌恶程度高的投资者更愿意牺牲收益选择风险较低的资产，而风险厌恶程度低的投资者愿意承担更大的风险以获取更高的回报。信念和偏好的异质性决定了不同的投资者面对气候风险的不同选择，并共同影响资产价格的变化趋势，从而对金融机构的投资选择构成压力。那么，在信念和偏好背后，是什么在发挥作用呢？我们可以从以下几个方面来分析。

首先来考虑气候风险地区分布的差异性。尽管气候变化是全球问题，但其对全球不同地区的影响呈现出多样性和复杂性，部分地区已经深受气候变化所累，而另一些地区的人们对气候变化的感受还仅停留在媒体报道中。一些海岛国家目前受到的威胁最为紧迫，海平面上升和极端天气已经使得这些国家居民的生存环境急剧恶化。相反，一些温寒带地区，可能会因为全球变暖变得更适宜耕种，或可以增加复种次数，其他经济活动也可能因为寒冷天气减少而变得更为活跃。一些国家的经济由于结构因素可能更具备环境韧性，能够更好地适应气候风险，而一些对农业、渔业等经济部门依赖性较强的国家则更加脆弱。通常来讲，人们会对自身及和自己接近的群体的利益更为关切，因而，气候风险暴露程度自然会形

---

① Thomä, J. and H. Chenet, Transition Risks and Market Failure: A Theoretical Discourse on Why Financial Models and Economic Agents May Misprice Risk Related to the Transition to a Low - carbon Economy, Journal of Sustainable Finance and Investment, 7 (1), pp. 82 - 98.

成气候风险信念的差异化分布。

人们信念和偏好的差异还反映了人们在低碳转型过程中将面临的经济处境。石油、天然气、煤电，以及高度依赖化石能源的冶金、水泥等行业将面临产能缩减或技术转型，相关的从业人员可能会失业或收入减少。不仅如此，这些行业构成了很多地区发展的经济支柱，直接影响当地上下游产业和服务业的经营状况，从而影响当地居民的收入和就业。因而，我们会看到，在美国一些和石油、天然气利益绑定的州政府公开抵制 ESG，很多政客和选民成为坚定的气候危机怀疑论者。

受教育程度、信息茧房、不实信息传播还会强化人们的不同立场。较早的一项研究发现，以美国县级区域为单位，相信全球变暖正在发生的居民比率差异非常大，在 43% 到 80% 之间。[1]

2019 年发表在《金融研究评论》（*The Review of Financial Studies*）上的文章《气候变化影响房产价值吗？只有当你相信它的时候》为信念和偏好导致的气候风险溢价差异提供了很好的例证。[2] 该研究结合科学预测的海平面上升数据、沿海受影响地区的房屋交易数据，以及相关社区人们对于气候变化风险的主观评价数据，来研究暴露于气候风险下的资产价格如何受到人们对于风险的主观认知的影响。文章中提到，根据美国国家海洋和大气管理局的预测，到 21 世纪结束时，将有 2% 的美国房屋，总计价值 8820 亿美元的房产被淹没。作者发现，对于同样预计会被淹没的条件可比的房屋，相信科学预测的社区中的售价会低于不相信预测的社区。另一篇 2022 年发表在同一个杂志上的文章对人们的风险信念和沿岸房产价值的相关性做了进一步分析，作者发现人们对于气候风险存在显著的低估，并导致这些地区房产价值被高估。[3]

让情况更为复杂的是，人们的信念是动态变化的。一个较往年更为寒冷的冬天，或者夏季异常的持续高温就可能倾向于削弱或者增强人们对于气候变化的相信程度[4]，甚至改变投资决策。Choi 等（2019）在国际比较研究中发现，当人们所在地区的气温异常升高时，当地对气候变化词汇的搜索量会增加，代表了人们对于气候变化关注度的提升。作者还发现，在金融市场上，零售投资者在高温天气里卖出高碳排放公司股票的概率会增加。同时，在发生高温天气时，碳排放密

① Howe, D. Peter, Matto Mildenberger, Jennifer R. Marlon and Anthony Leiserowitz, Geographic Variation in Opinions on Climate Change at State and Local Scales in the USA", Nature Climate Change 5, 2015, pp. 596 – 603.

② Baldauf, Markus, Lorenzo Garlappi, and Constaintine Yannelis, Does Climate Change Affect Real Estate Prices? Only if You Believe in It, The Review of Financial Studies, Vol. (33), Issue 3, March 2020, pp. 1256 – 1295.

③ Bakkensen, Laura, and Lint Barrage, Going Underwater? Flood Risk Belief Heterogeneity and Coastal Home Price Dynamics, The Review of Financial Studies, Vol. (35), Issue 8, August 2022, pp. 3666 – 3709.

④ Deryugina, Tatyana, How do People Update? The Effects of Local Weather Fluctuations on Beliefs about Global Warming, Climate Change, Vol. (118) 2013, pp. 397 – 416.

集的公司股票表现不佳，而低碳排放密度的公司相对表现较好。退一步来说，即使人们对于气候危机的紧迫性深信不疑，经济衰退、收入减少、战争等情况下，眼下的困难更为紧迫，相应人们对于未来即将发生的气候问题的关注度也将下降。

人们信念和偏好的差异性及其动态变化，使得金融机构面临的需求端激励存在高度的不确定性，增加了金融机构管理气候风险和可持续目标的复杂性。近两年，金融机构常常要在一个割裂的世界中把握平衡。一方面是科学证据不断提醒人们气候危机的日益紧迫，包括全球地表月平均气温的攀升、海平面加速上升、气候灾害造成的经济损失规模扩大和高脆弱地区人口死亡率的显著上升。相应地，国际社会对于应对气候变化采取紧急行动的呼声越来越强烈，联合国秘书长古特雷斯甚至直言：人类打开了通往地狱的大门[1]……除非我们现在就采取行动，否则 2030 年议程就可能成为被葬送世界的一篇墓志铭[2]。另一方面，如本章开篇所举的例子，ESG 抵制运动同样来势汹汹。根据美国哈特蓝德研究所（Heartland Institute）的统计，截至 2022 年 4 月 5 日，美国共有 28 个州政府采取了某种形式的抵制 ESG 的行动，如撤资、禁止 ESG 投资等。事实上，该研究所就是否定全球变暖并参与抵制 ESG 行动的智库机构代表。[3]

第三节　政策供给与金融机构可持续投资激励

对于面临气候风险的金融机构，需求端的不确定性增加了其致力于可持续投资和低碳转型的复杂性。在这种情况下，政策供给的作用显得格外重要。关于可持续金融政策，我们在上篇当中已经做了较为详细的介绍，这里不再赘述。本节第一部分仅对近期政策供给趋势做一个简要的总结，接下来将主要聚焦于信息披露政策的发展和设计问题。目前来看，金融机构的可持续投资选择高度依赖于企业的信息披露和评级机构的 ESG 评分，那么现有的信息披露和评级系统是否和气候目标相一致，从而为金融机构气候投资提供准确的指引呢？

一、全球范围气候政策供给趋势

下面，我们从全球范围来看近年来各国政府应对气候危机的行动，由此可以

---

① 联合国新闻官网，《古特雷斯：人类打开了通往地狱的大门，采取气候行动迫在眉睫》，https://news.un.org/zh/story/2023/09/1121887。

② 联合国，2023 可持续发展目标报告（特别版）——制定拯救人类和地球的计划，https://unstats.un.org/sdgs/report/2023/The-Sustainable-Development-Goals-Report-2023_Chinese.pdf。

③ Padfield, J. Stefan, An Introduction to Anti-ESG Legislation, Working Paper.

了解政策阀门的松紧和未来趋势。

根据 OECD 2023 年《气候行动监控报告》（*The Climate Action Monitor*），截至 2023 年 9 月，有 196 个国家通过设定国家自主贡献目标（Nationally Determined Contributions，NDCs）承诺进行温室气体减排，其中 105 个国家设定了净零排放目标，覆盖全球约 83% 的温室气体排放。90 个国家计划在 2050 年之前实现净零排放。但大多数承诺不具有法律约束力，仅 26 个国家和欧盟（代表全球 26% 的温室气体排放）将减排目标写入了法律。

数据还显示，国家层面应对气候变化的政策行动从 2022 年开始大幅放缓。2000 年到 2021 年，OECD 38 个成员国，加上巴西、中国、印度、印度尼西亚和南非 5 个伙伴国家，每年新采纳的气候行动政策增长率为 10%，而 2022 年仅为 1%。[①]

气候行动在国家间呈现出显著的差异性，既体现在国家采纳气候行动政策的数量上，还体现在政策工具的选择上。例如，和整体政策行动大幅放缓的趋势相反，一些国家和地区进一步强化了应对气候危机的政策行动，包括新增或增强净零排放的承诺，加强监管，实现碳交易系统碳价上涨，进一步推进国际气候合作和气候融资等，欧盟便是其中的代表。2019 年冯德莱恩领导的欧盟委员会上任以来，欧盟就持续走在气候行动方案的快车道上。2023 年在即将换届的前一年，欧盟委员会加快落实"绿色新政"立法计划，推动"减碳 55"一揽子气候行动方案的核心内容全部获得通过，包括排放交易体系的重大改革、能源效率、可再生能源、碳边境调节机制、生物多样性和森林保护、包装法等相关的一系列立法和修正案。[②]

然而，欧盟委员会激进推进绿色转型也遭遇了不少抵制和批评，成员国之一的波兰就在 2023 年向欧洲法院提起抗议，认为绿色新政中的部分法案威胁了波兰的能源安全，并加剧了该国的社会不平等。也有批评认为，绿色新政和经济发展背道而驰，事实上，受到工业界、农民和一些企业的抵制，绿色新政的部分内容已经被弱化或推迟。[③]更值得关注的是下一届欧盟委员会是否延续对绿色新政强有力的推动。在 2024 年 6 月 9 日结束的欧洲议会选举中，中右立场党派维持了欧洲议会第一大党的地位，但支持激进绿色转型的绿党丢失了众多席位，与此同时，倾向于抵制气候政策的极右翼政党的席位大幅增加。接下来，虽然冯德莱恩将连

---

① 根据 OECD 国家气候行动计划（IPAC）气候行动和政策测量框架（Climate Actions and Policies Measurement Framework，CAPMF）的标准统计和追踪。

② 详见 https：//ec. europa. eu/commission/presscorner/detail/en/IP_ 23_ 4754。

③ FT，"EU – China Fight Further Muddies Brussels 'Green Deal' Agenda"，https：//www. ft. com/content/ 7f3658a7 – 30c2 – 4857 – a0c7 – 00c3d641978c。

任欧盟委员会主席，大概率会延续此前的政策选择，然而近年来极右翼支持率的持续上升，也反映出欧洲选民对于气候问题日益分裂的立场。

欧盟一直以来是绿色转型的旗手，欧盟绿色转型的进程和挑战也对全球气候政策供给有一定的风向标作用。地缘政治、贸易冲突和经济增长压力下，我们在未来可能会越来越多看到两极化现象。一方面，会出现一些政府行动上的倒退，推迟已有的气候行动计划，减少对低碳创新的公共财政支持；而另一方面，也会看到一些国家或组织采取更积极的行动推动气候目标的实现。无论如何，复杂的政策供给环境对金融机构提出了更高的要求，也将激励金融机构创新，以更优的投资策略平衡不同投资者的需要。

二、信息披露和可持续投资

上文中我们提到，错误的气候风险定价可能在低碳转型中构成系统性风险，威胁金融系统的稳定。而错误的风险定价很多情况下是信息缺失或信息不对称导致的。除此之外，信息不对称还会造成市场激励机制的扭曲，形成"漂绿"（Green Washing）① 和柠檬市场（Lemon Market）② 的问题。具体来说，由于绿色或转型投资的供给方无法准确辨别项目的真实环境效果，不确定性将提高绿色投资的风险溢价，或者劝退一部分秉持环境目标的投资者，从而导致可持续投资资金供给水平低下。

一般而言，机构投资者在投资选择上对信息披露和第三方评级有很强的依赖性，因而，信息披露和评级系统的有效性在很大程度上会影响金融机构可持续投资的积极性。在讨论信息披露有效性之前，我们有必要先来梳理一下 ESG 信息披露的发展历程。

全球范围来看，可持续信息披露，主要是 ESG 信息披露体系的发展经历了自下而上的发展过程，由私人部门自发组织、自愿披露，到越来越多监管推动，披露的标准也由分散逐步向统一化方向发展。

G20 国家较早开始关注与气候风险相关的信息披露问题，金融稳定委员会（Financial Stability Board，FSB）在 G20 财长和央行行长的授权下，于 2015 年 4 月

---

① "漂绿"是指机构和企业试图通过夸大其对环保和社会责任的贡献来提升形象，误导投资者、消费者和其他利益相关方的行为。

② 柠檬市场在经济学中用于描述在信息不对称的情况下，卖方比买方更了解商品的真实质量。买家由于无法区分好的质量和坏的质量倾向于根据市场商品的平均质量出价，而拥有高质量商品的卖家无法获得合理的价格选择退出市场，其结果是市场中只剩下低质量的商品（"柠檬"）。这个概念最初由经济学家乔治·阿克洛夫（George Akerlof）在 1970 年的论文《柠檬市场：质量不确定性与市场机制》（*The Market for "Lemons"：Quality Uncertainty and the Market Mechanism*）中提出。

开始评估气候变化对金融部门的影响。作为评估的一项主要结论，FSB 认为亟须更好的信息披露，以改善对气候风险的理解和分析，支持气候风险下明智的投资、贷款和保险等决策。[①] 这一背景下，气候相关财务信息披露工作组（Task Force on Climate – Related Financial Disclosures，TCFD）于 2015 年 12 月成立，其目标是制定一套基于自愿原则的，和气候目标相一致的金融风险披露标准，使得企业可以参照这一标准为贷款人、保险公司、投资者和其他利益相关方提供必要的信息。

TCFD 是由私人部门推动的，通过自下而上推动信息披露标准的形成，其提供的建议和准则已被国际社会广泛采纳。2017 年，TCFD 报告中提供的包括治理、战略、风险管理，指标和目标四大核心内容的披露框架目前被国际可持续准则理事会（ISSB）采纳为国际通用的披露准则框架。

除了 TCFD，另一个颇具国际影响力的标准是美国非营利组织——可持续发展会计委员会（Sustainability Accounting Standards Board，SASB）于 2018 年发布的《可持续发展会计准则》，该准则后来得到广泛应用，并且很多核心内容也成为 ISSB 制定全球标准的重要参考。

此外，一些国际组织如世界交易所联合会（World Federation of Exchanges，WFE）、联合国可持续股票交易倡议［United Nations Sustainable Stock Exchange (SSE) Initiative］均在 2015 年推出了针对 ESG 信息披露的指引。投资者出于了解气候风险的迫切需要，也在通过各类非政府组织（NGO）、评级机构推出相关标准和倡议。[②]

然而，更有力的推动来源于监管者的强制指令。根据第三方统计，目前世界上有包括英国、美国和欧盟成员国家在内的 29 个国家的监管者要求强制披露 ESG 信息。[③]欧盟早在 2014 年就提出了一项关于非金融信息披露的指令，本书的第二章第三节就详细介绍了欧盟信息披露框架的构成和发展。与此同时，欧盟还通过《新电池法案》《碳边境调节机制》等系列法规强化碳排放和碳足迹的信息披露监管，并且将监管范围扩大到了贸易伙伴国家企业。

美国证券交易委员会（Securities and Exchange Commissions，SEC）于 2010 年发布了企业社会责任信息披露的指南，鼓励企业自愿在财报中披露 ESG 相关信息。2016 年，为了促进 ESG 披露信息质量的提高，SEC 开始对公司 ESG 披露加

---

① FSB 官网，https：//www.fsb – tcfd.org/about/#history。
② Deloitte (2016), Sustainability Disclosure—Getting ahead of the Curve.
③ Farnham, Kezia, Understanding ESG Disclosures and Why They Matter to Your Organization, 2023 – 08 – 02, https://www.diligent.com/resources/blog/disclosures.

强监管，通过定向审查的方式进行监督。2021 年拜登政府任命的新一任 SEC 主席将 ESG 信息披露列为 SEC 监管的重点领域，并很快推出了强化气候相关信息披露的提案。2024 年 3 月 6 日，气候信息披露新规及相应的披露规则获得通过，强制要求上市公司披露范围 1 和/或范围 2 排放。

随着越来越多的监管者、交易所对 ESG 信息披露做出强制要求，全球通用的可持续报告标准呼之欲出。2021 年联合国气候变化框架公约缔约方大会 COP26 宣布成立国际可持续准则理事会（International Sustainability Standards Board，ISSB）。2023 年 6 月，ISSB 正式发布了国际财务报告可持续披露准则（IFRS ® Sustainability Disclosure Standards）第 1 号和第 2 号，为企业提供了一致的或有特定行业要求的报告框架，推动形成国际统一标准和 ESG 报告的全球一致性。可以预见，未来可持续信息披露的标准将走向融合，可持续发展报告将越来越趋向全球一致和可比。

三、绿色识别体系和可持续投资激励

在现实政策设计中，准确识别、筛选绿色低碳项目是绿色金融政策产生有效激励的前提条件，信息披露构成识别体系的一个方面。与此同时，政府和市场都各自存在不同的评级和筛选体系，来帮助投资者做出选择。

政府方面一般通过发布官方的可持续目录或绿色项目分类目录作为绿色项目的识别指引。例如，我国通常的做法是实行"白名单"分类制度，通过发布"白名单"限定政策支持的项目范围。这一做法可能有利于较为精准地锁定目标，但缺点是缺少弹性，且名单的制定发布往往滞后于技术和市场的发展。就目前而言，"白名单"覆盖的范围也比较窄。另一种可以参考的方式是欧盟以技术标准构建的筛选体系，简单来说，是以技术标准和实际环境效果为标准，任何行业、项目只要进入了相应标准门槛，就被考虑为被支持的范围。相较于"白名单"，这一方式涉及标准制定、申报和审核、监控等多个环节，制度成本会比较高，但对绿色创新的激励会作用于更广泛的范围，预计也将产生更强的激励效果。

在官方的标准体系之外，投资者更多依靠第三方评级机构的 ESG 评分来做判断。很多研究表明，权威机构的 ESG 评分对于金融投资者的可持续投资选择影响显著。有证据表明，金融机构愿意更多为环境和社会指标表现良好的企业提供成本更为低廉的融资。例如，Gross 和 Robert（2011）[①] 发现美国企业中，

① Allen Goss and Gordon S. Robers, The Impact of Corporate Social Responsibility on the Cost of Bank Loans, Journal of Banking & Finance 35 (2011) 1794 – 1810.

CSR 表现好的企业较 CSR 存在问题的企业，贷款利率高出 7～18 个百分点。Eliwa 和合作者（2021）[①] 基于 15 个欧盟国家的数据，发现当企业 ESG 表现良好，或者提供 ESG 信息披露的情况下，借贷机构倾向于降低提供给企业的债务资本成本。

然而，当前的 ESG 评级系统也存在很多的问题，一个首要的方面是评级的覆盖范围窄。在本书使用的样本构成中虽然以中大型企业为主，但仍有超过一半以上的企业没有获得权威机构的 ESG 评级。企业的市值规模很大程度上解释了是否有 ESG 评级，没有评级的企业的市值规模较有评级企业要小得多，有评级企业市值规模在 19 亿美元以上，而 99% 没有评级的企业市值规模在 17.5 万美元以下。究其原因，ESG 评级依赖于信息披露，而信息披露是有成本的，规模较小的企业缺少开展信息披露的资源；同样，对于评级机构来说，评级也是有成本的，且这类的信息服务具有一定的外部性，在没有强制要求的情况下，ESG 评级的信息供给倾向于低于可持续目标下社会最优的水平。

当前，ESG 评级另一个主要问题体现在信号不明确。ESG 评级是一个综合指标，涵盖了可持续发展的多重目标。而目标的综合性和复杂性也意味着很难给投资者一个清晰明确的信号。特别是目前的 ESG 评级系统倾向于是一个黑匣子，和减碳的量化关系不是很明确，仅就气候目标而言，没有完全起到对投资者的指引作用。

下面，我们使用彭博终端 ESG 板块的企业样本来检验一下 ESG 评级在多大程度上可以反映低碳绿色投资。图 6-4 中我们绘制了不同 MSCI 评级下企业碳排放密度的分布。可以看到，在 AAA 到 BB 评级阶段，评级越高，碳排放密度越低，但在 BB 评级之下，相关性则不再显著。在图 6-5 中，我们使用了彭博终端提供的企业 ESG 评分，将其和碳排放密度放到了散点图中，图中没有反映出两个变量存在显著的相关性。

基于上面的分析，我们认为现存的评级体系还存在很大的问题，可能不利于限制金融机构可持续投资，特别是与应对气候危机相关的投资增长。作为政策供给的重要方面，政府可以在改进官方绿色筛选体系的同时，对市场评级体系采取进一步的指引或监管措施。

---

① Eliwa, Y., A. Aboud, and A. Saleh, ESG Practices and the Cost of Debt: Evidence from EU Countries, Critical Perspectives on Accounting, 79, 2021, 102097.

吨/销售额

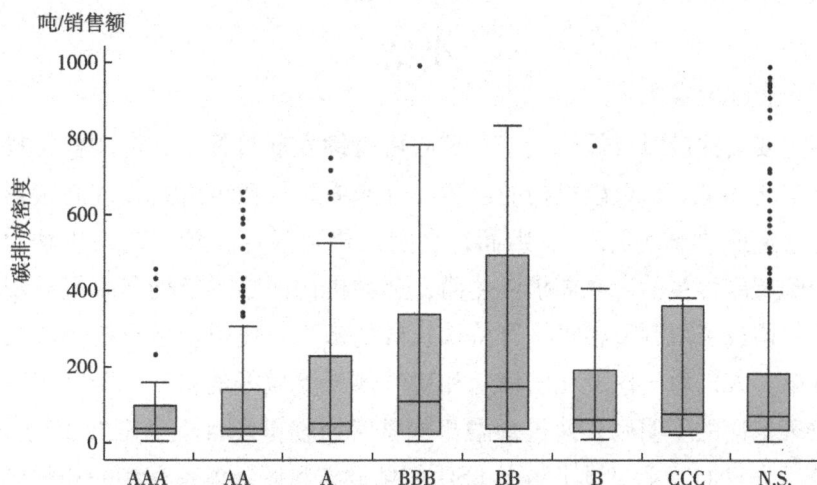

注：图中展示的箱线图描绘了不同评级下，企业碳排放密度的分布状况。灰色阴影长方形部分代表该评级所有企业碳排放密度由低到高排位时，落入第25%分位数和75%分位数之间的企业；阴影中间的横线代表该评级所有企业排放密度的中值，中值将阴影部分分为两半，如果两部分面积相似代表两部分聚集的企业数量相似，否则，面积小的部分代表有更多企业的排放密度聚集在这一区间。由阴影部分延伸出的线段上下两端的终点，分别代表75分位数和中值间的距离，以及25分位数和中值间的距离向上和向下1.5倍的延伸；线段越长，代表这一分类企业的碳排放密度值分布的范围越宽，线段之外的观测值是出现频率较低的异常值。图中只绘制了小于1000的异常值。X轴为MSCI ESG评级分类，N.S.代表没有评级企业。

图6-4 MSCI ESG评级和碳排放密度的分布

（资料来源：彭博终端，笔者绘制）

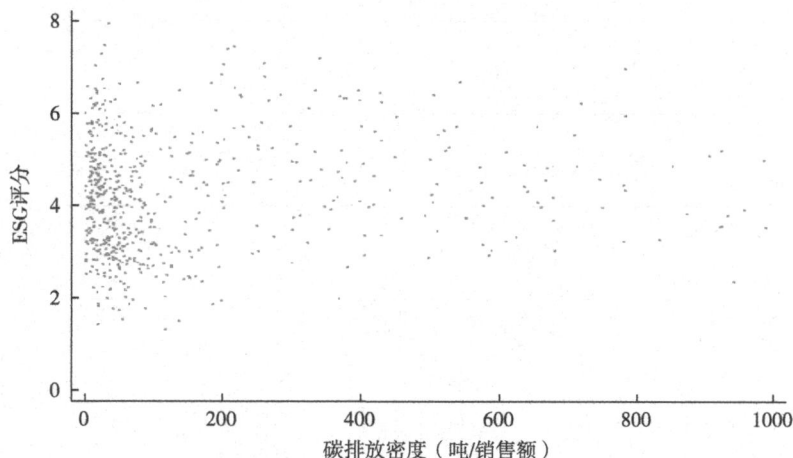

注：图中每个点代表一个企业，坐标位置对应企业的ESG评分和碳排放密度。为了图的可分辨性，图中仅包括排放密度小于1000的企业。

图6-5 彭博社ESG评分和碳排放密度的相关性

小结

　　本章主要关注应对气候风险这一核心可持续发展目标中，金融机构投资者面临的复杂市场环境。从金融机构的经营目标来看，气候风险直接或间接影响资产价格升降，造成"搁浅资产"，因而，金融机构自身存在转型的内生动力，或者说有减少资产碳含量的内在需求。然而，金融机构面临的市场和政策环境的很多方面，往往构成了限制金融机构可持续投资的阻力，使得金融机构的决策考量变得更为复杂。人们对气候变化的信念和对气候风险偏好的差异性与动态变化，以及气候政策走向的不明确，使得金融机构常常面临割裂且不确定的市场环境。在本章的最后，我们着重探讨了当下 ESG 信息披露和评级体系存在的和气候目标不完全一致的问题。

附　录

A. 样本构建和样本描述

A.1　样本企业的区域和行业分布

本书采用了彭博终端 ESG 板块企业的样本数据，排除金融行业，样本包含注册于 58 个中高收入国家或地区的 943 家上市企业，在 2014 年到 2022 年的面板数据。按照世界银行的分类，样本企业中 71.3% 来自高收入国家，28.7% 来自中等收入国家。样本中有 213 家美国企业、152 家欧盟企业、125 家中国企业、123 家日本企业，美国、欧盟、中国和日本企业数量的总和占样本企业总数的 2/3。

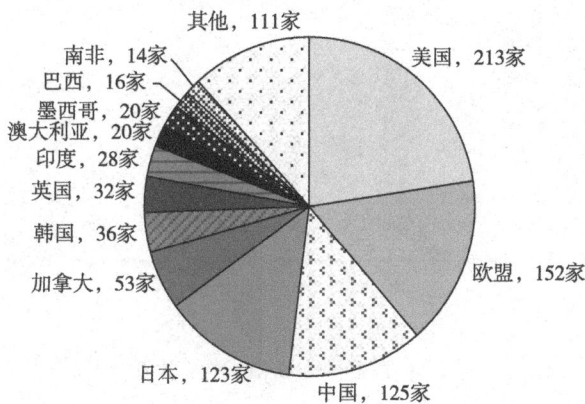

图 A-1　样本企业按注册国家（地区）分类的数量

企业分属九大行业 14 个工业部门。从大的行业分类来看，从事消费品生产（包括必需品和非必需品）的企业占比最高，超过 1/3。1/5 多为材料生产企业，其次为工业、公共事业和零售（见图 A - 2）。对于来自不同经济体的企业，工业部门构成有明显的差异。以中国、美国和欧盟三个经济体为例，消费产品、工业产品和公共事业行业的企业占比都相对较高，但化学品、金属采矿等上游行业在中国企业中占比较高，零售、交通、计算机、电信运营等下游行业相对在欧盟或美国占比较高。汽车制造在中国和欧盟占比较高，但在美国占比相对较低（见图A - 3）。

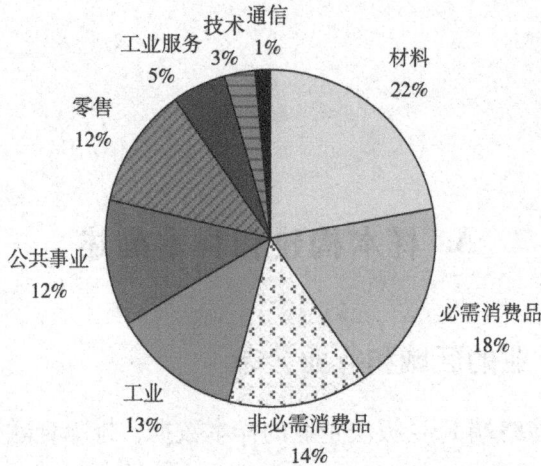

图 A - 2　样本企业工业部门分类

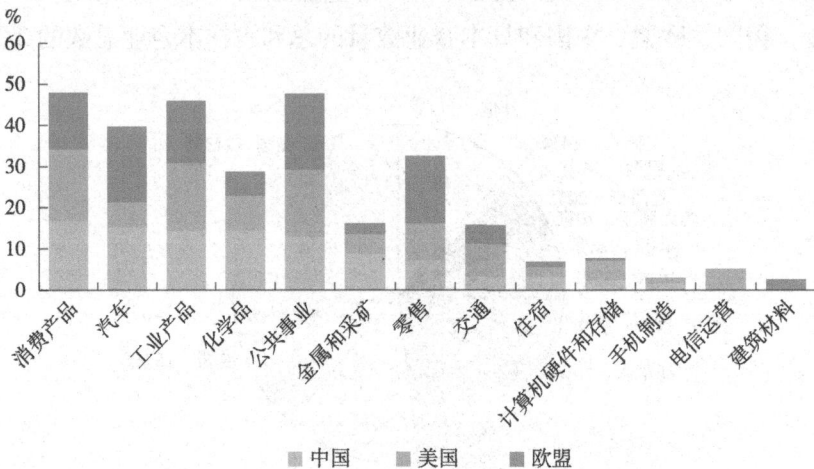

注：图中描述的为 2022 年的样本企业行业分布状况。

图 A - 3　中国、美国、欧盟样本企业行业分布比较

A.2 样本企业的财务和运营状况

表 A-1 中对面板数据中样本企业的相关财务指标做了统计描述，按照 2014 年的美元计价，经过 1% 两端截尾处理后，样本数据中企业的市值从最小 4110 万美元，到最高超过 2000 亿美元。但样本企业以中大型市值企业为主，市值超过 2.5 亿美元的中大型市值企业占比高达 97%。高收入国家样本中，市值超过 100 亿美元的大型市值企业占比约为 82%，中等收入国家样本中大型市值企业占比略低，约为 77%。

高收入国家样本企业资本规模和销售额整体高于中等收入国家企业，但后者的增长率要显著高于前者。高收入国家样本企业的盈利能力更强，但平均税务负担和利率负担要相对更高，短期和长期的违约风险都相对较低。

表 A-1　　　　样本企业财务状况举例（面板数据，2014—2023 年）

项目	均值	方差	中值	最小值	最大值	N
中等收入国家						
市值	7456.5	12554.3	3379.2	42.6	197623.2	2355
资产	9844.3	15474.4	4588.9	116.7	191212.7	2422
投资比/%	3.8	16.1	1.4	−30.1	97.9	2093
销售额	6707.7	10925.9	3023.8	1.4	128683.7	2415
销售额年增长率/%	4.3	19.9	1.7	−46.5	91.8	2098
税后经营净利润	499.4	918.9	194.1	−1621.9	12165.2	2415
资本	10894.7	16127.8	5119.1	68.7	255952.0	2406
债务资本占比/%	31.2	23.6	26.9	0.0	87.0	2393
息税前利润（EBIT）	648.8	1158.6	252.1	−1485.5	13926.5	2421
有效税率/%	27.0	20.7	24.1	0.5	214.6	2290
利息偿付比率/%	21.4	72.6	3.9	−65.9	822.4	2353
6 个月违约概率/%	0.2	1.2	0.0	0.0	17.1	2325
5 年违约概率/%	3.8	4.8	2.3	0.0	49.0	2325
高收入国家						
市值	15184.7	27244.8	4816.4	41.1	209096.8	5640
资产	21832.6	36848.8	7479.6	104.8	248351.4	5955
投资比/%	2.1	13.3	0.5	−29.7	96.7	5223
销售额	13900.2	21909.9	5515.1	1.4	149881.5	5968
销售额年增长率/%	1.6	15.6	0.2	−45.5	93.7	5329
税后经营净利润	934.2	1783.1	268.4	−1708.0	13620.0	5937
资本	22141.5	37954.6	7304.4	67.4	283715.6	5946

项目	均值	方差	中值	最小值	最大值	N
债务资本占比/%	30.6	20.5	27.3	0.0	87.2	6044
息税前利润（EBIT）	1200.8	2167.0	371.4	−1399.6	16524.8	5961
有效税率/%	29.5	20.4	26.3	0.5	215.5	5670
利息偿付比率/%	23.6	67.9	6.8	−66.2	847.7	5865
6个月违约概率/%	0.1	0.9	0.0	0.0	25.4	6079
5年违约概率/%	2.8	3.8	1.6	0.0	52.2	6079

注：表格中的价值变量均按2014年美元计价，单位为百万美元。统计描述时做了缩尾处理，去除了观测值首尾两端1%的极低和极高值。高收入和中等收入依照世界银行的国家分类标准。投资比为资本增量和上一年年末资本存量之比。

资料来源：彭博终端。

A.3 样本企业的ESG表现和碳排放

数据提供了两个ESG评级变量，一个是MSCI的ESG评级，由高到低分为A、B、C三级，其中A级和B级又分别分为AAA、AA、A和BBB、BB、B三级。然而，MSCI的评级仅覆盖56%的样本企业。可以认为，没有评级也是一种信号，有可能不是MSCI关注的重点ESG企业，也可能代表企业没有致力于ESG信息的披露，或者所在市场不具备披露ESG信息的制度条件。从来源地来看，南美、东欧、非洲的一些国家无披露占比相对较高，西欧、北美和亚洲无披露的情况普遍相对较低。大型市值企业（100亿美元）超过70%获得了评级数据，相反，中小市值企业仅有6%获得了评级。高收入国家获得A类评级的企业占所有企业数量的1/3，而中等收入国家样本仅有15%被评为A级或更高级别。

另一个ESG变量是彭博终端计算并提供的ESG评分，是从0到8区间的连续数值。这一评分覆盖了64%的样本企业，且与MSCI评级重点关注大型企业不同，该评分覆盖了样本中近90%的中小企业和60%的大型企业。

结合行业的排放数据（见表A-2和表A-3），ESG评级和评分似乎并没有和行业的排放强度有明确的相关性，有排放较高的行业，如金属、采矿、建筑材料等平均评分较高，也有同样和高排放或高污染相关的消费产品、化学品的企业评分较低。

表 A–2　　　　　　　　分行业样本企业 ESG 评级和评分（2022 年）

项目		MSCI ESG 评级				彭博社 ESG 评分
工业分类	企业数量/家	A 级/%	B 级/%	C 级/%	无评级/%	平均分（方差）
消费产品	172	28.5	12.2	1.7	57.6	3.5 (1.1)
工业产品	118	31.4	5.9	0.9	61.9	4.0 (1.4)
汽车	117	23.1	22.2	2.6	52.1	4.2 (1.2)
公共事业	114	34.2	16.7	5.3	43.9	4.5 (1.1)
零售	110	25.5	4.6	0.9	69.1	3.1 (1.3)
化学品	108	20.4	17.6	4.6	57.4	3.9 (1.3)
金属和采矿	92	20.7	21.7	4.4	53.3	4.5 (1.6)
交通	49	26.5	10.2	4.1	59.2	4.3 (1.3)
计算机硬件和存储	22	72.7	9.1	—	18.2	4.0 (1.6)
电信运营	14	14.3	21.4	—	64.3	3.6 (1.4)
住宿	12	25.0	33.3	—	41.7	4.8 (1.5)
建筑材料	9	33.3	—	—	66.7	4.4 (1.0)
手机制造	6	33.3	50.0	—	16.7	3.5 (1.4)
总计	943	27.6	14.2	2.7	55.6	4.0 (1.4)

注：A 级包括 A、AA、AAA 三级，B 级包括 B、BB、BBB 三级，C 级包括 CCC 一级。评级和评分均为 2022 年年终值。

资料来源：彭博终端。

表 A–3　　　　　　　　分行业样本企业排放和能耗（2022 年）

工业分类	企业数量	碳排放密度/（吨/百万美元销售额）	总排放/百万吨	能耗密度/（千兆瓦时/10 亿美元销售额）	有排放密度数据的占比/%
消费产品	172	61.2	0.4	249.7	78
工业产品	118	20.7	0.2	78.9	58
汽车	117	47.5	0.5	121.8	75
公共事业	114	1213.2	8.5	8.8	86
零售	110	42.9	0.6	90.6	59
化学品	108	465.9	3.9	1634.7	69
金属和采矿	92	391.7	2.8	1146.7	63
交通	49	335.7	3.2	1043.7	71
计算机硬件和存储	22	11.2	0.3	31.6	91
电信运营	14	38.6	0.3	108.0	64
住宿	12	270.0	0.7	775.2	92
建筑材料	9	3277.6	18.9	4560.4	100
手机制造	6	28.4	0.5	52.5	83
总计	943	82.2	0.8	167.2	72

注：排放为范围 1 和范围 2 温室气体排放的二氧化碳当量。表中排放密度、排放量和能耗均为样本中值。

资料来源：彭博终端。

2014 年以来，高收入国家样本企业的排放量呈现快速下降的趋势，而排放密度的下降速度较为缓慢。而中等收入国家样本企业排放量以 2019 年为分水岭，由逐年攀升转为下降，排放密度的下降速度快于高收入国家企业。这一变化特征背后可能受到中等收入国家企业销售额增速相对较快的影响。此外，无论是高收入还是低收入国家的企业，能耗强度的下降趋势和排放密度均保持了高度一致，能源结构变化、能源使用效率的提高很可能是排放密度下降的最主要驱动力（见图 A–4）。

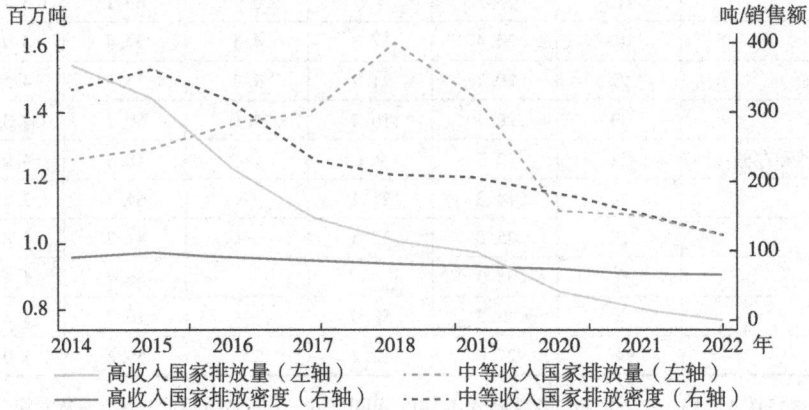

图 A–4 碳排放（样本中值）随时间变化

（资料来源：彭博终端，笔者计算绘制）

来自中国的样本企业能耗和二氧化碳排放密度从 2015 年开始都出现大幅度下降，虽然近年来存在波动，但整体仍呈现下降趋势，和欧盟的差距逐步缩小（见图 A–5）。

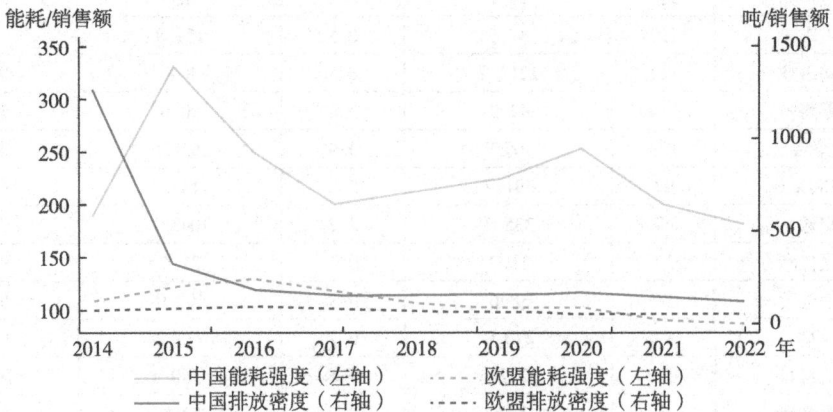

图 A–5 能耗强度（样本中值）随时间变化

（资料来源：彭博终端，笔者计算绘制）

参 考 文 献

［1］Idowu, Samuel O. , et al. , eds. Encyclopedia of Corporate Social Responsibility. Vol. 21. Berlin: Springer, 2013.

［2］Malthus, Thomas Robert, 1798. An Essay on the Principle of Population, History of Economic Thought Books, McMaster University Archive for the History of Economic Thought, number malthus1798.

［3］Meadows, D. H. (1972). The Limits to Growth: A Report of the Club of Rome's Project on the Predicament of Mankind. New York: Universe Books.

［4］Paul B D. A History of the Concept of Sustainable Development: Literature Review [J]. The Annals of the University of Oradea, Economic Sciences Series, 2008, 17 (2): 576 – 580.

［5］Brundtland G H, Khalid M. Our Common Future [M]. Oxford University Press, Oxford, GB, 1987.

［6］Mensah, J. , & Ricart Casadevall, S. (2019). Sustainable Development: Meaning, History, Principles, Pillars, and Implications for Human Action: Literature review. Cogent Social Sciences, 5 (1).

［7］Barrage L, Nordhaus W. Policies, Projections, and the Social Cost of Carbon: Results from the DICE – 2023 Model [J]. Proceedings of the National Academy of Sciences, 2024, 121 (13): e2312030121.

［8］Nordhaus, William D. 1992. An Optimal Transition Path for Controlling Greenhouse Gases, Science, 258, November 20: 1315 – 1319.

［9］Nordhaus, William D. 1994. Managing the Global Commons: The Economics of Climate Change, Cambridge, MA, MIT Press, USA.

［10］Nordhaus W D. Managing the Commons: The Economics of Climate Change

[J]．1994.

[11] Nordhaus W D, Yang Z. A Regional Dynamic General – Equilibrium Model of Alternative Climate – Change Strategies [J]．The American Economic Review, 1996: 741 – 765.

[12] Center for International Earth Science Information Network (CIESIN)．1995. Thematic Guide to Integrated Assessment Modeling of Climate Change [online]．Palisades, NY: CIESIN.

[13] Nordhaus W D, Bayer J G. Requiem for Kyoto: An Economic Analysis of the Kyoto Protocol [J]．The Energy Journal, 1999, 20 (1_ suppl): 93 – 130.

[14] UNEP, Definition and Concepts, Inquiry Working Paper 16/13, September 2016.

[15] Sustainable Banking and Finance Network, Global Progress Brief, April.

[16] G20 Sustainable Finance Study Group, Sustainable Finance Synthesis Report, July 2018.

[17] Refinitiv Deals Intelligence, Sustainable Finance Review Full Year 2020, January 2021.

[18] Refinitiv Deals Intelligence, Sustainable Finance Review Full Year 2021, January 2022.

[19] Refinitiv Deals Intelligence, Sustainable Finance Review Full Year 2022, January 2023.

[20] Refinitiv Deals Intelligence, Sustainable Finance Review First Half 2023, July 2023.

[21] Refinitiv Deals Intelligence, Sustainable Finance Review Full Year 2023, January 2024.

[22] Refinitiv Deals Intelligence, Sustainable Finance Review First Quarter 2024, April 2024.

[23] European Parliamentary Research Service, Sustainable Finance – EU Taxonomy A Framework to Facilitate Sustainable Investment, July 2020.

[24] Vincent Vandeloise, A Guide to the Next Sustainable Finance Agenda, Finance Watch 2024, January 2024.

[25] European Commission, Enhancing the Usability of the EU Taxonomy and the Overall EU Sustainable Finance Framework, Commission Staff Working Document, COM (2023) 317, Strasbourg, June 2023.

〔26〕 pwc, EU Taxonomy: The European Commission Has Published the Final Delegated Acts under Its Sustainable Finance Package, Jun. 2023.

〔27〕 Morningstar, EU Sustainable Finance Disclosure Regulation Explained, 2023.

〔28〕 Morningstar, SFDR Article 8 and Article 9 Funds: Q4 2022 in Review, January 2023.

〔29〕 Morningstar, SFDR Article 8 and Article 9 Funds: Q4 2023 in Review, January 2024.

〔30〕 European Parliamentary Research Service, Non – Financial Reporting Directive, Briefing Implementation Appraisal, January 2021.

〔31〕 Deloitte, Global Reach of the E. U. Corporate Sustainability Reporting Directive and the Impact on U. S. Companies, Volume 30, Issue 1, January 9, 2023.

〔32〕 SSGA, EUClimate Benchmarks: A Guide, March 2020.

〔33〕 United Nations – Convened Net – Zero Asset Owner Alliance, EU Climate Benchmarks, February 2022.

〔34〕 ICMA, The Green Bond Principles – Voluntary Process Guidelines for Issuing Green Bonds, June 2021.

〔35〕 Climate Bonds Standard, Globally recognised, Paris – Aligned Certification of Debt Instruments, Entities and Assets Using Robust Science – Based Methodologies, updated April 2023.

〔36〕 Chong Lie, Simon Zhang, 欧盟基准监管条例对境内金融基础设施的影响, Linklaters LLP, February 2021.

〔37〕 IMF Staff Climate Note, Mobilizing Private Climate Financing in Emerging Market and Developing Economies, 2022/007, International Monetary Fund.

〔38〕 Strinati, C. , C. Alberti, B. Melling and C. Baudry, Top – Down Climate Finance Needs, 2024 – 05 – 31, Climate Policy Initiative.

〔39〕 Morgan Stanley, Sustainable Reality: Sustainable Funds Show Continued Outperformance and Positive Flows in 2023.

〔40〕 Joseph E, Stiglitz, Taxation, Corporate Financial Policy, and the Cost of Capital, Journal of Public Economics, Vol. 2, 1973, pp. 1 – 34.

〔41〕 Hassett, Kevin A, and R. Glenn Hubbard, Chapter 20 – Tax Policy and Business Investment, in Handbook of Public Economics, Vol. (3), 2002, pp. 1293 – 1343.

［42］Devereux, M. P. , & Griffith, R. (2003) . Evaluating Tax Policy for Location Decisions. International Tax and Public Finance, 10 (2), pp. 107 – 126.

［43］Steurer, R. (2010) . The Role of Governments in Corporate Social Responsibil – ity: Characterising Public Policies on CSR in Europe. Policy Sciences, 43 (1), 49 – 72.

［44］Gandullia, Luca and Stefano Pisera, Do Income Taxes Affect Corporate Social Responsibility? Evidence from European – Listed Companies, Corporate Social Responsibility and Environmental Management, Vol. (27), Issue2, Mar. 2020, pp. 409 – 1178.

［45］Jaffe, A. B. , Stavins, R. N. , 1995. Dynamic Incentives of Environmental Regulations: the Effects of Alternative Policy Instruments on Technology Diffusion. J. Environ. Econ. Manag. 29 (3), S43 – S63.

［46］Becker, R. , Henderson, J. , 2000. Effects of Air Quality Regulations on Polluting Industries. J. Polit. Econ. 108, 379 – 421.

［47］Wu, H. , Guo, H. , Zhang, B. , Bu, M. , 2017. Westward Movement of New Polluting Firms in China: Pollution Reduction Mandates and Location Choice. J. Comp. Econ. 45 (1), 119 – 138.

［48］Besley, T. and Ghatak, M. , (2007) . Retailing Public Goods: The Economicsof Corporate Social Responsibility, Journal of Public Economics, Elsevier, Vol. 91 (9), Sept. 2007, pp. 1645 – 1663.

［49］énabou, R. , Tirole, J. (2010) . Individual and Corporate Social Responsibility. Economica, Volume77, Issue 305 January, 1 – 19

［50］Kitzmueller, M. , & Shimshack, J. (2012) . Economic Perspectives on Corporate Social Responsibility. Journal of Economic literature, 50 (1), 51 – 84

［51］Porter, M. E. (1991) . America's green strategy. Scientific American, 264 (4), 168

［52］Lanoie, P. , Laurent – Lucchetti, J. , Johnstone, N. , Ambec, S. , 2011. Environmental Policy, Innovation and Performance: New Insights on the Porter Hypothesis. J. Econ. Manag. Strat. 20 (3), 803 – 842.

［53］He, Yu, Xiaoling Zhao, Huan Zheng, How Does the Environmental Protection Tax Law Affect Firm ESG? Evidence from the Chinese Stock Markets, Energy Economics, 127, 2023, 107067.

［54］Wang, Xiaolin and Yingying He, Environmental Protection Tax and Firms'

ESG Investment: Evidence from China, Economic Modeling 131, 2024, 106621.

[55] Morley, Bruce, Empirical Evidence on the Effectiveness of Environmental taxes, Applied Economics Letters, Vol. (19), Issue 18, 2012, pp. 1817 – 1820.

[56] Lin, Boqiang, and Xuehui Li, The Effect of Carbon Tax on Per capita CO_2 emissions, Energy Policy, Vol. (39), Issue 9, Sept. 2011, pp. 5137 – 5146.

[57] Niu, Tong, Xilong Yao, Shuai Shao, Ding Li and Wenxi Wang, Environmental Tax Shocks and Carbon Emissions: An Estimated DSGE Model, Structural Change and Economic Dynamics, Vol. (47), Dec. 2018, pp. 9 – 17.

[58] Laguir, Issam, Raffaele Stagliano, and Jamal Elbaz, Does Corporate Social Responsibility Affect Corporate Tax Aggressiveness?, Journal of Cleaner Production, Vol. (107), 16, Nov. 2015, pp. 662 – 675.

[59] Lòpez – Gonzàlez, E., Martìnez – Ferrero, J., & Garcìa – Meca, E. (2019). Doescorporate Social Responsibility Affect Tax Avoidance: Evidence from Family Firms. Corporate Social Responsibility and Environmental Manage – ment, 26 (4), 819 – 831.

[60] Davis, A. K., Guenther, D. A., Krull, L. K., and Williams, B. M. (2016). Dosocially responsible firms pay more taxes?, The Accounting Review: January 2016, Vol. 91, No. 1, pp. 47 – 68.

[61] Stiglitz, J and A. Weiss, Credit Rationing in Markets with Imperfect Information, American Economic Review, 71, 1981, pp. 393 – 410.

[62] Fazari, S., G. Hubbard, and B. Petersen, Financing Constraints and Corporate Investment, Brookings Papers on Economic Activity, 19, 1988, pp. 141 – 195.

[63] Lamont, O, C. Polk, and J. Saa – Requejo, Financial Constraints and Stock Returns, Review of Financial Studies, 14, 2001, pp. 529 – 554.

[64] Whited, T. and G. Wu, Financial Constraints Risk, Review of Financial Studies, 19, 2006, 531 – 559.

[65] Farre – Mensa, J. and A. Ljungqvist, Do Measures of Financial Constraints Measure Financial Constraints? Review of Financial Studies, 29 (2), 2016, pp. 271 – 308.

[66] Schauer, C., R. Elsas, and N. Breitkopt, A New Measure of Financial Constraints Applicable to Private and Public Firms, Journal of Banking and Finance, 101, 2019, pp. 270 – 295.

[67] Kaplan, S. N., and L. Zingales, Do Investment – Cash Flow Sensitivities

Provide Useful Measures of Financing Constraints?, Quarterly Journal of Economics, 115, 1997, pp. 707 – 712.

[68] Guarigila, A., Internal Financial Constraints, External Financial Constraints, and Investment Choice: Evidence from a Panel of UK Firms, Journal of Bank and Finance, 32 (9), 2008, pp. 1795 – 1809.

[69] Cleary, S., The Relationship between Firm Investment and Financial Status, Journal of Finance, 54 (2), 1999, pp. 673 – 692.

[70] Love I., Financial Development and Financing Constraints: International Evidence from the Structural Investment Model, The Review of Financial Studies, 16 (3), 2003, pp. 765 – 791.

[71] Cleary, S., P. Povel and M. Raith, The U – shaped Investment Curve: Theory and Evidence, Journal of Quantitative Analysis, 42 (1), 2007, pp. 1 – 39.

[72] Ek, C. and G. L. Wu, Ek, C. and G. L. Wu, Investment – Cash Flow Sensitivities and Capital Misallocation, Journal of Development Economics, 133, 2018, 220 – 230.

[73] Zhou, Xiaoguang and Xinmeng Tang, Does Financing Constraints Impact the Chinese Companies' Pollutants Emissions? Evidence from A Sample Selection Bias Corrected Model Based on Chinese Company – Level Panel Data, Environmental Science and Pollution Research, Vol. (29), 2022, pp. 44119 – 44123.

[74] Tian, Peng and Boqiang Lin, Impact of Financing Constraints on Firm's Environmental Performance: Evidence from China with Survey Data, Journal of Cleaner Production, Vol. (217), 2019, pp. 432 – 439.

[75] Zhang, Dongyang, Wncui Du, Liqun Zhuge, Zheming Tong and Richard Freeman, Do Financial Constraints Curb Firms' Efforts to Control Pollution? Evidence from Chinese Manufacturing Firms, Journal of Cleaner Production, Vol. (215), 2019, pp. 1052 – 1058.

[76] Anderson, D. C., Credit Constraints, Technology Upgrading, and the Environment, Journal of the Association of Environmental and Resource Economists, Vol. (3), No. 2, 2016.

[77] Anderson, D. C., Do Credit Constraints Favor Dirty Production? Theory and Plant – Level Evidence, Journal of Environmental Economics and Management, Vol. (84), 2017, pp. 189 – 208.

[78] Acemoglu, D, U Akcigit, D Hanley and W Kerr, Transition to Clean Tech-

nology, Journal of Political Economy, 124 (1), 2016, pp. 52 – 104.

［79］ P'astor, L. , R. F. Stambaugh and L. A. Taylor, Sustainable Investing in Equilibrium, Journal of Financial Economics, 142 (2), 2021, pp. 550 – 571.

［80］ Oehmke, M and M M Opp, A Theory of Socially Responsible Investment, The Review of Economic Studies, 2024, rdae048.

［81］ Accetturo, A, G Barboni, M Cascarano, E Garcia – Appendini and M Tomasi, Credit Supply and Green Investment, Working Paper Version, 2022 – 10 – 26.

［82］ Goss, Allen and G. S. Robers, The Impact of Corporate Social Responsibility on the Cost of Bank Loans, Journal of Banking & Finance, Vol. (35), Issue 7, 2011, pp. 1794 – 1810.

［83］ Eliwa, Y, A. Aboud and A. Saleh, ESG Practices and the Cost of Debt: Evidence from EU Countries, Critial Perspectives on Accounting, Vol. (79), 2021, 102097.

［84］ Sharfman, Mark P, and Chitru S Fernando, Environmental Risk Management and the Cost of Capital, Strategic Management Journal, 2008, 569 – 592.

［85］ Chava, S, Environmental Externalities and Cost of Capital, Management Science, Vol. (69), No. 9, 2014.

［86］ Wong, R, H. T. M. Nguyen, and N. A. Kwansa, ESG Performance and Cost of Capital: What Do We Know? Evidence from the US, International Journal of Monetary Economics and Finance, Vol. (17) No. 1, 2024.

［87］ Ernst, D and F. Woithe, Impact of the Environmental, Social, and Governance Rating on the Cost of Capital: Evidence from the S&P 500, Journal of Risk and Financial Management, 17 (3), 2024, p. 91.

［88］ Eliwa, Yasser, Ahmed Aboud and Ahmed Saleh, ESG Practices and the Cost of Debt: Evidence from EU Countries, Critical Perspectives on Accounting, 79, 2021.

［89］ Raimo, Nicola, Alessandra Caragnano, Marianna Zito, Filippo Vitolla and Massimo Mariani, Extending the Benefits of ESG Disclosure: The Effect on the Cost of Debt Financing, Corporate Social Responsibility and Environmental Management, June 2021, Vol. (28) Issue 4, pp. 1157 – 1421.

［90］ A. A. Hassan, Y. Eliwa, Y. Tahat, B. Burton, and S. R. Paramati, Does the Cost of Borrowing Increase to the Firms that are Socially and Environmentally Irresponsible?, Working Paper.

［91］ Ahmed, A. H. , Y Eliwa, and D. Power, The Impact of Corporate Social and Environmental Practices on the Cost of Equity Capital, International Journal of Accounting and Information Management, 27 (3), 2019, pp. 425 – 441.

[92] Horobet, A, A. Smedoiu – Popoviciu, R. Oprescu, L. Belascu and A. Pentescu, Seeing through the Haze: Greenwashing and the Cost of Capital in Technology Firms, Environment, Development and Sustainability, 2024.

[93] Arian, A. G. and J. Sands, Do Corporate Carbon Emissions Affect Risk and Capital Costs?, International Review of Economics and Finance, 93, 2024, pp. 1363 – 1377.

[94] Bolton P. and M. Kacperczyk, Do Investors Care About Carbon Risk? Journal of Financial Economics, 142, 2021, pp. 517 – 549.

[95] Palea V. and F. Drogo, Carbon Emissions and the Cost of Debt in the Eurozone: The Role of Public Policies, Climate – Related Disclosure and Corporate Governance, Business Strategy and the Environment, 2020.

[96] Aswani, J. , A. Raghunandan and S. Rajgopal, Are Carbon Emissions Associated with Stock Returns?, Review of Finance, Vol. (28), Issue 1, 2024, pp. 75 – 106.

[97] Ek, C. and G. L. Wu, Investment – Cash Flow Sensitivities and Capital Misallocation, Journal of Development Economics, 133, 2018, 220 – 230.

[98] Zhou, XY, C. Wilson, A, Limburg, G Shrimali and B Caldecott, Energy Transition and the Changing Cost of Capital: 2023 Review, Oxford Sustainable Finance Group, March 2023.

[99] The Guardian, US Oil Company EssonMobil Sues to Block Investors' Climate Proposals, 2024 – 01 – 22, https: //www. theguardian. com/business/2024/jan/22/us – oil – company – exxonmobil – investors – climate – follow – this.

[100] Forbes, Exxon Goes to Court To Avoid Broken SEC Process, 2024 – 01 – 25, https: //www. forbes. com/sites/ikebrannon/2024/01/25/exxon – goes – to – court – to – avoid – broken – sec – process/.

[101] FT, Asset Managers' Green U – Turn Exposes Energy Transition Cakeism, 2024 – 02 – 25, https: //www. ft. com/content/ab26da45 – 9e7b – 41d7 – 9c73 – e7db726b9a69.

[102] McGlade, C. and P. Ekins, The Geographical Distribution of Fossil Fuels Unused When Limiting Global Warming to 2 °C. Nature 517, pp. 187 – 190, 2015.

[103] IEA, Renewables 2023.

［104］ Van der Ploeg, Frederick and Armon Rezai, Stranded Assets in the Transition to a Carbon – Free Economy, Annual Review of Resource Economics, Vol. (12) . 2020.

［105］ Caldecott, B. , and J. McDaniels, Financial Dynamics of the Environment.

［106］ Risks, Impacts, and Barriers to Resilience, Working Paper for the UNEP Inquiry, July 2014, Oxford.

［107］ Inter – American Development Bank (IDB), Stranded Assets: A Climate Risk Challenge, 2020.

［108］ Battiston, Stefano, Antoine Mandel, Irene Monasterolo, Franziska Schütze & Gabriele Visentin, A Climate Stress – test of the Financial System, Nature Climate Change, 2017, Vol. (7), pp. 283 –288.

［109］ OECD (2021), Financial Markets and Climate Transition: Opportunities, Challenges and Policy Implications, OECD Paris.

［110］ Alok, Shashwat, Nitin Kumar and Russ Wermers, Do Fund Managers Misestimate Climatic Disaster Risk, The Review of Financial Studies, Vol. (33), Issue 3, March 2020.

［111］ Thomä, J. and H. Chenet, Transition Risks and Market Failure: A Theoretical Discourse on Why Financial Models and Economic Agents May Misprice Risk Related to the Transition to a Low – carbon Economy, Journal of Sustainable Finance and Investment, 7 (1), pp. 82 –98.

［112］ Howe, D. Peter, Matto Mildenberger, Jennifer R. Marlon and Anthony Leiserowitz, Geographic Variation in Opinions on Climate Change at State and Local Scales in the USA, Nature Climate Change 5, 2015, pp. 596 –603.

［113］ Baldauf, Markus, Lorenzo Garlappi, and Constaintine Yannelis, Does Climate Change Affect Real Estate Prices? Only if You Believe in It", The Review of Financial Studies, Vol. (33), Issue 3, March 2020, pp. 1256 –1295.

［114］ Bakkensen, Laura, and Lint Barrage, Going Underwater? Flood Risk Belief Heterogeneity and Coastal Home Price Dynamics, The Review of Financial Studies, Vol. (35), Issue 8, August 2022, pp. 3666 –3709.

［115］ Deryugina, Tatyana, How do people update? The Effects of Local Weather Fluctuations on Beliefs About Global Warming, Climate Change, Vol. (118) 2013, pp. 397 –416.

［116］ Padfield, J. Stefan, An Introduction to Anti – ESG Legislation, Working Paper.

［117］FT, EU – China Fight Further Muddies Brussels Green Deal Agenda, https：//www. ft. com/content/7f3658a7 – 30c2 – 4857 – a0c7 – 00c3d641978c.

［118］FSB , https：//www. fsb – tcfd. org/about/#history.

［119］Deloitte（2016）, Sustainability Disclosure——Getting Ahead of the Curve.

［120］Farnham, Kezia, Understanding ESG Disclosures and Why They Matter to Your Organization, 2023 – 08 – 02, https：//www. diligent. com/resources/blog/disclo-sures.

［121］Allen Goss and Gordon S. Robers, The Impact of Corporate Social Respon-sibility on the Cost of Bank Loans, Journal of Banking & Finance 35（2011）1794 – 1810.

［122］Eliwa, Y., A. Aboud, and A. Saleh, ESG Practices and the Cost of Debt：Evidence from EU Countries, Critical Perspectives on Accounting, 79, 2021, 102097.

［123］姜波, G20 可持续金融综述, 海南省绿色金融研究院, 2023 年 5 月。

［124］马骏.《G20 可持续金融路线图》如何影响全球可持续金融的走势［J］. 国际金融, 2022（2）.

［125］国际资本市场协会, 可持续金融概要释义, 2020 年 5 月。

［126］Sustainable Banking and Finance Network, Global Progress Brief, April.

［127］气候债券倡议组织, 关于《绿色债券支持项目目录》和《绿色产业指导目录》与欧盟《可持续金融分类方案》的比较讨论（一）, 2019 年 9 月。

［128］新华财经, 从欧盟可持续金融政策看金融机构披露实践, 国际金融观察, 2022 年 7 月。

［129］方琦、钱立华, 欧盟可持续金融战略进展与启示, 兴业碳金融研究院, 2023 年 10 月。

［130］金成、刘均伟等, 欧盟 ESG 监管及其影响机制, 中金点睛, 2023 年 3 月。

［131］刘均伟、周萧潇等, 欧洲能源转型战略调整将如何影响 ESG 投资？中金量化, 2022 年 5 月。

［132］中国科学院可持续发展战略研究组, 2012 中国可持续发展战略报告——全球视野下的中国可持续发展, 2012 年。

［133］中共中央, 国务院. 我国环境与发展十大对策为［J］. 环境工程, 1993（2）.

［134］毕马威, 如日方升 未来可期 中国可持续金融发展洞察白皮书,

2023 年 5 月。

［135］陈海若. 绿色信贷研究综述与展望［J］. 金融理论与实践，2010（8）：90 - 93.

［136］复旦发展研究院，金融学术前沿：浅析《绿色债券支持项目目录（2021 年版）》，2021 年 5 月。

［137］中国建设银行股份有限公司、北京绿色金融与可持续发展研究院，中国绿色资本市场绿皮书（2022 年度），2023 年 4 月。

［138］气候债券倡议组织、兴业经济研究咨询，2023 年中国可持续债券市场报告，2024 年 5 月。

［139］环球零碳研究中心，ESG 国家统一标准出台，信披业务或成倍增长，2024 年 5 月。

［140］中央财经大学绿色金融国际研究院，2023 年中国绿色债券年报，2024 年 2 月。

［141］国际资本市场协会，《社会债券原则》，2017 年 6 月。

［142］气候债券倡议组织、中央国债登记结算有限责任公司中债研究中心、兴业经济研究咨询，2022 年中国可持续债券市场报告，2023 年 6 月。

［143］中央国债登记结算有限责任公司、国际资本市场联盟，中国 ESG 实践白皮书，2022 年 12 月。

［144］胡晓玲、刘楠，《中国绿色债券原则》解读，中央财经大学绿色金融国际研究院，2022 年 8 月。

［145］马尔科·米廖雷利，菲利普·德塞尔蒂纳. 可持续发展与金融风险——气候变化、环境恶化和社会不平等对金融市场的影响［M］. "成方三十二译丛"翻译组，译. 北京：中国金融出版社，2022.

［146］联合国，2023 可持续发展目标报告（特别版）——制定拯救人类和地球的计划，https：//unstats. un. org/sdgs/report/2023/The - Sustainable - Development - Goals - Report - 2023_ Chinese. pdf。

［147］联合国. 巴黎协定［C］//（2015）［2018 - 12 - 01］. https：//unfccc. int/process - and - meetings/the - paris - agreement/the - paris - agreement. (0). 2015.